수업을 비우다 배움을 채우다

의정부여중 교육과정 혁신 이야기

에듀니티

수업을 비우다, 배움을 채우다
의정부여중 교육과정 혁신 이야기

초판 1쇄 발행 2015년 4월 15일
초판 4쇄 발행 2018년 8월 6일

지은이 의정부여자중학교
발행인 김병주
출판부문대표 임종훈
책임편집 전유미 **디자인** 정인영
마케팅 박란희
펴낸곳 (주)에듀니티 www.eduniety.net
도서문의 070-4342-6124
일원화 구입처 031-407-6368
등록 2009년 1월 6일 제300-2011-51호
주소 서울시 서대문구 연희로 2길 76, 4층

ISBN 979-11-85992-09-9(13370)
값 15,000원

*이 책은 저작권법에 따라 한국 내에서 보호를 받는 저작물이므로 무단 전재 및 복제를 금합니다.
*이 책의 내용 일부 또는 전부를 이용하시려면 반드시 ㈜에듀니티의 서면 동의를 받아야 합니다.
* 이 책은 국립중앙도서관 출판도서목록(CIP)은 www.nl.go.kr/ecip에서 보실 수 있습니다.
* 잘못된 책은 구입하신 곳에서 바꾸어 드립니다.

수업을 비우다
배움을 채우다

의정부여중 교육과정 혁신 이야기

서문

잃어버린 배움의 즐거움을 찾아서

2011년 혁신학교를 시작하면서 제일 큰 바람은 학교가 행복한 곳이고, 배움이 행복했으면 좋겠다는 것이었다. 행복한 학교를 위해서는 교사와 학생 사이의 존중받고 배려하는 관계도 중요하고 문화를 바꾸는 것도 중요하지만 배움의 즐거움이 빠져서는 안 된다. 그 길을 가는 동안 구성원들이 머리를 맞대고 하나하나 시도해 나가면서 서로에게 배울 것들을 찾고, 함께 배울 때 더 행복하다는 것을 알게 되었다. 그리고 다양한 배움은 모두를 주인공으로 만들면서 잃어버린 배움의 즐거움을 찾게 해 주었다.

혁신학교는 구성원이 행복해야 한다. 내가 행복하지 않다고 느끼고 있다면 혁신학교가 제대로 된 방향으로 가고 있는지를 다시 짚어 봐야 할 때이다. 학교의 철학이 교육과정으로 자리 잡아 가면서 초등학교 때부터 왕따를 당한 아픔을 가진 친구가 함께 할 친구를 찾게 되고, 말을 하는 법을 잃어버린 친구가 수다쟁이가 되며, 학교가 즐거워지고 교실이 행복해지는 경험을 하게 되었다. 학교 수업 속에서 연습하고 지식으로 배운다고 길러지거나 얻어지는 능력이 아니라 교육과정을 디자인하고 이끌어 가는 교사의 내면에 철학으로 자리 잡으며 학교의 문화가 되고 가랑비에 옷 젖듯이 스며들며 아이들의 변화를 가져오게 되는 것이다. 아이들은 점점 자신의 삶을 사랑하고, 나와 다름을 인정하고 배려할 줄 아는 민주 시민으로 조금씩 조금씩 바뀌어 갔다.

교사들은 아이들의 삶이 담긴 수업을 고민했다. 그러다 보니 그 고민은 자연스럽게 교육과정으로 확장되었고, 평가가 함께 변화해야 함을 알게 되었다. 그리고 수업 속에서 스스로를 발견하면서 혁신학교를 넘어 학교혁신으로, 학교 담장을 넘어 지역으로, 마을로 나가는 교사 공동체로 발전하게 되었다.

혼자 꾸면 꿈이지만 함께 꾸는 꿈은 현실이 된다. 결국 우리 안에 길이 있고, 우리 안에 있는 지혜들을 모아 길을 만드는 것이 중요하다. 행복하고 좋은 학교를 만드는 데 단일한 방식은 없다. 구성원들이 머리를 맞대고 원하는 가치와 신념을 나누며 서로의 관계와 역할을 만들어 가는 과정을 소중히 여길 때, 그 안에서 이루어지는 모든 교육과정과 교육 활동에 신뢰를 가질 수 있을 것이다.

쉬는 시간, 점심시간, 방과 후 집에 돌아와서까지 SNS로 아이들 이야기를 하며 함께 꿈을 꾸던 선생님들 의정부여중에서는 학교에서 교육을 위해 존재하는 모든 어른들을 선생님이라고 부른다, 그리고 그 꿈에 기꺼이 동참해서 즐기고 모두에게 더 큰 행복을 나누어 준 의정부여중 친구들에게 진심으로 감사를 드린다.

2015년 4월
의정부여자중학교 편집부

추천사

'교육과정과 수업'으로
만들어 가는 배움의 공동체

4년간, 의정부여중의 수업 연구에 참가한 교육 연구자의 한 사람으로서 단언합니다. 의정부여중의 실천은 21세기 중학교 교육의 비전을 가장 세련된 형태로 표현하고 있습니다. 그 비전을 교육과정과 수업 실천을 통해 현실화하는 원리와 과정을 가장 적확하게 제시하고 있는 것이 바로 『수업을 비우다, 배움을 채우다』입니다.

의정부여중은 2011년부터 '배움의 공동체'와 함께 혁신학교 만들기를 추진해 오고 있습니다. '배움의 공동체'로서의 학교란 학생들이 서로 배우면서 함께 성장하는 장소인 동시에 교사들도 교육 전문가로서 서로 배우고 함께 성장하는 곳이며 나아가 학부모나 지역주민도 교육 활동에 적극적으로 참여하며 서로 배우는 학교를 의미합니다.

'배움의 공동체'로서의 학교는 21세기 학교의 비전이라고도 말합니다. 21세기는 고도의 지식사회이며, 지식이 고도화, 복합화, 유동화하는 사회입니다. 이 사회에서는 교사도 학생도 학부모도 생애에 걸쳐 배울 것을 요구받으며 학교는 지식의 고도화와 복합화와 유동화에 대응해 가면서 학생, 교사, 학부모의 배움을 촉진하는 역할을 요구받고 있습니다.

저는 의정부여중의 혁신학교 만들기에 수업 컨설턴트로 관여해 왔습니다. 4년 전 학교를 처음 방문했을 때가 떠오릅니다. 점심시간 학교에 들어서니 운동장 구석구석에 아이들이 숨어(?) 있었습니다. 사람이 다가가면 힐끗 쳐

다보거나 노려보다 눈을 피해 버립니다. 교실에 들어서니 여기저기 엎드려 있거나 떠들거나 화장하고 꾸미는 아이들로 수업도 배움도 성립되지 않는 교실이 대부분이었습니다. 혁신학교 4년간 가장 큰 변화는 아이들이었습니다. 지금은 어디서 누구를 만나도 환한 미소로 인사합니다. 교실을 방문해도 책상에 엎드려 있는 학생은 거의 없으며 배우기를 거부하는 학생 또한 없습니다.

의정부여중의 이러한 변화의 중심에는 수업과 배움 혁신에 성실하게 임해 온 교사들이 있습니다. 혁신학교의 시작과 함께 전 교실의 책상을 ㄷ자로, 아이들이 마주보는 배치로 바꾸고 전 교과 모든 수업을 4인 모둠 활동으로 함께 할 수 있도록 디자인하며 아이들의 배움을 위해 끊임없이 교재를 연구하고 수업을 연구해 온 교사들이 있습니다. 누가 먼저랄 것도 없이 모든 교사가 '들려주고 기억시키던 수업'에서 아이들이 '사고하고 탐구하는 수업'으로 바꾸어 낸 우수한 교사들입니다.

현재, 의정부여중의 실천은 전국 초중고 교사들을 설레게 만들고 있습니다. 매달 한 차례 진행되는 전체 수업 공개에는 매회 전국으로부터 수업하는 학생 수를 몇 배 넘는 교사들이 참관해 오고 있습니다. 의정부여중의 수업만이 아니라 수업으로 배우는 교사들을 배우기 위해서입니다. 이제 의정부여중은 혁신학교를 넘어 전국의 학교혁신을 개척하는 파일럿 스쿨로서의 역할을 담당하고 있으며 그 큰 기대를 안고 개혁을 지속하고 있습니다.

의정부여중은 앞으로도 중학교 교육의 파일럿 스쿨로서 한층 더 전진해 갈 것입니다. 지금까지의 '배움의 공동체'로서 학교 개혁의 추진에 더해 전국 교사들의 전문성을 개발하는 교직전문개발학교 professional development school 로서의 기능을 충실하게 해 가는 것이 앞으로의 과제가 될 것입니다.

학교는 한 사람의 힘과 노력과 헌신만으로 바뀌지 않습니다. 학교혁신에 필요한 것은 외부로부터 제시되는 조사 결과나 정책도 아닙니다. 학교 구성원들에 의해 공유되는 학교와 교실의 미래상을 보여주는 비전이 새로운 학교를 만들어 갑니다. 그리고 그 비전을 구성원들이 공유하며 실천을 위한 활동 시스템을 구축하며 교육 구성원 모두가 주인공이 될 때 비로소 완성된다고 생각합니다.

학생, 교사, 학부모 모두가 주인공이 되어 완성된 의정부여중의 실천 기록은 이제 학교혁신과 수업혁신을 고민하는 많은 분들에게 희망의 지침서가 될 것입니다. 특히 이 책에 소개된 교사들의 수업 하나 하나는 교사 한 사람 한 사람의 독창적인 작품입니다. 교과에 대한 교사의 전문적인 지식과 함께 교양을 녹여 만든 세상에 하나뿐인 수업으로 독자들의 교육적 상상력을 풍성하게 만들어 주리라 믿습니다.

마지막으로, 그동안 많은 학생들과 교사들이 의정부여중에서 수업과 배움을 경험하고 갔을 것입니다. 그 학생들이 훗날 교사가 되어 모교인 의정부여중에 교사로 부임해 오고, 지금의 교사들이 10년 후, 20년 후 의정부여중에 다시 부임해 오더라도 그 비전이 계승, 발전되어 갈 수 있는 학교가 되기를 바랍니다.

2015년 4월

손우정

배움의공동체연구회 대표

차례

05 서론 잃어버린 배움의 즐거움을 찾아서
07 추천사 '교육과정과 수업'으로 만들어 가는 배움의 공동체

**1부_
배움은
관계 속에서
일어난다**

14 새로운 학교를 만드는 출발점, 배움
16 혁신학교는 뺄셈에서 시작한다
21 배움은 관계속에서 일어난다
27 배움이 일어나는 관계 다지기
37 또 하나의 바퀴, 교육 복지

**2부_
모두를
살리는
교육과정**

42 변화하는 학교 철학, 살아 움직이는 교육과정
43 수업 고민에서 출발한 교육과정 재구성
45 왜 교과를 가르칠까
51 교육과정을 살피다
60 학년 교육과정, 모든 교육 활동에 스며들다

의정부여중 교육과정 혁신 이야기

**3부_
교과별
수업의
재구성**

71	국어 국어 수업의 본질은 삶에 있다
84	수학 더 넓고 깊게 호흡하는 수학 수업
102	사회 배움이 몸에 익도록 하는 사회 수업
118	과학 '생'명의 '기'운을 느끼는, 생기 있는 과학 수업
133	도덕 생각하는 도덕 수업 만들기
147	미술 오감을 표현하는 미술 시간
158	체육 여학생들의 참여도를 높이는 체육 수업
164	영어 삶을 읽어 내는 영어 교육
178	한문 교육과정 재구성을 통한 수업 성찰
188	기술가정 스스로 서서 서로를 살리는 생태 수업
200	음악 아이들의 예술 본능을 일깨우는 수업
208	통합수업 따로 또 같이 성장하는 뮤지컬 수업

**4부_
성찰이
있는
평가**

220	수업, 평가를 만나다
226	다양한 가능성을 열어 주는 평가 방안
228	학교 철학을 담은 평가혁신
230	교과별 다양한 평가 사례
240	평가는 또 다른 시작, 의정부여중 자체 평가

1부

배움은
관계 속에서
일어난다

교육은 뿌린 대로 거두는 농사와 같다.
농사의 기본은 작물이 잘 자랄 수 있는 환경을 마련해 주는 것이니
살아 있는 흙을 고르는 일이 무엇보다 중요하다.
흙이 살아 있다는 것은 무슨 뜻일까.
살아 있는 흙은 알갱이 하나로만 존재하지 않는다.
그 속에 존재하는 수많은 생명체들이 함께 숨을 쉰다는 것을 의미한다.
학교는 바로 살아 있는 유기체이자 생명체이다.
생명체를 키우는 학교는 그래서
흙을 다지는 작업부터가 가장 중요하다.

새로운 학교를 만드는 출발점, 배움

의정부여중은 1955년에 세워진 학교로 61년의 역사를 가지고 있다. 흔히 보이는 원도심의 모습처럼 도심 재개발 바람과 함께 학교 주변 지역이 슬럼화되었고, 교육적으로나 문화적으로 거의 지원을 받지 못하고 있었다. 다른 지역에 비해 기초 학력이 부진하거나 기초 생활 습관이 부족한 아이들도 많았는데, 특히 여학생들은 낮은 자존감 등으로 학교생활에 어려움을 겪고 있었다. 그러던 중 2011년, 학교를 정상화시키고 사회 변화와 새로운 교육 패러다임에 능동적으로 대응하고자 경기도교육청에서 추진하고 있는 혁신학교를 신청하게 되었다. 4년간의 다양한 시도와 경험을 통해 의정부여중은 학교 문화, 운영 방식, 학교 교육철학, 학교 및 학년 교육과정, 평가혁신 등 학교 전반에 걸쳐 변화를 만들어 내고 있다.

현재 행복을 누려 본 아이들이 미래를 행복하게 만들 힘을 가진다. 혁신학교는 바로 행복한 학교를 지향한다. 행복한 학교란 어떤 곳인가. 교사들이 자신의 존재감을 찾는 곳, 아이들이 존중받고 사랑받는 곳…. 적어도 이러한 곳이 행복한 학교가 아닐까. 성적처럼 숫자로 드러나지는 않지만 눈에 보이지 않는, 더 중요한 가치가 있음을 느끼게 해 주는 곳이 행복한 학교일 것이다. 행복한 학교로 변화하기 위해 혁신학교 첫해부터 중심에 놓은 것은 '수업을 통해서 학교를 바꾼다'와 '아줌마도 할 수 있는 혁신학교'였다.

대부분의 교사들은 교사라는 이름으로 학교에 발령을 받는 순간, 대학 시절부터 아이들을 만나기 위해 준비했던 교과에 대한 전문성도, 아이들에 대한 열정도, 교육에 대한 철학마저도 눈앞에 닥친 서류와 보고서, 회의 등에 파묻혀 점점 사라져 간다. 업무와 수업 모두를 잘하는 만능 교사가 되기 위해 애쓰지만 결국 만성 고질병을 얻거나 둘 중 하나는 포기하거나, 이것도 저것도 욕먹지 않을 정도만 하며 학교는 경제적인 욕구를 채워 주는 직장으로 여기게 될 때도 있다. 누군가는 혁신이란 원래의 자기 모습으로 돌아가는 것이라고 했다. 학교의 모습, 교실의 모습, 교육의 본래 모습을 되찾는 것이 혁신학교의 방향이 되어야 하지 않을까.

학교는 배움이 일어나는 곳이며, 아이들이 함께 살아가는 사회를 경험하는 공간이다. 이런 학교의 존재 이유에 대해 의문을 던지면서 가장 먼저 고민한 부분이 바로 '배움'이었다. 학교생활에서 교사가 가장 많은 시간을 보내는 것은 아이들과 함께 하는 수업 시간이다. 그래서 수업을 말하지 않고 학교의 배움을 말할 수는 없다. 그러나 많은 교사들이 쏟아지는 업무 이외에도 각종 행사, 창의적 체험학습, 생활지도, 상담 등 아이들과 만나는 시간들을 따로따로 고민한다. 수업 시간 45분 가운데 35분 수업을 하고, 남은 10분 동안 교사가 나누고 싶은 이야기를 하며, 수업 후에 생활지도, 인성교육, 체험학습을 몰아서 하고 있는 것이다. 그러나 교사는 자기 전공과 교과로 아이들에게 하고 싶은 이야기를 충분히 할 수 있어야 한다. 더불어 학교 안에서 이루어지는 모든 활동이 교육 활동이 되어야 한다. 이를 위해 의정부여중에서는 학교 정상화를 가로막는 불필요한 요소들을 솎아 내며 시스템을 재구조화해 나갔다. 학교 문화를 바꾸어야 한다는 요구 속에서 학교의 구성원들이 머리를 맞대고 마음을 모으기 시작한 것이다.

혁신학교는 뺄셈에서 시작한다

굳어 버린 낡은 관행과 각종 잡무들을 털어 내는 것이 곧 새로운 학교를 만드는 출발점이다. 뺄 것을 과감히 없애는 작업은 학생들에게는 자발적인 학습의 여유를 주고, 교사들에게는 교육을 성찰하고 동료들과 함께 전문성을 함양할 수 있는 기회를 마련해 준다. 학교 조직 효율화를 통한 교원의 행정 업무 경감, 행정 업무 중심의 교무 조직을 학년 및 교과 조직 중심으로 개선, 소통의 내실화를 통한 민주적 학교 문화 정착, 교사의 전문성 신장을 바탕으로 한 학습자 중심의 수업 방법 개선, 이를 통해 학습 조직으로 학교 변화를 이루어 내고 학습 공동체를 조성해 보고자 했다.

수업을 정상화시키기 위해서는 우선 교사들이 수업에 몰입할 수 있는 환경이 필요하다. 교원 업무 정상화는 교원 업무 경감과는 다르다. 교사들이 교육과 생활지도에 전념할 수 있도록 학교를 바꾸는 것이지 단순히 행정 업무를 줄이는 것과는 차원이 다르다. 그래서 부서 편제도 바꾸고, 교무행정전담팀도 꾸리는 것이다. 단순히 교사가 할 일이냐 아니냐를 따지는 것이 아니라, 아이들의 교육에 필요한지를 기준으로 업무를 바라보아야 한다. 행정 실무사가 배치되면서 교사들의 업무가 많이 이전되었지만 그 전에 관행처럼 해 오던 잡무를 줄이는 작업이 선행되어야 한다. 의정부여중에서는 교사들이 한자리에 모여 앉아 불필요한 업무를 적어 나가면서 학년별 업무 모니터링 등을 통해 과감하게 업무를 줄여 나갔다. 그 결과 담임교사들은 공문과 에듀파인에서 멀어졌고 수업에 더욱 가까워지기 시작했다.

업무를 이야기할 때 가장 중요한 것은 구성원 모두의 생각과 지혜를 모으는 작업이다. 부서 편제를 포함한 학교 업무 재구조화에 대해 교사들이 함께 의견을 나누기 위해 교원 업무 정상화 추진단을 먼저 꾸렸다. 그러고 나서 학교 현장에 쏟아지는 업무들을 분석했다. 대부분 교사를 지치게 하는 업무들은 감사 대비용, 면피용으로 여겨지는 불필요한 행정 절차들이다. 이를 줄이기 위해 시행 지침을 찾고 지침에 없는 것은 줄이거나 바꾸거나 없애는 방식을 찾았다. '법정 장부 이외의 불필요한 장부의 폐지를 어떻게 할까?' '위임 전결을 어떻게 확대할 것인가?' '각종 대회 및 행사를 어떻게 축소시켜 나갈까?' 이와 같이 교육청에서 제시한 업무 경감 시책 예시를 중심으로 업무를 줄여 나가는 것도 중요하다. 각 학년에 교무업무정상화팀을 두고 학년에서 올라오는 불만 사항들을 조사하고 분석했다. 그 내용을 교무부장과 논의하면서 여러 가지 대안들을 모색하여 부장회의로 올리고, 교직원회의에서 동의, 확정하는 과정을 거쳤다. 이 작업은 한두 번에 끝나는 것이 아니라 상시적인 모니터링이 필요하다. 해마다 업무 분장을 할 때, 한 해를 평가하고 집중해야 할 학교 목표를 세우도록 학교 구성원 모두가 고민하면서 유기적으로 조정할 수 있어야 한다.

서로의 마음과 지혜를 모으는 작업이 선행되어야 하는 만큼 학교 안에서 어떤 소통 구조를 가지고 공동체에 대해 어떤 가치를 지향하고 있느냐 하는 것은 업무 정상화를 슬기롭게 이루는 가장 중요한 요소라고 할 수 있다. 이런 과정이 학교 문화로 정착되기까지는 오랜 시간이 걸리지만 꼭 필요한 과정이다. 교무 행정과 학교 전반의 행정을 맡고 있는 교무업무전담팀과 행정실과의 논의 구조는 의정부여중에서도 여전히 보완해야 할 부분이다. 서로를 세우고 소통하며 해결해야 할 많은 고민들이 남아 있다.

업무 분장의 원칙

❶ Small School – 학년부장의 권한 확대
  주제통합기행, 교과통합 프로젝트, 생활지도, 학생생활기록부, 또래 학습, 학년 교육과정 등의 협의, 운영 및 결재 권한을 갖는다.
❷ 업무 담당자에게 권한과 책임을 주고 자존감을 갖게 한다.
❸ 교무행정지원부서(교무, 연구, 학생, 지역사회·정보, 진로상담, 교육과정, 창의적 체험학습, 체육, 과학부)는 학년 팀의 운영에 적극 협조하여, 담임교사가 수업혁신과 생활지도, 상담에 전력을 다하도록 한다.
❹ 행정실과 교무행정전담팀은 업무 전문성을 갖고 교사의 업무와 수업, 교수연구에 집중할 수 있도록 행정적·재정적 지원을 아끼지 않는다.

11월경부터 시작된 조직 혁신 논의는 사실상 1년을 되돌아보고 앞으로의 학교혁신을 어떻게 할 것인지에 대한 고민을 함축하고 있었다. 한 달 내내 이루어진 논의는 삼각형의 관료제를 벗어나 별형의 소통 조직으로 전환할 것을 강조하면서 시작되었다. 다양한 의견들이 나왔고, 이에 대한 생각들이 모아졌다. 크게 부서 재명명, 팀 조직, 네트워크 조직 등의 의견으로 수렴되었고, 조직 혁신 TF가 이를 정리하고 공유하면서 진행되었다.

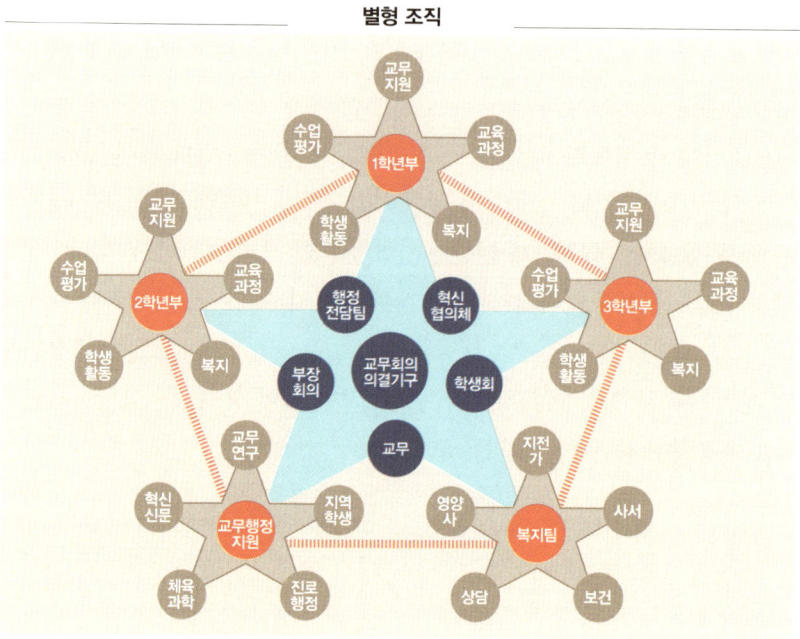

2012년 학교 조직 운영 방안 (1안. 부서 재명명)

① 기존 부서를 혁신학교에 맞게 재구성

② 12개 부서 유지 및 세부 업무 재배치

기존 부서	새로운 부서	기존 부서	새로운 부서
① 교무부	① 교무지원부	⑦ 혁신부	⑦ 창체 및 방과후활동지원부
② 연구부	② 연구지원부	⑧ 체육부	⑧ 체육부
③ 학생부	③ 학생활동지원부	⑨ 과학부	⑨ 과학부
④ 인문사회부	④ 교육과정지원부	⑩ 1학년부	⑩ 1학년부
⑤ 지역사회/정보부	⑤ 교육정보지원부	⑪ 2학년부	⑪ 2학년부
⑥ 진로상담부	⑥ 진로상담부	⑫ 3학년부	⑫ 3학년부

③ 특징과 핵심

특징	핵심
• 혁신부 폐지 • 인문사회부 폐지 • 교육과정부 신설 • 창체 및 방과후활동지원부 신설 • 교육정보 및 지역사회부로 개편	• 기존 관료 부서에서 지원 부서로의 전환 • 세밀한 업무 재배정과 충분한 합의 과정

④ 장단점

장점	단점
• 지원 체계로의 인식 전환 • 학년부 체제 강화 • 혁신부 폐지로 혁신 업무 각 부서에 분산 • 교육과정부로 수업혁신 심화 및 교과 프로젝트 수업 강화 • 창체 및 방과후활동지원부로 창체 중심의 수업 연계 활동 강화	• 혁신부 폐지로 구심점 약화 • 기존 관료 체제 유지

2012년 학교 조직 운영 방안 (2안. 팀 및 네트워크 조직)

① 교무지원팀, 교육복지팀, 교육실현팀으로 재편

② 팀 내 팀장과 팀원으로 구성

교육실현팀	교육지원팀	교육복지팀
교육실현 1그룹 (기존. 1학년부)	교육지원 1그룹 (기존. 교무/연구/학생)	교육복지 1그룹 (기존. 진로상담/지역사회)
교육실현 2그룹 (기존. 2학년부)	교육지원 2그룹 (기존. 혁신/교육과정/교육정보)	교육복지 2그룹 (기존. 영양/보건)
교육실현 3그룹 (기존. 3학년부)	교육지원 3그룹 (기존. 체육/과학)	교육복지 3그룹 (기존. 특수/사서)

③ 특징과 핵심

특징	핵심
• 팀 및 네트워크 조직으로 정체성 강화 • 학년부 중심 작은 학교 실질 구현 • 그룹별 비중 형평성 • 팀장 및 그룹장 중심 운영 • 팀장 중심의 기획회의	• 관료 체제를 벗어나 팀 및 네트워크 조직화 • 그룹별 및 그룹간 협의/소통 체제

④ 장단점

장점	단점
• 업무의 협력적 공유 및 기획 • 그룹별 창조적이고 자율적인 업무 형성 • 기존 업무 경감 가속화	• 업무 분장의 혼선 • 기존 관료 체제 유지 • 기존 부장 타이틀만 유지 • 교육실현팀의 창조적 교육실천 가중

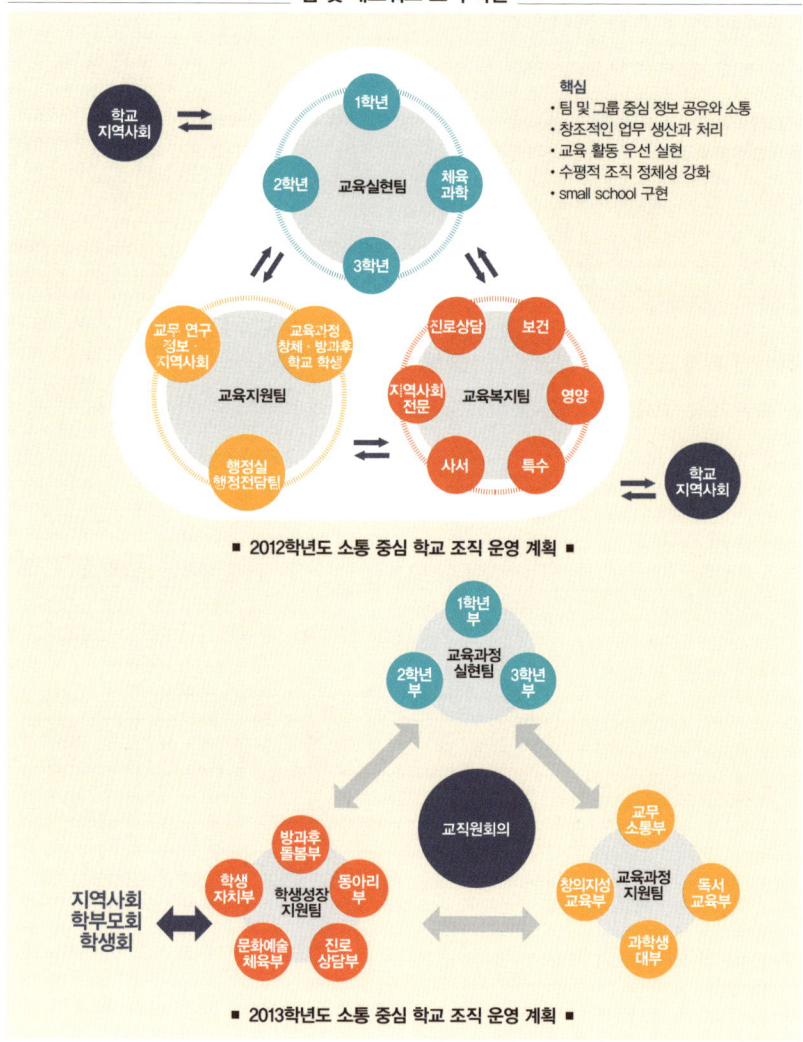

배움은 관계 속에서 일어난다

소통은 둘러 앉아 듣는 것에서 시작된다. 학교 문화의 방향을 설정하기 위해서는 교육정책이나 교장의 리더십도 중요하지만 전문적 특성과 소명의식에 기반하여 자발성을 발현할 수 있는 집단으로 학교 문화를 개선하는 것이 우선이다. 학생과 교사의 자발성이 살아나고 협력의 풍토가 자리를 잡고 나면 혁신의 과정들은 자연스럽게 생겨난다. 그러므로 소통의 내실화를 통해 민주적인 학교 문화를 정착시키는 것이 수업을 살리고 학교를 정상화시키는 지름길이다. 교사 문화에서, 아이들의 문화에서 민주적인 과정을 통해 자치 공동체를 만들고 경험하는 것이 아이들로 하여금 직접 삶으로 배우게 하는 것이 아닐까 싶다. 그렇기 위해서는 서로의 다름과 차이를 인정하면서 더디지만 기다려 주는 과정도 필요하다.

> 먼저, ○○○ 연수 내용 전달이 있겠습니다.
> 다음, 각 부 부장 선생님 전달 사항이 있겠습니다.
> 마무리로 교감, 교장 선생님 말씀이 있겠습니다.

교사들은 책상 위에 핸드폰을 올려놓고 몰래 SNS에 빠져 있거나 밀린 답안지를 가져와서 채점을 하고 있다. 흔히 볼 수 있는 교직원회의 풍경이다. 교직원회의가 학교운영 전반에 대한 실질적인 논의의 장이고, 의사결정을 하는 핵심 공간이 되기를 누구나 바라고 있을 텐데 왜 변하지 않을까? 지위고하를 막론하고 자유롭게 아이디어와 의견을 내놓을 수 있는 학교 문화는 여전히 어려운 것일까? 학교 내 침묵 현상은 말해도 이루어지지 않는다는 냉소주의를 만들어 내며, 집단지성과 창의성을 말살한다. 그동안 겪어 온 교직 내 부정적 피드백들이 교사들의 입을 닫게 만든 게 아닐까 싶기도 하다. 조용히 말 잘 듣는 교사가 승진을 하는 인사 시스템, 거기에 윗사람에게 복종하는 것이 미덕이라는 유교 문화에 대한 오해까지 더해져 조직 문화에 뿌리 깊게 박혀 있다면 침묵의 시간은 길어질 수밖에 없다. 이러한 조직 내 침묵 현상을 깨뜨리고 바꿔 나가는 데 있어서는 리더들의 역할이 중요하다.

의정부여중의 교직원회의는 한 달에 한 번 열린다. 3월에 열린 교직원회의는 1학년에서 준비했다. 교무부장이 사회를 보던 자리를 1학년 부장이 대신하는 것이 아니라 1학년 부서에서 함께 고민하고 준비하며 사회도 정했다. 3월은 교직원들이 처음 모이는 자리인 만큼 함께 마음을 나누는 시간들도 필요했다. 50명의 교직원이 두 줄로 둥그렇게 앉아 옆 사람의 어깨를 주무르고 등을 두들기며 마음열기를 시작했다. 스킨십은 서로를 더 가깝게 만들어 주는 아주 좋은 방식이다. 마음열기를 마치고 1학년 선생님들은 앞으로 나와 미리 준비한 공동체 놀이를 했다. 누군가의 코, 입, 인중, 눈매 등 신체 부위를 찍은 사진을 교무실 곳곳에 숨겨 두고 찾아서 모둠을 구성했다. 그리고 그 주인공을 찾아낸다. 주인공을 찾기 위해 우리는 서로를 더 많이, 더 자세히 관찰해야 한다. 이렇게 만들어진 모둠은 이날 토론 주제를 논의할 모둠이 된다. 음악 선생님의 돌림 노래, 총각 선생님의 기타 연주, 함께 부르는 합창, 마음을 담은 영상까지, 이렇게 시작된 교직원회의는 중요한 논의 사항을 앞두고 교사들 간의 마음과 생각을 모으는 윤활유 역할을 하고 있다. 아마도 교직원회의에서 앞에 나와 주인공이 되어 본 선생님은 다음 회의 시간을 대하는 태도가 달라질 것이다. 마치 수업에서 주인공이 되어 본 아이들의 눈빛이 다음 시간부터는 반짝반짝 빛나듯이 말이다.

아무리 좋은 일이라 해도 교사들이 움직이지 않는 이유는 일을 해야 할 필요성이 내면화되지 않고, 밖으로부터 주어진 일이라는 관념 때문이다. 그래서 의정부여중에서는 중앙 집중식이나 수직적인 의사결정 과정을 벗어나 오래 걸리더라도 모두가 함께 할 수 있는 방안을 마련하고자 했다.

학교에서 생기는 문제점을 파악하고 앞으로의 방향을 설정하기 위해 3차에 걸쳐 '교사 대토론회'를 진행했고, 보다 집중적으로 혁신 업무를 추진하기 위해 '혁신협의체'(교감, 교무, 혁신, 학년부장)를 구성하며 '교장-담임회의'와 '교장-학생회의' 등의 소통 체계를 마련했다. 이렇게 만들어진 소통 체계를 기존 회의와 균형을 맞추려고 노력하고 있고, 모든 회의는 사안과 문제 중심으로 진행하려고 하고 있다. 교사뿐 아니라 학생 사안도 학생들에게 직접 맡겨 보기로 했다. 생활지도 문제로 교사들 사이에 다양한 논의가 이루어지는 가운데 학생들에게 직접 맡겨 보자는 의견이 나왔고, 학급 전체가 찬반 토론으로 진행한 '학생 생활 대토론회'를 거침으로 학생들 간, 교사와 학생 간에 소통하는 기회를 갖기도 했다. 이렇듯, 소통은 둘러앉아 듣는 것에서 시작되고 잘 들으면 서로를 이해하고 더 좋은 방향을 찾을 수 있다는 것을 경험을 통해 알아 가고 있다.

2011년 의정부여중 제1회 교사 대토론회 회의록

　　일　　시　3. 28.(월) 오후 3:30~4:30
　　회의 방식　조별 토론(1~4조) 및 기록 전체 조별 토론 결과 공유
　　진　　행　김○○ / 서기 : 손○○

칭찬
3월에 업무가 많아서 힘들었음. 작년과 비교했을 때 수업에 대한 고민을 많이 하게 됨. 수업에 대해 고민하고 연구하는 시간이 늘어남. 활동 중심으로 아이들을 가르치니까 아이들이 수업에 활력을 가지게 되고, 즐기는 것을 발견함. 서로 배우는 아이들을 보니 좋음. 수업 시간에 자는 아이들이 줄어들고, 못하는 아이들도 참여함. 아이들이 무엇을 모르는지에 대해 생각하고 준비를 하게 됨. 아이들을 관찰하면서 생활의 변화를 보게 되니 좋음.

고민/불만

업무 분장이 체계적이지 않음. 업무 구분이 명확하지 않아 업무할 때 힘듦. 3학년 수업 시 모둠 활동에 익숙하지 않은 아이들이 많아 수업하는 데 힘듦. 평가와 수업의 괴리 문제에 대한 고민이 있음.

칭찬

1, 2학년은 모둠 활동 시 즐거워함. 아이들에게 집중하고 급우 간에 돕고 배려하는 모습이 감동적임. 학년 교무실의 장점이 있음. 조별 활동을 위해 자료를 개발해서 활발한 참여를 유도함. 자는 학생이 줄어듦. 교사로서 가르치는 보람을 느낌.

고민/불만

3학년은 아이들과 교사 모두 힘든 것 같음. 진도 고민. 3학년은 생활지도와 아이들 포용이 중점인 것 같음. 몇몇 교사와 부장에게 업무가 집중되는 문제가 있음. 수업할 때 모둠 활동하면서 칭찬 스티커, 보상을 주면서 협동에 필요한 것인지 고민. 수업 진도에 대한 고민이 있음.

칭찬

기존의 강압적인 방법보다 아이들에게 관심을 많이 보이고, 다가가는 모습을 보이니 아이들이 먼저 다가와서 놀라움. 그동안 가르치는 것에 회의적인 생각이 있었는데 새롭게 해 보자는 의욕이 생긴 게 좋음. 특히, 여중의 특성상 그동안 힘들었는데 1학년을 가르치면서 희망이 보인다는 점. 기존에 아이들을 다잡고 가야겠다는 생각에 엄격히 규율을 세우려고 애썼으나 이번에는 그런 점을 버리고, 창의적인 기법과 아이들 스스로 규정을 정해 가는 것을 시도. 스스로 아이들에게 스스럼없이 대하게 되고, 아이들도 자신을 편하게 대하게 되어서 좋음. 선생님들 사이에 서로 공유하는 분위기가 되어서 좋음. 아이들과 대화가 잘 되어서 좋음. 아이들에게 과제를 주면 알아서 하는 점이 만족스러움. 교사들과 수업에 대한 이야기를 많이 하니 좋음.

고민/불만

수업에서 교사가 정리해야 할 때가 있는데 정리가 잘 안 되는 점과 아이들의 참여를 이끌어 내는 것. 업무 경감 같은 부분이 정리가 안 되어서 빨리 정리가 되면 업무 처리할 때 홀가분할 것 같음. 1교시 시작 시간이 빨라져서 이동이 필요한 수업이나 체육 시간에 제때 수업을 시작하기 힘듦. 활동 시 반응이 좋은 학급과 좋지 않은 학급의 경우 대처 방법에 대해 고민 중임. 활동을 많이 해서 진도 고민이 있음. 진도와 활동 수업을 조화롭게 할 방법에 대해 고민. 오픈 마인드로 다른 선생님과 고민을 나누려고 노력하는 중임. 업무 경감을 위해 노력하나 여러 사람이 같이 엮인 경우가 많고, 교육청과의 조율 문제도 있어서 어려운 부분이 많음. 모둠 편차를 줄이기 위한 방법 고민. 1학년은 모둠 수업에 대한 준비가 잘 되어 있으나, 3학년은 수업 준비가 잘 안 되어 있음. 배움에서 멀어진 3학년 아이들을 어떻게 수업에 참여하게 할지 고민이 큼.

대안/창조
교장 선생님과 담임교사 간 의사소통 채널이 필요함.

칭찬
아이들에게 칭찬을 많이 하게 된 점. 아이들의 좋은 점만 보려는 노력과 함께 아이들 입장에서 말하니 아이들과 트러블이 적게 생김. 자기 이야기만 하고 경청하지 않는 아이들을 경청하게 하기 위한 아이디어-발표 시, 전에 발표한 아이들의 내용을 요약하게 해서 칭찬 도장 주는 것.

고민/불만
3학년의 경우, 교사의 관용적인 면을 보고 무제한적으로 허용을 기대하는 경우. 잦은 모둠 활동으로 힘들어하는 학생들은 어떻게 할까. 인성적인 면에 신경 쓸 필요가 있음. 흡연하는 아이들을 어떻게 관리해야 할까.

"나도 학생이다" – 학교생활 문화 대토론회

Ⅰ. 목적
- 다른 사람의 주장을 경청하고, 자신의 주장을 정확하게 표현할 수 있는 공적인 의사소통 능력 신장
- 비판적 문제 분석력과 합리적인 의사결정 능력 배양
- 참여하고 소통하는 배움의 공동체의 철학을 기반으로 하는 학교 문화 정착
- 학생과 교사의 권리와 인권을 존중하는 학교 풍토 조성
- 교사와 학생, 학부모가 서로 존중하고 배려하는 돌봄의 학교 문화 정착
- 학교 3주체(학생, 학부모, 교사)가 학교생활 전반의 문제를 논의하고 결정하는 장을 마련

○ 학교생활에서 학생들이 자신의 문제에 대한 고민과 문제를 직접 대화하고 토론하며 자신이 학교의 주체이자 자기 생활의 주인임을 자각

II. 세부 계획

1. 전체 일정

- ○ 설문 조사 : 6월 9일, 10일
- ○ 토론회 선전 : 6월 13일~
- ○ 패널 모집 : 6월 13일, 14일
- ○ 토론 준비 : 6월 15~17일
- ○ 교사 생각 나누기 : 7월 1일
- ○ 수업 시간 토론회 : 6월 중
- ○ 토론회 후 학생회 모임 : 캠페인이나 규정 개정의 필요성에 따라

2. 주제 : 학생의 두발, 복장 어떻게 볼 것인가?

(찬성 : 두발, 복장 제한이 필요! 반대 : 두발, 복장은 노터치!)

3. 학생 생활 규정 토론회 교과 활동 연계

교과	도덕	사회	국어
1학년		학생 생활 규정 토론	생활 규정 토론을 바탕으로 광고 및 UCC 만들기
2학년	학생 생활 규정 토론	학생 생활 규정 토론	
3학년	토론 방법에 대한 수업, 토론 내용에 대한 근거 만들기	학생 생활 규정 토론	생활 규정 토론을 바탕으로 광고 및 UCC 만들기

4. 토론회 일정

- 일시 : 6월 18일(토) 1, 2교시(체육관 이동, 토론회)
- 장소 : 체육관
- 참여 학생 : 토론자(10명), 청중 패널(20명), 청중(10×30=300명)

5. 토론 형식 : 원탁 토론

6. 참석 인원 : 토론자(8명-찬성4, 반대4), 청중 패널(20명-찬성10, 반대10), 방청객(각 반 10명), 나머지 인원은 교실 시청

7. 심사 기준 : 평가위원(70%) + 청중 평가단(30%)

○ 평가 항목 : 논증력, 비판력, 언어 표현력, 토론 윤리 및 태도

○ 논증력 : 다양한 논거를 객관적이고 사실적으로 제시, 인식을 생산하는 과정에서의 새로운 발상
○ 언어 표현력 : 정확한 용어 사용, 정확하고 분명한 발음
○ 토론 윤리 및 태도 : 겸손함과 담대함, 상대방 말의 경청, 설득 당할 용기와 아량, 포용력과 배려, 상대방을 인격적으로 존중, 어휘나 수사적 표현과 목소리

배움이 일어나는 관계 다지기

친밀감은 창조적이고 능동적인 힘을 만들어 주는 바탕이다. 특히 배움에 있어서 이러한 창조성과 능동성은 매우 중요하다. 교육은 관계 맺음을 통해 긍정적인 경험을 할 수 있도록 이끌어 주어야 한다. 관계 맺음을 통해 배움이 일어나도록 하는 것인 만큼 개인과 개인의 관계, 교사와 학생의 관계, 개인과 사회의 관계, 개인과 자연과의 관계까지, 관계 속에서 배우는 것이 중요하다. 대부분 학교는 학기 초에 서로에 대한 긴장 관계를 유지하려고 한다. 교사들은 권위를 세우기 위한 몸짓과 태도로 무표정하고 엄격한 모습으로 아이들 앞에 선다. 아이들도 교사들도 서로에게 상처 받은 경험들을 떠올리며 서로에 대한 거리를 유지하며 탐색전을 펼친다. 오히려 아이들과는 어느 정도 거리를 유지해야 1년이 편하다는 생각을 가지고 있는 교사들도 많다. 그래서인지 학기 초 복도에 뭉쳐 있는 아이들 집단은 요주의 대상자 명단에 올라가기도 한다.

하지만 의정부여중에서는 학기 초에 서로에 대해 더욱 알아 가도록 하는 많은 작업들에 집중하고 있다. 구성원 간에 안전과 신뢰를 만들어 내고, 그 속에서 개인적인 욕구를 만나며, 의사소통 기술을 익히는 데 시간을 투자하고 연습하는 과정이 실제로 배움의 공동체를 만들어 풍성한 학습활동을 이루어지게 하는 데 훨씬 더 빠른 방법이라는 것을 해마다 확인하고 있다. 소속감, 즐거움, 자유, 능력 그리고 자율이라는 욕구들이 배움으로 다가가게 하기 위한 지름길임을 경험에서 절실히 느끼고 있다.

아이들은 두려운 환경이나 신뢰하지 않는 사람에게 배우지 않는다. 특히 배움이 일어나는 환경에서는 긍정적인 경험을 할 수 있도록 관계를 맺는 것이 중요하다. 학교에서 교사와 학생 간의 관계, 교사와 교사와의 관계, 학생과 학생과의 관계는 단순히 서로를 존중하고 친하다는 것을 뛰어넘어 학교의 문화를 나타내며, 무엇보다 잘 배우기 위해 꼭 필요한 조건이다. "두려움과 배움은 함께 춤 출 수 없다."는 말처럼, 싫어하고 두려운 교사와 짜증 나는 친구들이 있는 교실에서는 배움이 일어나지 않는다. 그래서 우리 학교에서는 학기 초 관계 중심의 교육과정을 가장 중요하게 생각하고 있다.

월요일 아침열기

월요일 아침이면 출근하기 싫은 어른들처럼 아이들도 월요병에 시달린다. 주말에 다양한 일을 겪고 몸도 맘도 피곤한데 등교하자마자 영어, 수학 책을 펴 들어야 한다. 한걸음 쉬어 가자는 생각으로 교사들은 '월요일 아침열기'를 제안했다. 격주 월요일이면 담임선생님과 학생들이 둥그렇게 둘러앉아 주말 이야기를 나누고 서로의 이야기를 듣는다. 20분 정도밖에 되지 않지만 아이들은 자기 이야기를 하며 마음을 풀고, 다른 아이들의 이야기를 들으며 조금씩 친구들을 이해하게 된다. 교사들은 이 시간을 통해 아이들의 생활을 파악하기도 한다.

격주 월요일이면 담임선생님과 학생들이 둥그렇게 둘러앉아 주말 이야기를 나누고 서로의 이야기를 듣는다.

집단상담으로 여는 새 학기

학기 초 가장 먼저 시작하는 집단상담도 서로를 이해하고 마음을 여는 공동체로 나아가는 첫 발자국이라고 할 수 있다. 3월에는 모든 교사들이 바쁘다. 새로운 아이들을 맞이하고 새 학기를 시작하면서 문서상 갖추어야 할 조사를 하고 서류 작업을 하느라 여념이 없는 것이다. 하지만 의정부여중에서는 학기 초 이러한 업무들을 뒤로 미루고 서로를 알아 가는 집단상담 프로그램을 진행하고 있다. 담임교사와 아이들이 모둠별로 남아서 해야 하는 집단상담에 앞서 교사들이 먼저 모여 서로의 마음을 연다. 1~3학년 담임선생님 그룹, 부장들과 교장, 교감 선생님 한 그룹, 그리고 행정실과 실무사 선생님 그룹까지 5개 그룹이 상담 전문가를 모시고 서로를 알아 가며 1년간 공동체를 만들어 갈 준비에 들어가는 것이다. 2학기에는 이렇게 형성된 래포를 바탕으로 더 깊은 이야기를 나누는 상담 프로그램을 진행한다.

담임교사 집단상담 연수
- 대상: 학년별 담임교사 대상 집단상담
- 실시 방법: 집단 미술 상담
- 효과: 상담 기법 연수 및 담임들 간 이해의 장 마련

학생 대상 집단상담
- 대상: 전교생
- 기간: 3월 둘째 주(5일간)
  8월 둘째 주(5일간) 3시~4시 30분
- 담당 교사: 담임교사
- 실시 방법: 4~5개의 모둠으로 나누어 집단상담

학기 초 관계 중심 교육과정

서로에 대해 이해의 장을 마련하는 것은 집단상담뿐 아니라 수업 속에서도 이루어진다. 의정부여중에서는 학기 초에 관계 중심 교육과정을 운영하는데,

자기 교과 가운데 '관계'와 관련된 교육 내용이 있으면 맨 앞으로 끌어내어 먼저 배운다. 예를 들어 도덕과에서 2과에 '우정'에 대한 이야기가 나오면 3월로 가져와 함께 배우는 친구들에 대한 이야기를 풀어낸다. 국어과에서는 '마음을 담은 언어'라는 단원을 앞으로 가지고 나와 '비폭력 대화'를 배우면서 자신의 마음을 표현하는 방법, 잘 듣는 경청의 방법 등을 익힌다. 사회과는 3월 한 달 동안 '민주주의와 법' 단원을 끌어내어 학급 세우기를 도와준다. 학급 자치의 영역이 단순히 담임교사 개인의 역량이 아니라 교육과정을 통해 민주주의를 배우며 함께 살 때 필요한 약속, 규칙 등을 만드는 것부터 시작되고, 그 안에 학급의 대표들이 공약을 내세우며 토론회를 마련하게 된다. 담임교사는 4월 첫 주에 투표 절차만 거치면 되는 것이다.

교과 시간을 통한 학급 규칙 세우기

춤 테라피를 통해 서로를 알아 가는 창체 시간

의정부여중 1학년 1학기 교육과정으로 4년간 진행해 온 '춤 테라피' 프로그램이 있다. 창의적 체험활동의 하나로 1학년 학생들은 스스로를 알아 가고 서로의 관계를 만드는 '춤 테라피' 수업에 참여한다. 한 학기 동안 이루어지는 수업에 참여하면서 아이들은 움직임을 통해 몸의 감각과 마음을 느끼고 친구의 정서를 이해하며 자기 감정을 표현한다. 이 과정에서 아이들은 친구와 의사소통하는 방법을 익히고, 긍정적인 관계를 형성하는 즐거움을 누리게 된다. 아이들의 정서와 감정을 치유하는 교육과정은 지식 교육에 치중하고 있는 현재의 학교 교육과정에서 발생하는 여러 가지 상처들을 치유하며 관계를 회복시키는 잠재적 교육과정으로 자리 잡아 가고 있다.

학기 초에 이루어지는 관계 중심 교육과정은 학교 교육과정에서 생기는 여러 상처들을 치유하며 관계를 회복시키는 잠재적 교육과정으로 자리 잡아 가고 있다.

서로 성장하는 공개 수업

수업을 보는 눈, 교사의 전문성은 수업 공개와 수업 관찰이라는 임상 실습을 통해 길러진다. 우리 학교에서 가장 중요한 시간은 한 달에 두 번 있는 수업 공개 시간이다. 달마다 전체 교사에게 공개하는 연구 수업(제안 수업)이 이루어지고, 학년 담당 교사에게 공개하는 학년 공개 수업도 열린다. 이 시간에 수업을 열지 못한 교사들은 수시로 수업을 열어, 전체 교사가 1년에 한 번 이상은 자기 수업을 열고 동료 교사들과 협의하는 시간을 갖고 있다. 공개 수업이 열리는 시간에는 모든 교사가 하던 일을 멈추고 수업 공개실로 향한다. 조퇴도 출장도 되도록 조절하고 교장, 교감선생님을 비롯한 전체 교사들이 함께 모여 수업을 관찰하고 아이들의 배움에 대해 이야기를 나누며 수업을 성찰한다.

수업을 바꿔 보고자 도전하는 수업 공개를 위해 교사들은 몇 주 전부터 동료 교사들과 자신의 수업을 함께 관찰하며 수업 방향과 디자인에 대해 이야기를 나눈다. 같은 교과를 가르치는 동료 교사의 수업에 참관을 하기도 하고, 수업을 공개할 우리 반에 들어오는 다른 교과 수업을 보며 아이들을 제 3자의 눈으로 바라보기도 한다. 동료 교사와 함께 배우며 내 수업을 만들어 가는 것이다. 수업을 여는 학급의 다른 수업도 한꺼번에 열어 학급의 관계성을 미리 살피기도 한다. 기존의 연구 수업이 교사의 수업 기술을 관찰하고 평가했다면, 수업 공개는 배움의 공동체 수업에서 일어나는 학생들의 배움을 관찰하고, 수업을 통해 교사가 배운 내용을 중심에 놓는다.

한 명도 소외되지 않는 배움, 아이들을 배움의 주권자로 세우기 위해 교사들은 모둠 속으로 들어가 아이들의 이야기에 귀를 기울인다. 아이들이 배움을 자신의 삶과 어떻게 연결시키는지, 텍스트를 자기 배움으로 어떻게 가져가고 있는지를 관찰하기 위해 더 조용히, 더 가까이 아이들에게 다가서는 것이다. 우리 아이들은 협력 속에서 나름대로 배움의 의미를 세운다. 일방적으로 가르치고 배우는 관계가 아니라 서로 대화를 나누면서 자기 방식으로 배우는 아이들의 모습을 발견할 수 있다. 아이들은 함께 배울 때 더 행복해하며 다양한 배움의 방식 속에서 스스로 주인공이 되어 갔다.

공개 수업이 끝나면, 전체 교사들은 수업을 준비하고 열어 준 선생님께 감사 표시를 하며 수업연구회를 시작한다. 전에는 교사의 수업 방식에 대해 초점을 맞추어 교수학습 방법에만 치중해 온 공개 수업과 연구회가 달라졌다. 아이들의 관계가 어떻게 배움에 작용하고 있는지, 아이들이 어디서, 무엇 때문에 배움을 주춤거리고 있는지, 관찰 대상이 교사에서 아이들로 옮겨 온 것이다. 최소한으로 가르치고, 최대한으로 배우는 교실을 만들기 위해 교사들은 스스로의 수업을 디자인한다.

한 달에 한 번 열리는 학년 공개 수업은 담임에게는 잘 보이지 않는 아이들의 관계를 학년 교사들이 함께 집중적으로 관찰하며 생활지도에도 많은 도움이 되고 있다. 또한 자신의 수업과 다른 교과 수업을 비교하며 교과 간의 연결 고리를 고민하기도 하고, 아이들마다 다른 관심과 재능을 이해하는 바탕이 되기도 한다. 공개 수업 날 아침, 수업을 열어 준 선생님의 책상에 쌓이는 감사의 편지와 선물들은 수업 공개가 수업하는 교사만을 위한 것이 아니라 동료를 위한 소중한 시간임을 알게 해 주는 증거이다.

"선생님을 보러 오는 게 아니라 너희들이 어떻게 배우고 있는지를 관찰하고 공부하러 선생님들이 들어오시는 거야…"라고 미리 전해 들은 아이들에게 공개 수업은 마치 축제와도 같다. "선생님, 오늘 우리 반 수업 공개하는데 보러 오실 거죠? (힘 있게 손짓하며) 파이팅!" 하며 시작한 수업 공개는 아이들과 담임선생님을 이어 주는 든든한 끈이 되기도 한다. 연구회에서 눈물을 보이는 선생님께 너무 긴장한 탓인지 물었더니 수업을 진행하는 과정에서 아이들이 너무 예뻐서 눈물을 참을 수가 없었다는 뒷이야기도 해 주었다. 더 이상 수업 공개는 교사 개인의 수업 능력을 평가 받는 자리가 아니라 많은 교사들에게 다른 수업을 관찰할 기회를 제공해 주고 교사와 학생이 교감하는 계기가 되고 있다.

교사가 주도하여 한 시간 보여 주기 위한 수업을 구성하는 것은 어렵지 않은 일이다. 그러나 그 안에 아이들이 서로에게 배워 가도록 만드는 수업, 아이들에게서 나오는 반응을 보며 연결 짓기와 되돌리기를 해 가는 교사의 치밀한 수업 디자인은 한두 주의 연습으로는 불가능한 일이었다. 교사들은 스스로 수업을 개선하기 위해 동료 교사와 수업을 나눌 수 있는 공동체를 만들고, 이곳에서 동료 교사와 함께 수업을 성찰하면서 내면의 힘을 길러 내고 있다.

수업공개참관록

※ 서로 배우고 함께 성장하는 교사 문화가 교육의 희망입니다 ※

의정부여자중학교		학년	반	수업자		교사	
수업교과		지도단원		일 시			

범주	관찰할 내용	배운점
관계	• 교사, 학생이 편안한 관계인가?(배려, 존중, 신뢰) • 교사의 학생에 대한 기다림이 적절한가? • 안전한 모둠인가?(학생 간 권력, 일방적인 배움) • 서로 동등하게 배우고 있나?(협동적인 배움) • 교실에 서로 들어주는 관계가 어떠한가?	지도단원
배움 공유 표현	• 어떤 대목에서 협력이 잘 이루어졌는가? • 학습자는 어디서 배우고 어디서 주춤거리고 있는가? • 학습자의 점프가 있는 배움은 이루어지고 있으며, 어느 지점에서 이루어지고 있는가? • 기초 과제와 심화 과제의 연결은 어떠한가? • 과제 제시가 애매하지 않은가?(학생들의 과제 이해도) • 학생들은 배움의 맥락을 이해하는가? • 수업의 맥락에서 연결 짓기('학습자, 사물, 사건'과의 연결) 및 되돌리기는 어떻게 이루어지고 있는가? • 적절한 공유, 표현 활동이 이루어졌는가? • 수업자가 의도하고 있는 배움은 무엇인가? • 이 수업에서 가장 의미 있는 지점은 어디인가? • 교사가 자신 있어 하는 점은 무엇인가? • 교사가 두려워하고 있는 점은 무엇인가?	
교육과정 재구성	• 학교의 철학과 교과의 목표에 맞게 교육과정이 재구성되었는가?	
이 수업을 통해 나는 무엇을 배웠는가?		

함께 관찰하는 우리 반

해마다 반 편성을 고르게 한다고 하지만 교사들을 힘들게 하는 반이 있다. 초등학교에서 올라와 중학교 반을 결정하게 되는 반 편성 고사의 신뢰성은 그리 높지 않다. 힘든 반이 생기면 그 반 수업이 있는 요일이 싫어지기도 하고, 그 반을 맡고 있는 담임선생님에게 모든 책임을 돌리며 반을 통제하지 못하는 무능한 담임으로 여기기도 한다. 한 학기가 끝날 때까지도 나아지지 않는 반을 위해 1학년 담임선생님들이 둥그렇게 모여 앉았다. 선생님들이 내린 결론은 한 주 동안 그 반을 함께 관찰해 보자는 것이었다. 한 반이 무너지면 옆 반도 힘들어지고, 수업을 맡은 교사도 힘들어진다. 무엇보다 가장 힘든 교사는 그 반 담임이며, 학년 전체의 동료성으로 이 문제를 해결해야 한다고 생각했다. 문제의 발단을 아이들과 담임에게서 찾지 않고, 교사인 우리들의 모습과 학급 문화, 아이들의 관계를 함께 관찰해 보고자 했다.

사실 한 주 동안 매 수업을 연다는 것은 교사들에게 엄청난 용기가 필요한 일이다. 먼저 왜 우리 반에만 선생님들이 몰려오느냐고 항의하는 아이들에게 양해를 구했다. "너희를 낙인찍는 것이 아니라 선생님들이 변하기 위해서이다. 너희들에게 맞는 수업을 찾기 위해 선생님들이 용기를 내었으니 도와 달라"는 부탁에 아이들은 선생님들이 들어오는 것을 동의해 주었다. 매일 한두 시간 밖에 공강 시간이 없는데, 그 시간에 쉬지도 못하고 한 반을 함께 관찰하는 일은 쉽지 않았다.

그런데 한 주 동안 수업을 열면서 교실이 조금씩 변하기 시작했다. 일단, 교과 선생님들이 수업을 신경 써 준비해 주었다. 누군가에게 보여 주어야 하는 수업은 아무래도 긴장이 될 수밖에 없다. 한편에서는 서로의 수업을 보기만 해도 배움이 일어났다. 내 수업 시간에 졸던 녀석이 저 선생님 시간에는 눈을 반짝이고 있는 것이다. 저 선생님의 무엇이 이 아이들을 깨우고 있을까를 고민하게 만들었다. 아이들도 달라져 갔다. 앞에서 수업하는 선생님 이외에 누군가가 자기를 지켜보고 있는 것이다. 처음으로 조용한 수업 분위기가 만들어졌다. 한 주간의 관찰이 끝나고 다시 1학년 선생님들이 둘러앉았다. 수업이 잘되려면 선생님의 물음에 피드백을 해 주고 서로의 배움을 촉진하는 아이들이 있어야 하는데, 이 반에는 그런 아이들이 입을 다물고 있었다. 반에서 권력을 행사하고 있는 아이가 다른 아이들의 입을 막고 있었던 것이다. 1학년 선생님들은 그 아이가 내뱉고 있는 독설의 원인을 살피고, 아이에게 내재되어 있는 화를 풀어 주기 위한 여러 가지 방법들을 고민했다. 그리고 서로에 대한 반목으로 주눅 들어 있는 아이들 간의 관계를 개선하기 위한 학급 활동들을 제안했다.

이듬해에는 한 반을 관찰 후 선생님들이 모여 크게 반성을 한 적도 있다. 교사는 자기 시간에만 아이들을 혼낸다고 생각했는데 하루를 온전히 들여다보니 아이들은 시간마다 들어오는 선생님들에게 잔소리와 꾸중을 듣고 있었던 것이다. 자신들의 모습을 들여다본 선생님들은 다음 날부터 아이들의 칭찬 거리를 찾기 시작했다. 한 주라는 짧은 시간이었지만 아이들에게는 나름대로 선생님들의 사랑을 한 몸에 받는 소중한 시간이었을 것이다. 이름도 모르는 다른 반 선생님이 복도에서 아는 척을 하고, 수업에 들어와서는 머리를 쓰다듬어 주고…. 아이들은 이러한 관심만으로도 조금씩 달라졌다.

1학년 ○반 수업을 관찰하며 느낀 특징들

- 기본적으로 다른 사람에게 관심(사랑)이 많다. 그래서 끊임없이 주변 친구들과 이야기하려고 하거나 참관 들어온 선생님에게 말걸기를 잘한다.
- 집중력이 부족하기도 하지만 남을 배려하는 마음이나 예의가 부족한 게 더 문제이다.

생각해 볼만한 대책

- 시작할 때 교실 정돈 및 책상 위 정돈을 다 함께 하기(교실 휴지 줍기, 관련 없는 물건 넣기 등….)
- 수업 시간에 침묵을 적절하게 활용하기(말을 해야 할 때와 하지 말아야 할 때를 구분 지어 주기, 펜을 들어야 할 때와 들지 말아야 할 때 등을 일일이 가르쳐야….)
- 집중력이 약한 편이므로 적절하게 수업 디자인을 하고 아이들 분위기에 맞는 수업 방법을 찾아내서 변화를 주는 게 필요할 듯.

또 하나의 바퀴, 교육복지

돌봄협의체

아이들의 행동은 개인의 성향뿐 아니라 그 아이를 둘러싼 여러 환경과 경험에 영향을 받는다. 관심 부족과 바쁜 일상, 많은 수의 아이들…. 다양한 이유로 학교에서 일어나는 개인의 문제는 예방과 대책보다는 일방적인 처벌로 흐르기 쉽다. 의정부여중 생활지도의 가장 큰 축은 돌봄협의체이다. 어려움을 겪고 있는 학생들이 교육과정에서 소외되지 않도록 교사가 자세히 들여다보고 어려움의 원인을 발견하여 지원하는 것이다. 각 학년 부장, 각 학년 돌봄 담당 교사, 진로상담부장, 상담사, 교육복지사 등 9명으로 구성된 돌봄협의체는 배움과 돌봄의 책임교육공동체를 실현하는 데 목적이 있다. 한 개인의 문제를 여러 가지 전문적인 시각에서 바라보면서 무엇을 먼저 해결해야 할지를 고민하는 것이다. 돌봄협의체에서는 학년별 돌봄 지원비를 관리하고, 교육복지실 활동에 협력하며, 담임교사가 학생들의 가정을 파악할 수 있는 기초 조사서를 작성할 수 있도록 돕는 역할을 하고 있다. 바쁜 와중에도 함께 모여 아이들에 대한 고민을 나누고 대안을 찾아가는 시간은 결국 반복해서 일어나는 문제 상황을 줄이고, 아이들을 변화시키고 교사 개인의 짐을 덜어 준다.

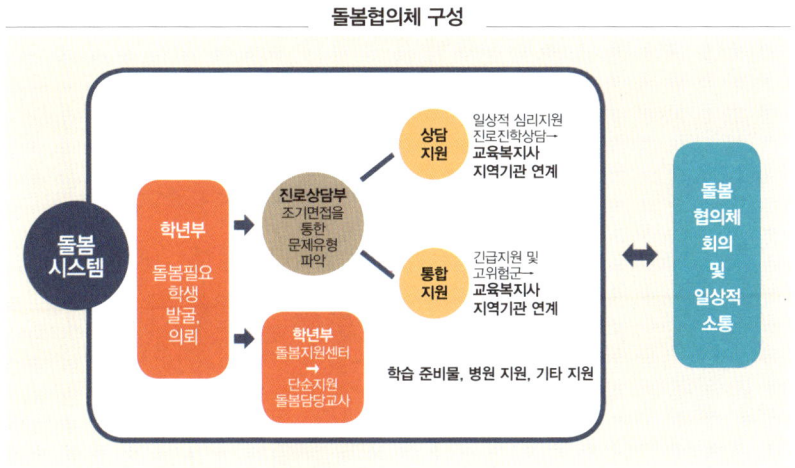

돌봄협의체 구성

마을학교 열린교실

마을학교 열린교실은 교육복지우선지원사업 중학교 지역공동사업으로 주변에 있는 세 학교에서 함께하고 있다. 이 프로그램은 마을에 다양한 재능 나눔 기관을 발굴하여 학생들이 진로에 대해 직접 체험할 수 있도록 하며 좋은 이웃을 만들어 주려는 취지에서 시작되었다. 2014년 현재 도예가, 웹툰 작가, 사회복지사, 상담사, 네일아트&메이크업, 재활용 공예가, 바리스타, 토론가와 같은 8개 직업군의 마을 기관이 참여하고 있다.

마을학교 열린교실 협약식

먼저, 기관을 발굴하고 학교와 기관은 상호 협약을 맺는다. 그리고 학생들을 마을 안에 있는 기관들을 직접 찾아가서 길게는 주 1회씩 1년간, 짧게는 주 1회씩 4회 정도 체험한다. 마을학교 열린교실에 참여하는 학생들에게는 예쁜 출석부를 준다. 거기에 출석 체크도 하고 나의 꿈 성장 기록과 마을 멘토의 햇살 한 줌(가르침 후 한마디)을 적어 학생들이 간직한다.

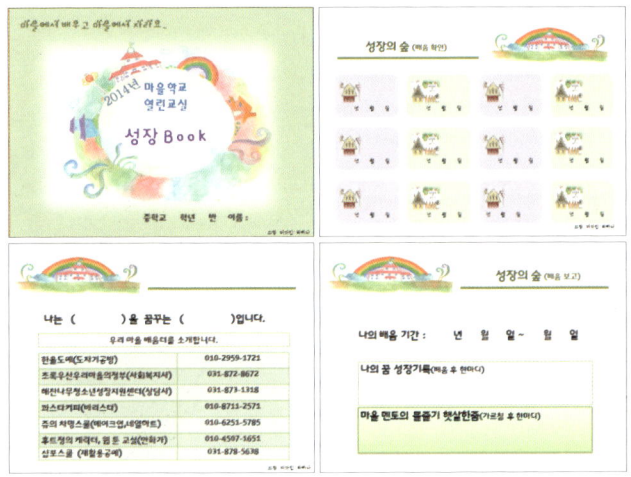

마을학교 열린교실 출석부

기관들은 무료, 혹은 재료비 정도를 받고 학생들을 지도해 준다. 찾아보면 세상에는 참 좋은 이들이 많다. 웹툰 작가는 우리 학교 교장선생님의 제자이고, 네일아트&메이크업은 우리 학교를 졸업하고 현재 미용고에 다니는 학생들의 선배가 도와주고 있다. 2014년 2학기에도 50여 명의 학생들이 프로그램에 참여했으며 학생들은 진로 체험뿐만 아니라 마을을 지나가면서 따뜻하게 인사할 수 있는 좋은 이웃을 만나게 되었다.

이런 다양한 사업들은 교실에서 이루어지는 수업 이외에 아이들의 삶을 살피고 가꾸어 주는 한 축으로 학교 안에 자리잡고 있다.

2부

모두를 살리는 교육과정

씨앗을 뿌리기 전에 여러 가지 질문에 답하는 작업이 필요하다.
어떤 농사를 지을 것인가.
우리는 짓고자 하는 농사에 대해 제대로 알고는 있는가.
스스로 묻는 과정은 꼭 필요하다.
어떤 원칙을 갖느냐에 따라 흙이 변하고
작물의 안전과 건강이 달라질 뿐 아니라
농장과 사람들의 분위기도 큰 차이가 난다.
교육과정을 재구성하는 데 있어서 가장 기본은 어떤 철학을 가지고 할 것이냐이다.
오래 걸리고 손이 많이 가더라도 하늘도 살리고 땅도 살리고
사람도 살리는 교육과정은 무엇일지 고민하여야 한다.

변화하는 학교 철학, 살아 움직이는 교육과정

공립학교는 해마다 이동이 있다. 교사뿐 아니라 아이들도 한 학년씩 다른 아이들로 채워져서 한 해의 학교 분위기나 문화는 학교 구성원들에 따라 바뀔 수밖에 없다. 이런 학교 생리에 따라 교육과정이 해마다 바뀐다면 그 피해는 고스란히 아이들에게 지워질 것이다. 그래서 학교가 한 방향으로 가기 위한 학교 철학이 필요하고, 바뀌는 구성원들과 그 철학을 공유할 수 있는 소통 체계를 갖추어야 한다. 그 철학을 구현하는 학교 교육과정의 흐름이 정착되어야 하는 것이다.

여기서 이야기하는 교육과정은 국가 교육 목표에 따른 교과서의 교수요목만을 의미하지 않는다. 교육 목표를 달성하기 위한 교육 내용과 학습 활동의 전 과정을 뜻한다. 학교 안에서 일어나는 모든 활동이 교육과정인 셈이다. 그렇기 때문에 교육과정은 획일적이고 일방적이 될 수 없다. 국가가 정하고 그대로 축소하여 지역에서 만들고 학교에서 시행하며, 교사들이 평가를 위해 교과서의 진도에 맞춰 읊어 대기만 하는 그런 과정일 수 없다. 교육을 생각하면서 짓는 집은 짓는 사람에 따라 용도도 다르고 모양도 가지각색이며 사용하는 재료도 다채로울 것이다.

교육과정은 학교 주체들에 의해 언제 어디서나 변화하고 공유될 수 있도록 그 안에 역동성을 담아야 한다. 주체들의 역량에 따라, 시대의 흐름에 따라, 지역의 변화에 따라 달라지는 비선형의 과정이 되어야 하는 것이다. 경기장에서 앞만 보고 한 트랙만 달리는 것이 아니라 주체 간 끊임없이 반복하는 긍정적인 되먹임recursion 과정이 되어야 한다. 그래서 교육과정은 교육에 가담하고 있다면 언제 누구라도 시작할 수 있고, 또 지속적으로 바뀔 수 있다. 교육과정은 끊임없이 살아 움직이면서 창조되는 다양체이고 생명체이며, 교사가 교육과정을 만든다 할지라도 이 교육과정이 아이들과 만나면서 다시 해석되고 적용되는 것이 바로 교육과정 재구성인 것이다.

의정부여중에서는 혁신학교 지정 첫해인 2011년, 한 학기 동안 수업혁신을 통한 학교 재구조화에 집중하다가 교육과정의 필요성을 인식하게 되었다. 아이들 중심의 살아 있는 수업, 아이들의 삶과 연결된 수업에 대한 고민은 교육과정에 대한 고민으로 이어질 수밖에 없었다. 의정부여중 교사들은 실제 교육과정을 구성하는 여러 요소들과 상호작용하면서 문서로만 존재하는 교육과정에 다시 새로운 생기를 불러일으키는 재창조 작업을 하기 시작했다.

수업 고민에서 출발한 교육과정 재구성

혁신학교는 목적부터 틀어져 있는 지금의 공교육을 정상화시키려는 시도이다. 그리고 많은 혁신학교들이 그 출발점을 '수업 정상화'로 설정하고 있다. 수업을 살리기 위해 처음 한 것은 교실의 책상 배치를 바꾼 것이다. ㄷ자형의 책상 배치는 모둠별 협력 학습을 위한 것이다. 강의식 수업이 아닌 아이들이 주체가 되어 배움에 참여하는 수업, 협력해서 서로에게 배우는 수업, 지식 전달이 아닌 활동을 통해 삶으로 다가가는 수업을 고민하다 보니 수업의 구성과 내용이 달라지기 시작했다. 활동 위주의 수업은 아이들을 깨어 있게 하고 협력하게 한다는 것을 알게 되었다. 그러나 또 하나의 문제의식은 어떤 가치를 중심에 두고 무슨 내용으로 수업을 해야 하는가였다. 쉬는 시간이나 점심 시간에 수업에 대한 고민을 교무실에서 나누는 교사들의 모습은 이제는 낯선 풍경이 아니다.

수업을 살리기 위한 두 번째 시도는 수업을 여는 것이었다. 지금까지 수업은 교사 개인의 영역이었고, 교사의 권한 아래서 교실은 성역 같은 공간으로 여겨져 왔다. 수업 공개에 대해서는 두려움과 기대감이 공존했다. 수업을 열었을 때의 부담과 이를 통해 수업이 바뀔 수도 있다는 기대감이다. 사실 교사들은 자기 수업을 누구보다 더 바꾸고 싶었을지도 모른다. 교사 혼자 말하는 외로운 수업이 아니라 아이들이 배우는 과정에서 보여 주는 그 초롱초롱한 눈빛을 만나고 싶었는지도 모른다.

수업의 주제를 아이들의 관심과 흥미 있는 것을 중심으로 구성해 보는 것도 중요하다. 이것은 수업에 대한 동기 유발뿐 아니라 내가 이미 알고 있는 것을 다양하게 해석하고, 서로 다르게 볼 수 있음을 확인하는 과정을 통해서도 배움이 일어나기 때문이다. 학년부 교무실에 같이 모인 교사들은 자연스럽게 수업 이야기를 나누면서 같은 교과끼리의 집단 지성은 물론, 교과와 교과가 연결되어 있음을, 서로의 지식과 경험을 연결하면 좀 더 깊고 풍부한 수업이 될 수 있음을 알게 되었다. 이렇게 조심스럽게 교과 간 통합도 시도해 보고 아이들의 부담도 줄일 겸 수행평가를 함께 만들어 보았다.

이러한 수업의 변화는 교육과정의 변화라는 흐름으로 자연스럽게 연결되었고, '어떻게 가르칠 것인가'가 아니라 '무엇을 가르칠 것인가'라는 고민으로 이어졌다. 그러면서 교사 학습 동아리 '배움의 공동체 연구회'■에서 본격적인 교육과정 연구를 시작했다.

■ 배움의 공동체 연구회는 의정부여중의 교사들이 2011년에 자발적으로 만든 학습 동아리이다. 처음에는 교육 관련 서적을 읽는 독서 모임에서 시작하여 2011년 2학기에 학교 교육과정을 연구하는 모임으로 전환했다. 일주일에 한 번씩 정기적으로 모임이 이루어졌고, 15명 정도가 참여했다. 참여하지 못하는 교사들을 위해 신문을 발간하기도 했다. 이 연구회는 지금까지도 학교혁신의 가장 중요한 흐름으로 남아 있다.

왜 교과를 가르칠까

그동안은 국가 수준의 교육과정과 그에 따른 교과서 수업이라는 틀에서 벗어나지 못했다. 교과서가 곧, 교육과정이었던 것이다. '무엇을 위해 교과를 가르치고, 아이들에게 필요한 배움은 무엇이며, 우리 학교를 졸업하면 어떤 아이로 성장할 것인가'처럼 한 번도 생각해 보지 않은 물음이 시작되었다. 학교는 상황도 환경도 특성도 저마다 다른 아이들을 데리고 똑같은 교과서 지식으로 똑같은 질문을 던지며 똑같은 아이들을 키워 내고 있다. 입시라는 목적 속에서 아이들은 성적으로 한 줄 서기를 했고 여기서 상위권에 서지 못한 아이들은 존재감 없이 아무짝에도 쓸모없는 아이들이 되어 버렸다. 서로 다른 환경 속에서 다양하게 살아가는 삶을 학교는 받아안지 못한 것이다. 지역사회의 모습과 아이들이 처한 환경을 자연스럽게 받아안을 수 있는 교육과정, 획일화되지 않는 교육과정을 만들어 나가야 한다고 생각했다. 혁신학교 수만큼 다양한 학교의 교육과정이 만들어지고 여기서부터 공교육의 대안을 만들어 가야 한다는 생각이 들었다. 그래서 우리는 아이들을 알아 가며 아이들의 이야기를 먼저 듣기 시작했다.

국가 교육과정에 따라 교과마다 교육 목표와 방향이 정해져 있다. 그러나 우리 학교 아이들에게 알맞은 학교 교육과정을 구성하기 위해서는 학교가 나아가야 할 방향을 하나로 모을 필요가 있었다. '우리 학생들을 어떻게 키워 내고자 하는가' 하는 물음에 대한 답을 찾는 과정이기도 했다. 교사 학습 동아리 '배움의 공동체 연구회'가 학교 교육 목표인 '자존감'과 '배려' 교육과정을 만들어 나갔던 과정은 다음과 같았다.

교육과정 연구 첫 모임

교육과정에 대한 고민을 먼저 시작한 학교들이 있다. 대부분의 대안학교에서는 학교를 설립할 때 학교의 철학을 먼저 고민한다. 무엇을 가르칠 것인가는 학교가 가진 철학적 기초 위에 놓일 수밖에 없기 때문이다. 주변의 대안학교와 이우학교를 찾아다니며 학교를 만들어 가는 과정에 대한 연수를 듣고 나누기도 했고, 우리 아이들이 살아갈 미래 사회의 중요한 핵심 역량 등에 관해 토론을 하기도 했다.

두 번째 모임 미래 핵심 역량을 키워 낸다는 것

각자가 배운 연수 내용이나 읽은 책 등을 중심으로 스스로 공부한 내용을 어설프게 정리해서 전달하는 수준이었지만 앞으로 교육과정이 무엇을 담아야 하는지 문제의식을 공유했다. 지식을 전달하는 것을 넘어 어떤 사람을 키워 낼까 하는 문제는 교육과정을 고민하는 우리들에게 큰 의미로 다가왔다. 교사는 자기 교과의 전문성뿐 아니라 현재 사회에 대한 성찰을 통해 미래 사회에 대한 안목을 가져야 한다.

세 번째 모임 지금 우리 학생들은 어떤 아이들인가

어떤 아이들로 키워 낼 것인가를 알기 위해 지금 우리 아이들은 도대체 어떤 아이들인가를 알아야 했다. 열 명 남짓 함께 모인 교사들을 두 모둠으로 나누어 우리 학교 학생들에 대해 분석해 보았다. 우선 생각나는 대로 우리 학생들에 대해 이야기를 꺼내며 한참을 보냈다.

네 번째 모임 아이들을 살피다

세 번째 모임에서 나온 이야기들을 바탕으로 몇 가지 틀로 분류해 보았다. 다섯 가지 정도로 이야기가 모아졌다. 우리 학교에 다니는 아이들은 대부분 의정부시 가능동에 사는데 이곳은 생활환경이 어려운 아이들이 많다. 이와 관계가 클 것으로 여겨지는 여러 문제들이 있었다. 다음은 교사들이 모은 이야기이다.

기초 학력 부족	낮은 수준의 단어의 뜻을 모르는 경우가 많고, 어렸을 때부터 독서 습관이 들어 있지 않음. 영어의 알파벳이나 수학의 기초도 모르는 아이들이 많음.
기초 생활 습관 부족	다른 학교 아이들도 대부분 그럴 것임. 언어 습관이나 질서 지키기처럼 기초적인 생활 습관을 길러야 함.
진로에 대해 구체적이지 않음	진로에 대해 관심은 크지만 이미 포기한 부분도 많음. 막연하게 생각하는 경향이 큼.
문화적 결핍	영화처럼 친숙한 문화도 많이 접해 보지 못한 아이들이 있음. 여행이나 체험 등의 경험도 적음. 독서를 많이 하지 않은 것도 문화적 결핍의 큰 이유임.
낮은 자존감	이미 안 될 거라고 단정 지은 꿈이 많다. 현실적이기도 하지만 자신감이 부족하고 자존감도 낮아 무기력한 아이들이 많음.

이러한 이야기 속에서 한 선생님이 '아니, 왜 이렇게 부정적인 것이 많으냐? 우리 아이들은 장점도 많다.'고 하자 또 한참을 아이들의 긍정적인 면에 대해 이야기했다. '아이들이 정이 많아 선생님들에게 친밀감을 잘 표시한다.' '여학교여서 그런지 아이들이 활발하고 적극적이어서 교과 시간에 모둠 활동을 하면 협력이 잘 이루어진다.' '활동 결과물을 만들 때 꼼꼼하고 세심하게 잘 만든다. 심지어 점수에 들어가지도 않는데 말이다.' 분류를 한 이후에 이러한 문제를 극복하기 위해 우리가 도입해야 할 교육의 내용은 어떠한 것이 있을까에 대해 논의했다.

기초 학력 부족	대학생 멘토, 또래 학습 도우미, 배움의 공동체 수업 등 현재 우리 학교에서 진행하고 있는 내용으로 기초 학력 부족 문제를 해결해 나갈 수 있음.
기초 생활 습관 부족	공동체 생활의 규칙을 학생 자치 차원에서 만들어야 함. 규제가 목적이 아니라 공동체를 유지하기 위한 규칙과 배려를 중심에 둔 생활 규칙이 필요함.
진로에 대해 구체적이지 않음	진로 교육은 직업 교육이 아니라 미래에 자립하는 인간으로 살아가기 위한 교육이라는 관점이 필요하다. '어떻게 살아야 하는가'라는 문제의식이다. 진로 교육을 할 때 특정한 직업을 가진 전문가를 초청하여 교육을 하는 경우가 있는데, 이때 '어떤 직업'을 가진 사람보다는 직업을 갖고 사회에서 '어떤 역할'을 하고 있는 사람을 초청하는 것이 낫지 않을까.
문화적 결핍	문화 접촉 기회를 늘려 문화적 감수성을 길러 주어야 한다. 지금 하고 있는 교과통합 프로젝트, 주제통합기행도 문화 체험을 늘이는 방향으로 더욱 고민할 필요가 있다. 학생 동아리 활동 역시 문화적 기회와 감수성을 기르는 내용이 될 수 있다.
낮은 자존감	'내가 얼마나 소중한 존재인가' '누군가에게 얼마나 중요한 존재인가'를 생각해 볼 수 있도록 자아 성찰 교육이 필요함. 인문학 교육일 수도 있음.
배려	여학생들이어서 관계에 민감하다. 좋은 관계 유지의 기본은 배려이다. 서로 존중하는 문화가 필요할 것 같다.

다섯 번째 모임 우리 아이들에게 필요한 교육과정을 만들다

배움과 돌봄의 혁신 철학과 우리 학교 학생들에 대해 분석하는 과정에서 두 가지 내용을 뽑아냈다. 그것은 자존감과 배려였다. 우리 학교 아이들이 중학교 3년의 과정 동안 배움을 통해 자기를 사랑하는 마음을 갖고, 남을 배려하고 더불어 살 줄 아는 아이들로 성장하기를 바랐다.

자신감과 자존감은 다르다. 성적으로 아이들을 줄 세우고 어느 수준에 도달하지 못하면 불량품으로 취급하는 학교, 공부를 못하는 아이들을 들러리 취급하는 학교, 그렇다고 맨 앞줄에 있는 학생은 행복한가? 자신감은 성공 여부에 따라 흔들릴 수 있는 마음가짐이지만 자존감은 어떠한 상황과 조건에서도 자신을 있는 그대로 받아들이는 마음가짐이다. 자존감은 자신만이 지닌 특별한 가치에 대한 인식이며 자기 존재를 있는 그대로 존중하는 감각이다. 때문에 자존감이 있는 사람은 자신이 현재 처한 상황이나 능력에 상관없이 스스로 만족하고 남들에게 부끄러움 없이 자기 존재를 드러낼 수 있다.

학교는 다양한 역량을 발견하고 자존감을 키울 수 있는 교육과정이 필요하다. 시 수업을 할 때는 시적인 감수성이 뛰어난 아이가 돋보이고, 연극을 할 때는 표현력이 좋은 아이들이 주인공이 된다. 협력 수업, 토론 수업, 논술 등의 수업을 도입하면서 학급에서 공부 잘하는 학생이 아니어도 그림으로, 글로, 말로 저마다의 능력을 통해 돋보이는 학생들이 있었다. 수업이 바뀐 만큼 주인공도 다양해진 것이다. 주인공이 되어 본 아이들은 그 시간만큼은 자신들이 중요하고 소중한 존재라고 느끼게 된다.

학교는 작은 사회라고 할 수 있다. 그리고 이 아이들이 살게 될 더불어 살아가는 세상에서 '배려'는 필수 덕목이다. 모든 사고의 중심이 자신으로부터 나오는 사춘기 소녀들이 가정에서도, 학교에서도 가장 어려워하고 힘들어하는 것이 '관계'이다. 배려는 일방적인 양보가 아니다. 다름을 인정하고 타인을 존중하는 마음이다. 다르다고 무시하는 것이 아니라 다름의 이유를 이해하는 것이다. 타인을 존중하는 마음은 자신을 존중하는 마음에서 나온다.

이렇게 마련된 '자존감과 배려'는 학교 철학의 기반이자 교육 목표가 되었고 이를 구현하기 위해 교사들은 머리를 맞대고 마인드맵을 시작했다. '자존감'을 키우려면, '배려'를 배우게 하려면 어떤 교육을 해야 할까? 교사들은 교과서를 들여다보면서 자기 교과에서 녹여낼 방법을 고민했다.

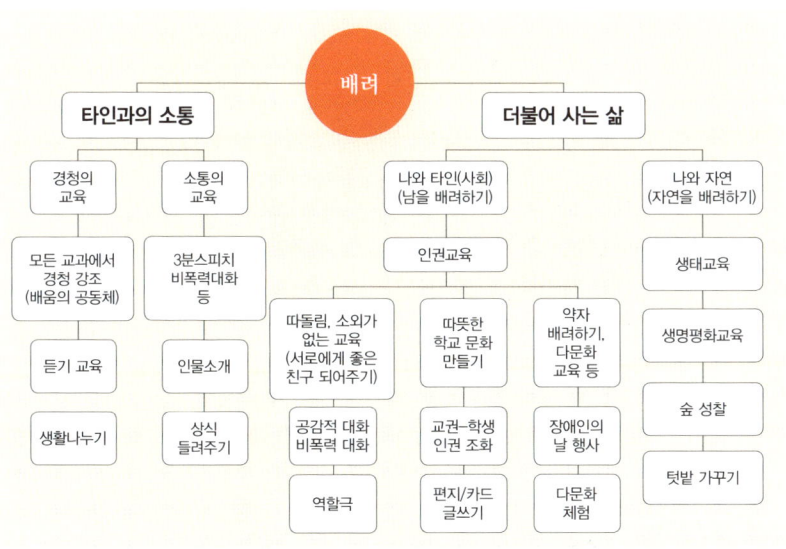

여섯 번째 모임 **행사가 아닌 일상에 녹여내다**

Q. 자존감을 키우려면 어떤 교육과정이 필요한가?
A. 창의적 체험 활동을 통해….
Q. 배려를 키우기 위해 어떤 교육과정이 필요한가?
A. 자치 활동, 봉사 활동을 통해….

이러한 교육과정 만들기의 종착점은 특별한 체험 활동이나 행사를 만들어 내는 것일까? 자존감을 키우기 위해 인문학 교육을 하고 배려하는 삶을 위해 인권 교육과 생태 교육을 해야 할 때도 있다. 그렇지만 창의적 체험 활동이나 자치 활동 시간은 한 주에 한두 시간뿐이고, 대부분은 교과 수업이다. 게다가 교과는 교사의 개인적인 영역이라는 생각이 강하여 학교 전체로 그 부분을 드러내고 바꾸어 낸다는 것은 생각조차 할 수 없었다. 하지만 교과가 바뀌지 않으면 교육 목표를 추구하는 활동은 교육이 아닌 일회성 행사가 될 가능성이 높다. 수업 속에 녹여낼 방법은 없을까? 다시 고민이 시작되었다.

전체 교사와의 소통 **나누면 커진다**

배움의 공동체 연구회 모임은 10~14명이 꾸준히 모였다. 바쁜 시간들을 쪼개 모였기에 충분한 이야기를 나누지는 못했지만 평소 생각들을 풀어내는 시간이 되었다. 문제는 전체 교사들과 어떻게 소통할 것인가였다. 특히 참여를 열어 두었기에 모임 때마다 구성원이 달라져서 모임 내용을 정리하여 알릴 필요도 있었다. 그래서 생각한 것이 배움의 공동체 연구회 신문이었다. 읽지 않는 교사들도 있었지만 한두 명이라도 신문을 보고 새롭게 결합하는 교사들이 생겨서 꾸준히 내용을 정리하고 나누었다. 한편으로는 학교에 제안하여 전체 교사들을 두 팀으로 나누어 두 차례에 걸쳐 학교 철학과 연구회의 결과를 공유하는 시간을 갖기도 했다. 스티커 붙이기, 포스트잇으로 범주화시키기, 그림으로 표현해 보기까지 다양한 방식으로 마음을 나누고, 생각을 모으며 소통을 시도했다. 혼자가 아닌 함께 나누면서 우리는 더 커져 갔다.

교육과정을 살피다

중등 교사는 모두 자기 전공 교과가 있다. 그리고 자기 교과로 아이들을 만나기 위해 준비해 왔다. 그런데 발령을 받아 학교에 오면 각종 서류 업무뿐 아니라 상담, 동아리, 행사 등에서 다양한 역할들이 쏟아져 내려온다. 그러면서도 정작 아이들과 나누고 싶은 이야기, 하고 싶은 활동들은 교과서 진도를 다 빼고 난 이후에나 자투리 시간들을 활용해서 할 수밖에 없다. 그래서 교사는 전공 교과로 아이들과 나누고 싶은 이야기들을 풀어내야 한다. 교육과정으로 아이들을 만나기 위한 첫발을 내딛었다.

교과서, 재구성이 필요하다

교과서는 많은 내용을 담고 있다. 이 내용을 모두 가르치려고 하면 단순한 암기식, 지식 전달 위주로 흐를 수밖에 없다. 대부분 교사들이 활동 위주의 수업을 꺼리는 까닭은 활동을 하다 보면 진도를 맞출 수 없기 때문이다. 교사는 교과서에 담긴 내용을 모두 읊어 대지만 아이들에게 배움이 일어나고 있는지는 별개의 문제이다. 게다가 교사가 교육 목표를 인지하고 수업을 하는 것과 그렇지 않은 것은 큰 차이가 있다. 교과에서 학교 교육 목표인 자존감과 배려를 어떻게 구현할 수 있을까? 교과 내용뿐만 아니라 문제를 해결하는 과정에서, 과제를 수행하면서, 혹은 발표를 통해서 자존감을 키울 수 있고, 서로에 대한 배려를 배울 수도 있다. 선택과 집중을 통해 핵심 내용을 중심으로, 아이들의 삶에 적용될 수 있도록 다시 짜내는 것이 교육과정 재구성이다. 우리 학교만이 아니라 이미 많은 교사들이 교과서를 바탕으로 활동지를 만들어 수업에 활용하고 있다. 그러나 역시 교과서의 큰 틀을 벗어나기는 어렵다. 평가와 연결되어 있기 때문이다. 같은 학년에서 여러 교사가 함께 교과를 가르치고 동일한 부분에서 평가를 해야 하기 때문에 자신이 하고 싶은 수업을 만들어 내기도 쉽지 않다.

같은 학년에서 같은 교과를 맡고 있는 교사들이 함께 교재를 연구하며 교과의 목표를 정하고 합의한 내용으로 활동지를 만들어 나가는 것이 필요하다.

내가 하고 싶은 수업이 아니라 교과의 목표에 맞는 수업이 되어야 하는 것이다. 그러기 위해서는 교과협의회가 제대로 된 역할을 해야 하고 교과협의회를 통해 동료성이 발휘되어야 한다. 같은 교과끼리 공강 시간을 맞추거나 교과협의회 시간을 제도적으로 뒷받침해 주는 것도 바람직하다. 수업이 중심이 되는 학교 문화가 이루어지면 교사들은 자연스럽게 모이는 것 같다. 함께 모여서 더 커지는 경험들은 더 많은 자발성을 불러일으켰다.

교과의 벽을 넘어 진행하는 수업

자기 교과에서도 협의가 어려운데 다른 교과를 들여다보기는 더욱 쉽지 않다. 사실 다른 교과에 대한 관심을 불필요한 것으로 여기는 경향도 있다. 그러나 우리 삶이 다차원적으로 복잡하게 연결되어 있듯, 우리가 가르치고 배우는 교과의 내용도 많은 부분이 연결되어 있다. 게다가 삶과 관련된 배움을 구성하다 보니 자연스럽게 연결되는 부분들이 만들어졌다.

의정부여중에서 학년별 체제(학년별 교무실)로 바뀌면서 가장 달라진 점은 생활지도를 일상적으로 나눌 수 있었고, 수업 내용에 대한 교류가 가능해진 점이다. 물론 적극적으로 다른 교과를 들여다보지 않으면 여전히 보이지 않는다. 교과의 활동 결과물을 교실 벽에 게시하는 것은 다른 교과의 수업 흐름을 이해하는 데도 도움을 주었다. 그래서 2013년에는 몇몇 과목을 중심으로 통합 교육을 시도해 보았다. 1학년 사회과에서 화산과 지진대에 사는 주민 생활 단원을 과학과의 판구조론 단원과 연결하여 같은 주에 수업을 했다. 과학 시간에 화산과 지진에 대한 과학적 원리를 수업하고 나면, 사회과에서는 그 지역의 주민 생활에 대해 수업하는 방식이었다. 이러한 방법을 통해 아이들의 이해를 높이기도 하고 교과 통합을 통해 교과를 재구성할 수 있음을 배우게 되었다. 또한 1학년 역사과와 국어과가 같이 수행평가를 준비했다. 국어과에서는 말하기 부분의 수행평가를 연극으로 준비하고 있었는데, 이와 관련하여 역사과에서 조선시대에 나타난 갈등 상황을 주제로 연극을 위한 대본 작성을 수행평가로 제시했다.(3학년에서는 역사과와 미술과가 함께 북아트 수행평가를 진행했다.) 교과의 벽을 넘어 진행하는 수업은 교사에게는 깊이 있는 교과의 재구성을 가져오며 학생에게는 배움의 질을 높이고 더불어 수행평가에 대한 부담까지 줄이는 효과를 가져왔다.

이러한 교사들의 자발성을 제도적으로 뒷받침하기 위해서는 학년협의회가 학년의 생활지도뿐 아니라 교과 교육과정을 공유할 수 있는 장이 되어야 한다. 학년부는 서로에게 배우고 학년의 배움을 함께 고민하는 학습 공동체로 거듭나야 하는 것이다.

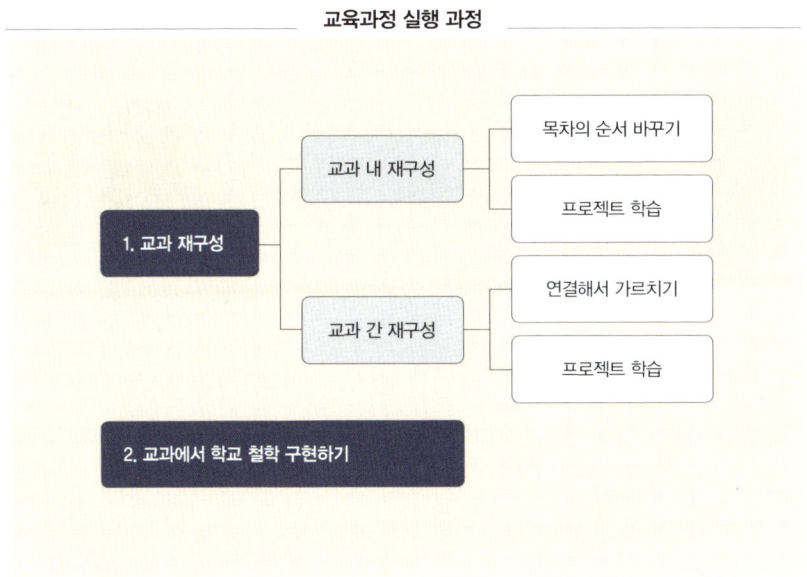

교육과정 실행 과정

수업혁신 구조도

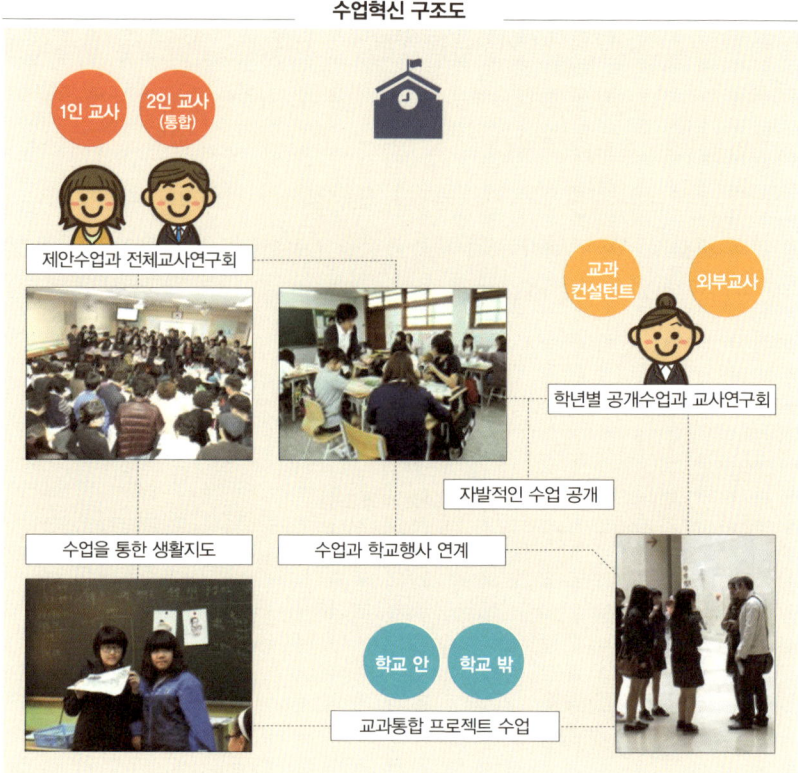

교과에서 변화를 시작하다

2011년 12월, 겨울방학을 앞두고 연구부에서는 교과부장들을 통해 교과별로 교과서 목차를 받았다. 그리고 교과 재구성의 방향을 설명한 뒤 겨울방학에 교과 재구성에 대해 함께 고민해 볼 것을 제안했다. 그리고 이듬해에 어느 학년을 가르칠지 방학 전에 결정했다. 그래야 방학 동안 교과 재구성에 대한 고민을 할 수 있다. 2월 말에 학년이 결정되고 전입한 교사들과 교과 재구성을 하려면 시간이 부족하다. 기존 교사들이 학년의 우선권을 갖게 되어 전입 교사들의 불만이 있을 수 있으나 이는 설득하고 재구성에 대한 고민을 제시하면서 풀어 갈 문제이다. 다음은 교과부장들에게 제시한 내용이다.

교과서 재구성하기

1. **교과서를 재구성하는 이유**
   ① 좁고 깊게 배우는 교육으로
   ② 교과의 내용을 학습자의 경험으로 결합시키기 위해
   ③ 교육 목표와의 결합을 위해(자존감과 배려)
   ④ 활동 위주의 수업을 위해
   ⑤ 협력하는 학습을 위해

2. **교과서 재구성 단계**
   - 1단계 : 진도(목차)의 순서 재구성
     학생의 발달, 시의성, 다른 교과와의 통합 등을 고려하여 교과 진도(목차) 순서를 바꿀 수 있다.
     예) 사회과의 경우, 4월 총선을 준비하며 선거법 등 정치에 대한 수업을 위해 9~10단원의 법을 3월에 배치할 수 있음.

   - 2단계 : 교과 내용 첨삭 가능
     단원에서 소주제를 빼거나 필요시 새로운 소주제 구성 가능. 이 작업을 위해 마인드맵 등을 통해 각 단원에서 교사가 가르치고자(학생이 배우고자) 하는 내용을 펼쳐 보자. 이 과정에서 단원의 큰 줄기는 변하지 않지만 그 단원 안의 소주제는 완전히 달라질 수 있다. 큰 단원 자체를 제외할 수도 있겠다.

   - 3단계 : 교사가 대단원 주제를 직접 구성하여 교과 내용 재배치

3. **생각해 볼 문제**
   교과서를 재구성할 때 학생의 필요와 요구를 어떻게 반영할 수 있을까?

2012년 2월, 개학을 앞두고 혁신연수를 시작했다. 사흘간 이루어진 연수의 둘째 날에는 교사들이 교육과정을 실제로 재구성해 보았다. 먼저 우리 학교의 교육과정의 변화 방향을 설명했다. 그러고 나서 교과부장들은 각 학년의 교과 재구성표(교과서 목차)를 모아서 해당 학년의 교과 담당 교사들에게 모두 나누어 주고 세 가지 과제를 주었다. 교과 간 통합, 프로젝트 수업, 학교 교

육 목표인 '자존감과 배려'를 녹여낼 수 있는 교육 단원을 뽑아 보기로 한 것이다. 교사들은 진지하게 토론에 임했다. 한쪽에는 자신의 교과서를 놓고, 다른 한쪽에는 다른 교과의 목차를 펼쳐 두고 1년 수업을 어떻게 바꾸고 이끌어 낼지 이야기를 나누었다. 교과별 토론을 마무리하고 발표를 통해 내용을 공유했다. 서로에 대한 신뢰와 감동 속에서 함께 만들어 가는 학교에 대한 집단 지성이 일어나고 있음을 확인하는 자리였다.

2014년 교과 재구성 양식은 다음과 같이 바뀌었다.

2014년 교육과정 재구성

〈　　　　과 (학년) 〉

1. (　　) 교육의 본질과 교육 목표

교과 교육 목표	
나의 목표	
세부 중점 과제	

2. 영역 체계(계열성)

학년	1학년	2학년	3학년
중점 목표			
중점 내용			
학년 중점 교육 목표			
시수			

3. 우리 학교의 교육 목표와 연결 짓기

교육 목표	교육 목표를 실현하기 위한 (　　　)과 방도	교육 목표	교육 목표를 실현하기 위한 (　　　)과 방도
교육 목표1		교육 목표2	
교육 목표3		교육 목표4	

4. 세부 수업 구성

〈　　학년　　학기〉

시기	대단원	소단원	성취 기준 또는 학습 목표	배움의 내용 및 활동 (프로젝트 수업/ 통합교과 활동)	학교 행사/학교 철학과 연계	평가	예산
3월							

국어

국어 교육의 본질과 교육 목표

교과 교육 목표
국어를 잘 알고(지식), 국어를 잘 부려 써서(전략), 국어를 잘 살게 하고(문화), 다른 사람과 함께 잘 사는 법을 배우는 것(삶의 고양)

나의 목표
1. 자신의 생각과 감정을 언어 능력을 사용하여 가족, 친구, 주변 사람들에게 원활하게 전달할 수 있다.
2. 다른 사람이 말할 때 집중하여 듣고, 들은 내용에 대해 공감하거나 판단할 수 있다.
3. 문학적 상상력을 통해 자신의 삶과 느낌을 다른 창작물로 표현할 수 있다.
4. 문법 지식을 활용하여 자신이 사용하는 말의 소중함과 바른 언어 사용에 대한 태도를 가질 수 있다.
5. 스스로 진로를 탐색하고, 공동체 속에서 행복한 삶을 살 수 있는 가치를 실현할 수 있다.

세부 중점 과제	자기 인식과 자기표현 글쓰기, 독서-토론-논술의 연계, 프로젝트형 수업 고전문학 작품 활용(다양한 갈래의 작품 활용) 삶과 유리되지 않는 일상의 문제를 해결하는 프로젝트 학습 다양한 장르를 활용하는 독서 수업 학교 일정과 학년 교육 중점 교육 목표와 연계되는 교육과정 재구성 평가혁신 : 사고력과 창의성을 높이는 논술형 교육, 경청과 배려의 정의적 능력 평가 척도안 마련 매 시간 관찰을 통한 학생 개개인의 정의적 능력 기록화

영역 체계(계열성)

학년	1학년	2학년	3학년
중점 목표	〈나 세우기〉 • 나와 너의 관계 형성 및 소통 • 세상을 바른 시선으로 바라보기 • 시 쓰기와 수필 쓰기	〈더불어 살기〉 • 세상과 소통하고 공존하기 • 생태적인 삶과 언어 활동 • 소설 쓰기와 영상 쓰기	〈세상과 소통하기〉 • 자신의 논리를 기초로 한 비판 교육 • 자신의 삶을 반영하여 재구성한 창작 교육 • 문학적 상상력을 펼칠 수 있는 감상 교육
중점 내용	나를 알고 나의 언어로 표현하기. 시, 연극하기(관계 맺기를 위한 언어 활동)	생태 · 공존 · 사회 갈등을 주제로 한 독서, 토론(물, 에너지)	문학 〈고전 작품〉 촌평하기, 언론 보도 비판하기 뮤지컬 프로젝트 수업
학년 중점 교육 목표	〈나 세우기〉 • 자아 이해를 통해 자기 존중감 수립 • 소통과 협력적 문제 해결로 평화로운 관계 형성	〈더불어 살기〉 • 자연과 세상과 더불어 사는 생태 감수성 교육 • 삶을 풍요롭게 하는 문화예술 소양 교육	〈세상과 소통하기〉 • 사회, 역사적 통찰을 통한 사회적 실천과 나눔 교육 • 삶과 연관된 배움을 통한 구체적 진로 교육
시수	5	4	4

우리 학교의 교육 목표와 연결 짓기

자신의 삶을 사랑하는 사람	• '나' 알기, '나' 소개하기 • 성장 소설 읽기 • 자존감 향상을 위한 글쓰기 • 인생 곡선 그래프를 활용한 행복, 진로 교육 • 치유하는 글쓰기 수업 • 수업 내 지도를 통한 기초 문해력 극복	생태적 삶을 실천하는 사람	• 공정 여행 알고 실천하기 • 생태, 환경 문제 토론, 논술 쓰기 • 텃밭 활용 수업(울타리 프로젝트 수업) • 생태적 내용의 수업 내 도입 • 생태적 문학 작품을 독서에 활용
세상과 소통하는 사람	• 경청, 비폭력 대화 • 여행글 읽기와 쓰기 • 사회적 문제에 대한 공유, 토론 • 다양한 발표 및 토론 수업 • 자신-모둠-반으로 이어지는 내용 공유의 확장 • 건전한 비판 교육을 통한 민주 시민의 가치 향상	문화 예술적 소양을 갖춘 사람	• 시 낭송하기(시 낭송 축제), 시 창작하기 • 연극하기 • 가능 영화 대상 • 뮤지컬 프로젝트 수업(대본, 개사 작업) • 다양한 고전 작품 활용 독서 수업 • 자신의 삶을 반영한 수필 쓰기 수업

1학년

시기 (월별)	대단원	소단원	단원을 통해 가르치고 싶은 학습 목표 (성취 기준 또는 학습 목표)	단원에 맞는 배움의 활동	자료	평가 계획	프로젝트 주제 또는 통합 가능 교과	학교 행사(연수)를 수업 안으로 연계
3월	놀이 (연극) : 나와 너	경청 (듣기) 연습	듣.말.(7) 대화의 상황과 맥락을 이해하고 상대의 이야기에 공감하며 듣고 말한다.(1권)	듣기 역할 게임	듣기 수행 종이	• '나' 소개하기 • 경청하기 태도		경청, 수업 자세
		'나' 알기		내가 아는 나 남이 아는 나 나를 표현할 수 있는 것들	'나' 질문지 학습지 읽기 자료 —한비야 '나는 내가 좋다.'		미술 —사진 콜라주 영어 —영어로 자기 소개 하기	자존감과 배려
		자기 소개 하기	자신을 효과적인 방법으로 소개하고 친구의 소개를 듣고 친구의 특성을 이해한다.	'나' 알기와 연결하여 자신을 소개 하기	미술 활동 자료를 이용 하여 자신을 소개하기			
		비폭력 대화		비폭력 대화, 상황극, 실제 사례를 비폭력 대화로 바꿔서 표현하기	비폭력 대화 카드 비폭력 학습지			
4월	설명과 설득 : 여행과 배려	설명문 읽기 : 공정 여행	읽기(3) 읽기 목적에 따라 적절한 방법으로 글의 내용을 요약한다.(2권) 읽기(4) 설명 방식을 파악하며 설명하는 글을 읽는다.(1권) 쓰기(1) 주제, 목적, 독자를 고려하여 쓰기 과정을 계획하고, 점검하고 조정한다.(1권) 쓰기(2) 설명하고자 하는 대상이나 개념에 맞게 적절한 설명 방법을 사용하여 독자가 이해하기 쉽게 글을 쓴다.(2권) 듣.말(3) 인물이나 관심사를 다양한 방법으로 소개하거나 설명한다.(1권) 의견을 조정하여 협력적으로 문제를 해결한다.	내용 요약하여 읽기 공정 여행 철학 알기 여행 원칙 정하기	공정 여행 설명문 읽기 자료 공정 여행 학습지 여행 원칙 토의하기— 색지 카드	설명문 내용 파악 —자신의 언어로 이해하기 모둠 협력토의 —여행 원칙, 여행 준비 토의 —의견 조정, 협력	사회—공정 여행	주제통합 기행 준비
		수필 읽기		여행 수필 읽기—다양한 여행 테마	여행 수필 —역사, 문화 예술, 봉사, 생태와 자연, 체험			
		여행지 소개 하기		여행 준비 —여행의 주제를 선정 —여행 팸플릿 만들기	전지, 와이파이 공유기 모둠 바구니	여행 팸플릿 (개인+모둠 평가)		
		토의 하기		여행 장소 토의와 여행 결정 숙소 결정—프로그램 결정	여행 팸플릿 전시—선택 스티커	토의의 자세		

학년 교육과정, 모든 교육 활동에 스며들다

학교 문화도 정착되어 가고, 아이들의 표정도 바뀌었다. '학교가 몇 년 사이에 이렇게 바뀔 수도 있구나' 싶어 행복해하면서도 교사들은 '나는 제대로 가르치고 있는가?' '아이들은 정말로 잘 배우고 있는가?' 하는 물음을 품고 있었다. 이런 물음을 교사 개인의 불안으로 여기지 않고 함께 나눌 때 제대로 성찰할 수 있다. 그래서 함께 관찰하고 함께 나눌 수 있는 학년 공동체가 필요한 것이다.

학교 철학과 교육 목표에 맞추어 교과 내 재구성, 교과 간 재구성을 하지만 해마다 이러한 재구성의 모습은 교사에 따라 조금씩 바뀌게 된다. 한 해 동안 3학년 뮤지컬 수업을 했는데 이듬해 발령 받아 온 선생님이 뮤지컬 수업을 할 수 없다면 그해 아이들은 이 교육과정을 못하고 넘어가는 것이다. 교사 개인의 성향에 따라 크게 바뀌지 않고, 교육과정 재구성을 체계화하기 위해, 무엇보다 아이들의 성장 발달에 따른 단계별 교육과정을 위해 학교 교육과정과 학년 교육과정을 정착시킬 필요가 생겼다. 또한 1학년으로 입학하여 3년의 과정을 거치면서 되풀이되지 않고 위계가 있는 교육이 필요하다는 점도 학년 교육과정을 만드는 이유였다.

학년, 교과별로 운영하고 있는 교육과정에 대한 평가가 이루어졌고, 이를 바탕으로 학교 철학을 구현하기 위해 학년에서 집중할 교육 목표를 설정했다. 다른 사람을 돌아보고 배려하기 위해서는 자신에게 먼저 집중해야 한다. 그래서 1학년에서는 스스로를 아는 〈나 세우기〉 과정을 두었다. 자기를 이해하는 것으로 자기 존중감을 세우고, 가장 가까이에 있는 가족이나 친구들과 소통하는 방식을 배움으로써 평화로운 관계를 꿈꾸게 된다. 이러한 교육 목표는 국어 시간에 '마음을 담은 언어'라는 단원에서 경청과 비폭력 대화를 배우고 시를 쓰면서 자신을 바라보게 되고, 사회 시간에 선거 수업을 통해 민주적인 학급을 만들고, 도덕 시간에 학급 규칙을 만들며 평화로운 관계를 세워 나가며, 영어 시간에 자존감과 관계와 관련된 책을 읽으며 구현된다.

2학년은 〈더불어 살기〉의 목표로 자연과 세상으로 시각을 넓혀 가게 된다.

생태는 내 주변의 것과 어떻게 관계를 맺느냐를 배우는 과정이다. 그리고 이 시기에 문화예술 교육에 집중하면서 삶을 풍요롭게 만들게 된다. 생태 수업은 의정부여중에서 가장 집중하고 있는 교육과정 가운데 하나이다. 2학년부에는 음악, 미술, 체육 교사들이 다양한 문화예술 교육 활동으로 중학교 생활의 꽃인 2학년 시기를 행복하고 풍성하게 만들어 나간다.

이렇게 다져진 교육 목표로 3학년에 가서는 〈세상과 소통하기〉를 시작한다. 사회, 역사적 통찰을 통해 사회적 실천과 나눔으로 배려의 교육을 완성시키고, 그동안의 삶과 연관된 배움은 진로 교육으로 구체화된다. 영어과와 사회과에서는 다양한 문화를 배우며 서로의 다름을 인정하는 다문화 교육으로, 기술가정 시간에는 1, 2학년과 함께 텃밭 농사를 지어 김장 나눔을, 사회 시간에는 청소년 대상 노동 교육과 참여를 통한 민주 시민 교육을, 과학 시간에는 세상과 소통하는 과학 교육으로 교육과정을 만들어 나가고 있다.

이렇게 세운 학년 교육 목표는 교과 교육과정뿐 아니라 창의적 체험 활동, 교과통합 프로젝트, 주제통합기행의 목표로 거듭나면서 모든 교육과정에 스며들어 가고 있다. 각 학년의 교육 목표가 있기 때문에 이듬해 어느 학년을 맡게 될지 12월에 미리 1차 업무 분장을 하고 방학 동안 교육과정의 세부 준비를 할 수 있다. 학년의 성취 수준과 교육 목표에 따라 세부 활동은 교사 역량에 맡기기도 한다. 꼭 그 활동이 아니더라도 교사가 잘 할 수 있는 활동들로 성취 수준과 목표들을 채워 나가면 되기 때문이다. 여기에 각 교과별로 성취 수준과 아이들의 발달 단계를 고려한 위계화, 분류화 과정에 대한 고민을 더 했다. 예를 들어, 국어 교과는 '한 단락 쓰기부터 긴 글 쓰기의 과정을 어떻게 배치할 것인가' '시 쓰기에서 소설 쓰기, 대본 쓰기는 학년 수준에 따라 이루어지고 있는가' '많은 교과에서 하고 있는 독서 수업은 학년에 따라 체계적인 목표를 가지고 있는가'와 같이 평가 또한 3학년으로 갈수록 고차원적인 서술·논술형으로 발전해 간다. 이렇게 만들어진 학년 교육과정의 목표는 학기 말과 학년 말에 아이들의 성장과 변화를 중심으로 평가하는 과정을 거치면서 해를 거듭할수록 더 단단해지고 풍부해진다.

교육과정 재구성 절차와 내용

순서	내용	구체적 실행 내용
1	교사 학습 동아리 '교육과정 연구회' 결성 - 회원 15명, 10회 모임	• 교육과정의 방향에 대한 자체 연수 • 교육과정 연구회 내용 신문 발행(교직원 대상, 5회)
2	교육과정 연구회에서 '자존감과 배려'의 교육 목표 선정	• 본교 학생에 대한 생활환경, 학습 환경 등을 분석하여 교육을 통해 기르고자 하는 목표 설정
3	전 교사 대상 연수를 통해 '자존감과 배려' 교육 목표 공유	자신을 사랑하는 자존감 교육과 더불어 사는 배려 교육
4	2월 전 교사 대상 혁신연수(3일) 교과협의회를 통해 교과 재구성 논의	• 교과서 목차를 과목별로 정리하여 교과협의회에서 교과 재구성 • 학교 교육 목표인 '자존감과 배려'를 반영할 수 있는 교과 재구성 • 교육의 질을 높일 수 있는 교과통합형 수업과 프로젝트형 수업
5	혁신 예산에서 '교육과정 재구성'을 중심 추진 과제로 설정하여 교과 재구성을 통해 수업을 바꿔 나가는 교사들에게 예산을 적극 지원(각 학년협의회)	• 혁신 예산의 20%를 교육과정 재구성에 지원 • 자기 교과 재구성, 통합형, 프로젝트형 수업에 대한 예산 지원 • 외부 전문 강사 초빙 및 교사의 외부 교육 활동비 지원 등
6	각 교과별로 교과 재구성 계획안과 그에 따른 예산 신청안 작성(13개 전 교과목)	• 교과 내 재구성 및 교과 간 재구성 • 학교 교육 목표인 자존감과 배려를 구현하는 수업 • 혁신 예산 신청 계획
7	교과 재구성 실천 : 시의성 등에 따라 자기 교과 재구성 및 교과 수업의 깊이를 위해 통합교과의 수업, 삶에 가까운 수업을 위해 프로젝트 수업 진행	• 교과 내 프로젝트 수업 : 사회과의 인권 수업, 국어과의 주제통합 기행 수업, 기술가정과의 목공, 양성평등 수업 등 • 교과 간 연계 수업 : 사회과의 지형에 따른 주민 생활과 과학과의 지형 형성의 원리 등 • 교과 간 프로젝트 수업 : 미술, 도덕과의 학교 폭력 예방 교육, 음악, 사회, 역사, 국어의 뮤지컬 수업 등
8	교과 재구성 실천 사례 발표 : 1학기 평가와 함께 교과 재구성한 수업 사례 발표를 통해 전 교사가 내용을 공유	• 7개 교과에서 교과 재구성 사례 발표 • 사회과의 인권 수업, 기술가정의 목공 수업, 도덕-미술과의 학교 폭력 예방 교육, 음악과 중심의 랩 만들기 프로젝트 등
9	교과통합 프로젝트	• 모둠이 스스로 주제를 잡고, 직접 기획, 탐구 과정을 설계하고 학교 밖으로 나가 조사한 다음 배운 지식을 공연, 벽신문, 전시회 등 다양한 형식으로 배운 지식과 사실을 표현하는 프로젝트 방식 • 자신이 배우는 내용이 생활과 밀접하다는 것을 알게 되고 교사와 학생이 여러 과목의 연관성을 구체적으로 이해하게 되며, 모둠 활동을 통해 의사소통 능력을 기를 수 있고, 다양한 방식의 창작물을 제작하는 과정에서 통합교과의 교육과정을 경험해 볼 수 있음
10	주제통합기행	• 학생들이 스스로 계획하고 준비, 실행하는 여행 • 국어 교과 재구성(여행을 떠나요 단원)을 통해 수업을 통해 준비 • 2학년 담임과 학생을 대상으로 '공정 여행' 연수 진행 • 자신들의 선택으로 정해지기 때문에 책임감이 커지고 신중해짐
11	평가혁신 (교육 목표=교육과정=평가)	• 글쓰기를 통한 사고력 평가-개방형 지필평가 • 이론을 뛰어넘어 현실 세계 문제 해결력 평가-수행평가 • 전체적 종합적 평가-포트폴리오 평가 • 평가 방향 제시 및 공개평가-루브릭 • 메타인지, 자기성찰, 가치태도 평가-자기평가 • 학생들의 잠재력 평가-다중지능평가

학교 교육과정 운영 목표와 실현 방향

학교 철학	배움과	돌봄의	책임교육	공동체
	참여와 협력을 통해 학생들이 스스로 배울 수 있게 함	배려의 관계 형성 교육 복지와 연계	한 명의 학생도 소외되지 않는다	민주적인 학교 문화를 만들고 민주시민을 양성
비전	자신의 삶을 사랑하고(자존감) 세계와 공존하는(배려) 창의적 민주 시민 교육			
교육 목표	자신의 삶을 사랑하는 사람	세상과 소통하는 사람	생태적 삶을 실천하는 사람	문화예술적 소양을 갖춘 사람
창의 지성 역량	자기 주도 학습 능력 자기 관리 능력	자기 관리 능력 협력적 문제 발견·해결 능력 의사소통 능력 대인관계 능력	협력적 문제 발견·해결 능력 의사소통 능력 대인관계 능력 민주 시민 의식	협력적 문제 발견·해결 능력 문화적 소양 능력 의사소통 능력 대인관계 능력 민주 시민 의식

		1학년	2학년	3학년
학년 중점 목표		〈나 세우기〉 • 자아 이해를 통해 자기 존중감 수립 • 소통과 협력적 문제 해결로 평화로운 관계 형성 민주 시민 교육	〈더불어 살기〉 • 자연과 세상과 더불어 사는 생태 감수성 교육 • 삶을 풍요롭게 하는 문화예술 소양 교육	〈세상과 소통하기〉 • 사회, 역사적 통찰을 통한 사회적 실천과 나눔 교육 • 삶과 연관된 배움을 통한 구체적 진로 교육
교과 재구성		• 영어 : 자기표현, 자기이해 • 사회과 : 민주 시민 소양(비판적 사고력) / 자존감(선거, 민주적 질서), 배려, / (인권 교육) • 국어과 : 나를 알고 나의 언어로 표현하기, 시, 연극하기(관계맺기를 위한 언어 활동) / 생활글쓰기 • 과학 : 식물의 구조 – 생태 • 수학 : 정수 확장(형식적 조작기) • 도덕 : 친구관계, 평화적인 관계(환경, 생명), 도덕적민 감성	• 국어 : 다양한 상황에 맞는 교육 활동 / 라디오 시나리오, 소설쓰기 • 과학 : 우리몸 • 수학 : 유리수 확장 • 도덕 : 친구, 가족, 이웃, 세계시민 간의 관계, 통일(국가, 통일, 민족), 가치, 응용윤리 / 비판적 사고력 • 영어 : 생태 교육	• 영어 : 세계시민 공동체 문화적 소양, 다문화 교육 • 사회 : 민주 시민 교육 • 국어 : 의사소통 능력 신장 뮤지컬 시나리오 • 과학 : 환경 • 수학 : 실수, 무리수
교과통합 프로젝트		자기인식, 평화적 관계	생태와 문화예술	진로와 사회 참여
창체		춤 테라피, 심리운동, 연극놀이(국어)	생태(체육, 역사 – 지속가능한 사회 교육, 인간의 조건)	뮤지컬(음악)
주제통합 기행		함께 만드는 여행	자연과 더불어 사는 삶	나를 찾아 떠나는 여행

교육 목표 실현 방안

교육 목표1	자신의 삶을 사랑하는 사람(자존감) : 자신의 삶을 기획하고 실천할 수 있는 자기 관리 능력을 갖춘 사람
하위 요소	**자기 인식 능력** • 자기 표현 • 자기 존중 • 스트레스 관리 능력 • 감정 조절 능력 **자기 관리 능력** • 학습 계획 수립과 실행 능력 • 프로젝트 수업를 통한 자기 주도 학습 능력 신장 • 스트레스 관리 능력 • 감정 조절 능력
실현 방도	• 수업에서의 협력 수업을 강화하고, 교사와 학생의 관계성이 중요하다. • 자기 학습 계획을 수립하고 이를 실행하는 능력을 키우기 • 기초 문해력(3R's) 읽기, 쓰기, 발표 • 자서전 쓰기 등을 통한 자신의 삶 되돌아보기 • 독서 이력철 • 기초 학습 부진아 – 이력 관리 카드 활용 • life guidance – 회복적 생활지도, 생활 협약을 통한 공동의 가치 구현 • 돌봄 시스템 구축 • 학습 무기력 극복
교육 목표2	세상과 소통하는 사람(배려) • 세계 : 나, 친구, 선생님, 가족, 이웃, 지역사회, 국가, 지구사회를 통칭 • 역사와 사회 속에서 책임 있는 민주 시민 의식을 갖춘 사람 • 사회 구성원으로서 권리와 책임을 다하는 민주 시민 의식을 갖춘 사람 • 각자의 능력과 관심에 맞게 자신의 것을 지역과 사회와 세상에 나누고 어울려 사는 사람
하위 요소	**효과적인 커뮤니케이션 능력** • 경청, 공감, 동료에 대한 배려 • 자신감 있는 의사소통 • 책임감 있는 의사소통 **협력을 통한 문제 해결 능력** • 협력을 통한 점프 과제 해결 • 과제 몰입도 **비판적 문해력** • 단순히 읽고 쓰는 것뿐만 아니라 다양한 매체 활용, 여러 자료를 제시하고 그것을 통해 정보 수집, 활용, 대안 제시 능력 배양 **협력을 통한 문제 해결 능력** • 민주 시민 교육 • 각 교과에서 저자나 수학자 등 관련 학자나 유명인의 삶을 가르친다.
실현 방도	• 수업-토의토론, 프로젝트 학습, 동아리 재능 기부, 생태 기부, 교과별 체험 프로그램 • 점프 과제의 도약 • life guidance – 회복적 생활지도, 생활 협약을 통한 공동의 가치 구현 • 독서를 통한 인문학적 소양 • 다문화 교육 • 민주 시민 교육
교육 목표3	생태적 삶을 실천하는 사람 • 지속가능한 미래 사회를 위해 자신의 삶을 바꿀 수 있는 사람 • 자연과 더불어 살아갈 수 있는 태도를 지닌 사람 • 생명 존중 의식을 지닌 사람

하위 요소	공동체, 이웃, 상생

실현 방도	▶ 텃밭을 활용한 생태 교육
	  1학년 : 텃밭 관리, 생태 일지
	  2학년 : 텃밭 관리, 생태 일지, 생태 독서, 목공 수업, 생태 교육
	  3학년 : 텃밭 관리, 생태 일지, 독거노인에게 김장 김치 나눔 기부
	▶ 생태 공원
	▶ 생태 통합 교과통합 프로젝트
	▶ 교과통합 프로젝트 기행의 위계화 및 질적 발전
	  1학년(관계, 평화) : 관계 회복 프로젝트, 광릉수목원, 성평등 플래시몹
	  2학년(배려, 생태) : 생태, 도시 탐험대, 의정부 체험 – 음식체험 – 재능 기부
	  3학년(공동체 속의 나, 진로) : 국립중앙박물관, 고등학교 방문, 잡월드, 생태 수업 – 재능 기부

교육 목표4	문화 예술적 소양을 갖춘 사람 • 깊이 있는 사고에 바탕이 되는 문화적, 지적 소양을 지닌 사람 • 몸과 마음과 영혼이 골고루 성숙되고 조화된 사람 • 문화예술적 감수성을 가지고 삶을 풍요롭고 즐겁게 만드는 사람
하위 요소	문화, 예술, 감성, 마음, 몸

실현 방도	▶ 문화예술 교육 강화 : 음악, 미술 교육 강화
	  • 1학년 : 랩 만들기, 시낭송 축제, 팝송 대회
	  • 2학년 : 보이는 라디오, 재활용 패션쇼, 군무 대회
	  • 3학년 : 에어로빅, 뮤지컬, 졸업 축제
	  • 학생 상설 무대 공간 마련
	  • 학생들의 상시 연습 공간 확보

교육과정 재구성 사례

수업	내용

목차 재구성 사례	• 학생들의 발달단계와 타교과와의 통합 교육을 위하여 여러 교과에서 목차 재구성
	  1학년 : 국어, 사회, 수학, 음악, 체육, 한문
	  2학년 : 가정, 과학, 국어, 도덕, 미술, 수학, 음악, 체육
	  3학년 : 과학, 국어, 미술, 수학, 역사

인권 수업 (1학년 사회)	• 교과서 맨 마지막 단원의 '인권'을 3월에 15차시로 구성하여 프로젝트 학습으로 시행. • 1학년 신입생들에게 자존감과 타인을 배려하는 교육으로서 인권 교육 실행

수업의 구조   수업 내용

특정 주제를 프로젝트 학습으로

인권일기 쓰기

● 사회시간에 세계인권선언을 배웠는데 그것을 통해서 모든 인간은 헐 권리가 있다는 것을 알게 되었다. 난 신선한 충격을 받았다. 이것이 권리라니.. 나는 학교 끝나고 바로 학원에서 밥 받늦게 오고, 그러면서 학교 과제 등을 할 시간도 없고 잘 시간도 없는데... 그래서 나는 부모님께 이것에 대해 설명하면서 학원을 그만두고 싶다고 말씀드렸다. 그대신 혼자 열심히 하겠다고 말씀드렸더니 나의 이유와 다름을 놓게 사신 우리 부모님이 그렇게 하라고 하셨다. 나는 나의 인권을 지키게 되어 기쁘다.

                                                             - ○○이의 일기

수업	내용
주제통합 기행 수업 (1학년 국어)	6월에 주제통합기행을 국어과가 수업('여행을 떠나요' 단원)을 통해 계획, 준비, 평가하게 함. 학교의 행사 활동을 수업과 연계하고 여행에 대한 진지한 의미 부여로 의의가 있었음.

수업의 구조	수업 장면
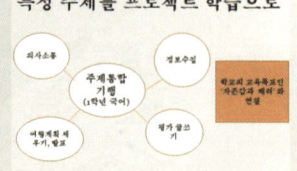	

| 목공 수업 (2학년 기술 가정) | • 기술가정 교과를 재구성하여 '만들기' 단원에서 목공 수업을 함.
• 학교(혁신)예산을 이용하기에 개인 물건이 아닌 학교에 필요한 물건을 만드는 것으로 하여 학생들이 직접 학교에 필요한 물건을 구상하여 만들어냄.
• 만드는 과정에서 모둠별로 협력(배려)이 일어나고 작품을 만드는 과정에서 자존감이 길러짐. |

수업의 구조	수업 장면
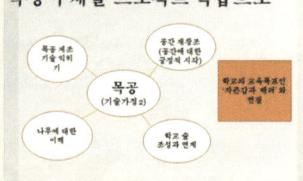	

| 텃밭 수업 (1학년 과학과) | • 학교의 텃밭을 이용하여 과학과에서 생태 수업 진행.
• 생명에 대한 존중과 배려 교육이 이루어짐.
• 학급별로 텃밭을 나누어주고, 상추, 토마토, 감자 등을 심어 키우고 관찰일지를 쓰게 하여 평가함. |

수업의 구조	수업 장면
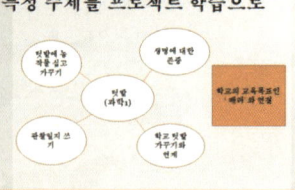	

수업	내용
학교 폭력 예방 교육 (2학년 도덕, 미술과)	• 2학년 도덕과의 1,2,3 교과서 단원을 재구성하여 학교 폭력 예방 교육 및 캠페인 실시 • 2학년 미술과에서 판화기법을 배우고 그것을 이용하여 캠페인 피켓을 제작 • 인성 교육 차원으로 실제로 캠페인을 통해 학교 폭력의 문제점을 알리고 공유

수업의 구조   수업 장면

랩 만들기 (프로젝트 학습)	• 음악과를 중심으로 프로젝트 형식으로 랩 만들기 수업 진행 • 1학년의 경우 사회과에서는 사회 불평등을 주제로 수업을 하고, 영어과에서는 랩의 내용을 만들고 음악과에서 결합, 3학년의 경우 도덕과에서 학교 폭력 문제를 주제로 내용을 만들고 음악과와 결합하여 랩 만들기 수업을 진행 • 학생들은 한 작품으로 두세 교과의 수행평가를 하게 되어 수행평가에 대한 부담도 덜고 교과통합으로 좀 더 깊이 있는 과제를 수행하게 됨

수업의 구조   수업 장면

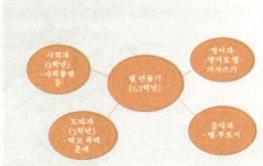 

3부

교과별 수업의 재구성

작물이 자라는 모습을 지켜보는 일은
농부에게 큰 기쁨이다.
가끔은 더 많은 열매를 빨리 얻고자
화학 비료나 농약을 사용하고 싶은 마음이 들기도 하지만
모두를 지속적으로 살리는 목적을 생각한다면
농작물 저마다의 특성은 물론,
주변을 둘러싸고 있는 빛, 온도, 물, 강수량, 계절, 토질 같은 영향을
어떻게 받고 있는지 잘 살펴야 한다.
자연을 읽을 줄 아는 능력도 필요하지만
자연이 허락한 만큼 기다리는 시간도 소중하다.
작물도 이웃하여 잘 자라는 것처럼
서로 곁이 되어 주는 동료가 있으면 큰 도움이 된다.

국어

국어 수업의
본질은
삶에 있다

배움의 본질에 가닿는 수업

교직 생활 동안 내게 가장 큰 숙제는 국어 수업다운 수업, 국어라는 배움의 본질에 가닿는 수업이었다. 나는 우스갯소리로 "제대로 된 끝내주는 국어 수업 한번 하면 교직을 미련 없이 떠나겠다"고 말하곤 했다. 물론 그럴 때마다 동료 교사들은 "그럼 정년퇴직하겠구나"라고 답했지만 말이다. 그렇다면 교직을 걸고서라도 그토록 하고 싶었던 국어 수업의 본질, 정체성은 무엇일까. 국어 교육과정을 재구성하고 수업을 다듬은 과정이 바로 그 '제대로 된 수업' 한번 해 보고자 하는 몸부림이었다.

초임 때부터 몸담고 있는 전국국어교사모임에는 이미 오래 전부터 활동 중심 수업과 프로젝트형 수업을 고민하며 실천하고 있는 교사들이 있고, 연간 수업 계획을 짜 온 학교들도 있었다. 나 역시 국어 교사로서의 정체성을 꾸준히 고민할 수 있었던 것은 모임 연구 활동을 통해 자극 받고 도움을 받은 바가 크다. 우리 학교 국어과 교육과정 가운데 프로젝트 활동이나 수업 내용은 반드시 혁신학교라서 가능하다고 생각하지는 않는다. 다만 우리 학교 국어 수업의 의미를 찾자면 특별한 '활동'보다는 부족하더라도 교육과정에 대해 장기적인 안목에서 꾸준히 성찰하면서, 학교 전체의 목표를 구현하기 위해 많은 교과들이 교과 정체성을 치열하게 고민하면서 함께 움직였다는 점일 것이다.

국어 수업의 본질은 삶에 있다

그렇다면 '제대로 된 수업'을 하기 위해 생각한 나의 국어 수업 목표는 무엇일까? 해마다 첫 수업에서 아이들에게 하는 이야기는 "국어로 잘 살자"이다. 말할 수 있고 읽을 줄 아는데 국어를 왜 배우냐고 묻는 아이들에게 말과 글을 잘 써서 나와 내 삶을 사랑하고, 내가 사는 세상을 더 살 만한 세상으로 만들자고 이야기한다. 그래야 함께 잘 사는 세상을 만들 수 있다고 말이다. 즉, 국어 수업이 추구해야 하는 것은 단순히 말 잘하고 글 잘 쓰는 사람을 기르는 것이 아니라 언어활동을 통해 나와 나를 둘러싼 삶을 성찰하고 발견하는 일이며, 그 속에서 다른 사람의 삶과 나의 삶을 엮어 가는 것이다. 나의 이야기를 하고 너의 이야기를 이해할 수 있는, 그래서 다시 너의 이야기를 통해 나를 새롭게 발견하는 것이 국어 시간에 해야 할 활동이며, 이를 통해 나를 발견하고 나아가 내 옆의 너, 내가 사는 세상을 바라보는 것이 '의미 있는 수업'을 위한 방향이었다.

국어 교사들과 함께 설정한 우리 학교 국어 수업의 목표는 "국어를 잘 알고(지식), 국어를 잘 부려 써서(전략), 국어를 잘 살게 하고(문화), 다른 사람과 함께 잘 사는 법을 배우는 것(삶의 고양)"이다. 이를 위해 국어 시간에는 나의 이야기를 진솔하게 글로 쓰거나 친구와 나누기, 친구의 이야기를 경청하고 마음으로 이해하기, 서로 생각의 차이를 인정하며 의견 나누기, 세상을 알기 위해 텍스트 깊이 읽기, 세상의 일과 내 삶을 연결 짓기 같은 활동을 배치하려고 노력했다.

비폭력 대화 수업

관계 형성을 위해 중요한 것은 진심을 담은 언어, 감정을 표현하고 배려하는 언어활동이다. 그래서 1학년은 3월에 비폭력 대화와 경청을 주제로 수업을 한다. 비폭력 대화에서 느낌말 목록을 살피고 자기감정을 아는 것이 자존감을 회복시키는 일차적인 과제이며, 자기감정과 욕구를 표현해서 갈등을 해결할 수 있는 관계를 맺고 배려하는 언어생활을 하는 것을 목표로 하고 있다.

수업을 하며 상처 받는 말에 대해 설문 조사한 결과를 보면, 아이들은 또래보다 부모와의 대화에서 갈등이 많음을 알 수 있었다. 특히 성적을 비롯한 아이의 능력과 관련하여 상처를 주고받는 대화가 많아 비폭력 대화 수업을 하고 나서 4월에 중간고사 성적표를 발송할 때 비폭력 대화 수업 내용, 아이들의 설문 조사 결과, 가정에서도 아이가 비폭력 대화를 하려고 할 때 함께 해 달라는 내용으로 가정 통신문을 보내기도 했다.

아이들은 비폭력 대화 수업을 하며 어색해 하면서도 자신의 '느낌'과 '욕구'를 파악하려고 애쓰고 실천하려는 모습을 보였다. 갈등을 겪고 있는 친구와 비폭력 대화로 풀었다며 일부러 교사를 찾아와서 이야기하는 아이들도 있었다. 우리 학교 아이들이 모두 비폭력 대화에 대해 알고, 서로 공감하고 갈등을 해결하려는 마음이 있다는 것을 알기 때문에 가능했으리라 생각한다. 하지만 가정에서 비폭력 대화를 실천하려고 했는데 엄마가 "어디서 엄마를 가르치려 들어"라고 하여 오히려 혼났다는 아이들도 있었다. 아이가 시도하는 대화가 비폭력 대화이며 자신의 감정과 욕구를 표현해서 갈등을 해소하고 관계를 풀어 보려는 마음이 있다는 것을 부모가 알지 못하는 상황에서 아이 혼자 대화를 시도하기는 힘든 일이었다. 가정 통신문으로 비폭력 대화에 대해 알리고, 아이들이 대화를 시도할 때 같이 해 달라고 보낸 이유도 그 때문이었다. 다만 비폭력 대화 수업을 했던 3~4월에만 지속되고 이후에는 다시 평소 대화 양식으로 돌아가는 한계도 나타났다.

국어로 삶을 사랑하는 법을 배우자 ( )월 ( )일	**3. 대 화** (9) 비폭력 대화	1학년 ( )반 ( )번 이름 ( )

삶을 살리는 대화 – 비폭력 대화 (6)
- 비폭력 대화를 이용하여 자신의 욕구를 표현하고 부탁할 수 있다.
- 상대를 배려하고 존중하는 태도로 '공감'하는 듣기를 할 수 있다.

비폭력 대화 연습하기
비폭력 대화를 처음 배울 때는 다음 순서에 따라 연습하는 것이 도움이 됩니다. 느낌-욕구 연결이 잘 된 다음에는 순서에 얽매이지 않으면서 자신의 말로 자연스럽게 표현하는 것이 중요합니다.

관찰 있는 그대로 보고 듣기('평가'와 구별하기)

"내가 _____ 을 보거나, 들었을 때,"

느낌 우리 몸과 마음에서 일어나는 반응('생각'과 구별하기)

"나는 _____ 느낀다."

욕구/필요 느낌의 원인('수단/방법'과 구별하기)

"왜냐하면 나는 _____ 이 필요/중요/원하기 때문에"

부탁 구체적, 긍정적, 의문형으로 하기('강요'와 구별하기)

연결 부탁
"이 말을 들었을 때 어떻게 느끼니(생각하니)?"

행동 부탁
"_____ 을 해 줄 수 있겠니?"

주제통합기행

여행은 만남이다. 수업 또한 만남이다. 그렇다면 수업 시간에 여행을 준비하면 어떨까. 내가 좋아하는 것을 아이들과 함께 나누고 배우며 성장할 수 있다면 얼마나 좋을까. 생각만 해도 설레는 일이다.

주제통합기행을 국어 시간에 맡게 된 이유는 일단 이 같은 이유로 '해 보고 싶었기 때문'이다. 그리고 학사 일정을 수업과 연계하여 학교 철학과 연장선에서 수업을 하는 의미도 있었다. 무엇보다 학급별로 주제통합기행을 준비할 경우 담임교사의 부담이 큰 데 비해, 학급별 여행 준비를 조사, 회의, 여행 후기로 나눠 수업 시간에 구조화하면 부담을 덜 수 있겠다는 생각도 들었다.

수업 시간에는 공정 여행, 생태와 공동체 등 각 학년에 맞는 주제의 텍스트를 읽고 요약하거나 토의, 토론 같은 활동을 했다. 그리고 주제에 맞게 수업 시간에 모둠별로 여행지를 조사하고, 여행 장소, 학급 프로그램을 계획하고, 토의를 통해 여행지를 선정하는 수업이었다. 다녀와서는 기행문을 쓰고 여행을 통한 나의 변화와 성장을 중심으로 여행 평가를 했다. 12주가량을 여행 준비에 쏟은 수업이었다.

주제통합기행 수업은 아이들이 즐거워하며 모두가 적극적으로 참여했다. 여행 준비는 누구든 설레기 마련이니까. 담임교사들도 국어 시간에 여행을 준비했기 때문에 주제통합기행에 대한 부담을 줄일 수 있었다. 아이들이 여행 정보를 검색하고 직접 숙소 주인에게 전화로 문의하며 흥정하는 모습이나 모둠에서 제안한 여행지에 대해 질의응답하며 토의하는 모습을 보면서, 아이들이 부쩍 성장하고 있음을 느낄 수 있었다. 또한 아이들의 문제 해결 능력도 커 가는 것 같았다. 아이가 집에서 여행 예산을 짜고 궁리하는 모습을 본 부모가 문제 몇 개 더 푸는 공부보다 정말 필요한 것을 배우고 있다며 아이를 칭찬했다는 이야기도 들었다.

다만 주제통합기행 수업을 한 달 정도 했는데, 이 수업이 과연 국어의 정체성에 맞는 수업인지, 학급 자치 시간에 해야 할 활동을 국어과에서 맡아서 하는 수준이었던 것은 아닌지 고민이 들었다. 애초 계획은 여행 주제에 관해 텍스트를 깊이 읽고 여행 주제와 여행을 결정하는 과정에서 토론과 토의가 되기를 기대했으나 단순히 여행을 준비하기 위한 얕은 수준의 검색과 조사에 머무른 것 같아 아쉬움도 컸다.

생태적 국어 수업

1학년 교육과정의 주제가 '관계'였다면 2학년 교육과정은 '생태'였다. 2학년의 모든 국어 수업은 텍스트를 읽고 토론하고, 자기 생각을 쓰는 활동으로 디자인해 보리라 마음먹었다. 1학년 수업을 하면서 결과물을 시각적으로 만드는 활동이나 흥미 위주의 활동은 잘 이루어졌지만 텍스트를 깊이 읽고 이해하는 능력은 부족하다고 분석했기 때문이다. 또한 듣기와 말하기, 쓰기, 읽기가 통합적으로 연결되는 수업이야말로 국어 수업의 정체성을 살리는 길이었다. 그래서 2학년은 '생태 문제'와 관련된 주제에 대한 글을 읽고, 이 문제를 바탕으로 토론하고, 자기 생각을 쓰는 활동으로 1학기 수업을 진행하게 되었다. '생태'는 단순히 환경 문제에만 국한되는 것이 아니라 자연과 인간, 인간과 인간이 더불어 살기 위한 가치이므로 전 세계적인 에너지 불균형의 문제와 함께, 우리나라 원자력 발전소에서 발생하는 문제들, 밀양 송전탑, 강정 해군기지, 가리왕산 스키장, 4대강 개발과 같은 갈등 지역의 문제도 다루었다.

아프리카 물 부족과 물 발자국에 대한 글을 읽은 후 토론과 문제 해결을 위한 건의문 쓰기, 지방 선거 때는 각 지방 선거 후보자들의 원자력 발전소와 관련된 공약을 살펴보고 평가하는 활동을 했다. 그리고 밀양 송전탑, 강정 해군기지, 가리왕산 스키장, 통영 골프장, 4대강 댐과 보에 대해 건설해야 하는 이유와 하지 말아야 하는 이유에 대해 조사하고 양쪽 입장을 모두 발표하는 수업도 했다. 이 수업을 진행하는 동안과 그 이후에도 환경단체, 주민들과 사업 주체 측이 계속 대립하고 갈등을 빚고 있는 상황이었기 때문에 아이들은 인터넷이나 언론에서 본 내용에 대해 이후에도 수업 시간에 이야기를 나누곤 했다. 아이들이 새로운 영역과 시사적인 문제에 대해 생각하고 고민하게 하는 활동이었다고 생각한다. 물론 주요 언론사에서 이 문제를 깊이 있게 다루지는 않았지만 말이다. 다만 물 부족, 전기 에너지 불균형과 같은 수업을 하고 에너지를 절약하는 등 일상생활에서 지식이 행동으로 연결되지 않는 부분은 아쉬웠다. 정수기 물을 낭비하거나 에어컨을 틀어달라고 아우성칠 때도 있었다. 하지만 그럴 때 같이 수업했던 내용에 대해 언급하면 이내 부끄러워하며 태도를 달리하는 경우가 많았다.

시 수업

한 편의 시가 하나의 세상으로 다가 오고, 짧은 시가 커다란 위로가 될 때가 있다. 그것이 시의 본질이고 문학이라면 12년간 국어 수업을 받은 아이들에게 "시는 어렵고 지루해요."가 아닌 "시가 내 이야기고 재밌어요."라는 느낌을 갖게 해야 한다고 생각했다.

시 수업은 크게 시 감상과 시 낭송, 시 창작으로 나누었고, 학기 초 시 낭송 축제를 계획하고 시 감상과 낭송 수업이 시 낭송 축제와 연계되도록 구성했다. 시 수업은 1학기 말, 시 낭송 축제는 방학 전, 시 창작은 2학기 개학과 동시에 이루어졌다. 학기 말에 아이들의 작품을 발표하는 축제의 자리가 있으면 좋겠다고 생각했다. 시 감상 수업은 분위기를 충분히 느끼고 시 맥락 읽기, 나름대로 해석하기 등으로 시를 이해하는 활동을 했고, 시 창작은 가장 인상에 남는 경험이나 구체적인 체험의 줄기에서 시를 써 보게 했다. 특히 『이 좋은 시 공부』배창환, 나라말, 2002를 참고하고 도움을 받았다. 또한 '문학 나눔'에서 진행하는 '청소년 시 낭송 축제'에 참여 신청을 하여 예산도 지원 받았다. 시 수업 전에 초대 시인을 섭외하고, 시집을 주문했다. 학교 도서관에 있는 시집에 새로 시집을 주문하니 90권 남짓하여 모둠 당 15~16권의 시집을 나누어 주고 마음대로 읽는 시간을 가졌다. 초대 시인의 시를 몇 편 선정하여 읽고 감상한 다음, 시인에게 궁금한 점을 질문으로 받아 시 낭송 축제 때 시인과의 대화 시간에 이야기를 나눌 수 있도록 했다. 시 낭송 축제는 시 낭송 수행평가 후에 학급별로 한두 편의 작품을 발표하고, 초대 시인과의 대화를 하는 시간을 꾸몄다. 축제 사회와 시인과의 대화 진행은 학생들이 맡았다. 시 낭송 축제를 통해 아이들은 시가 재미있게 즐길 수 있는 것이라 받아들이고 있음을 느낄 수 있었다. 이듬해 시 낭송 축제를 할 때, 전 해 시 낭송 축제 때 친구가 발표한 시를 깔깔대며 이야기하는 모습을 종종 볼 수 있었기 때문이다. 시인과 시의 구절까지 읊으면서 말이다.

시 창작은 시의 표현과 운율이라는 시적 특성을 가장 잘 학습할 수 있는 활동이었고, 또 아이들이 가진 저마다의 상처를 치유하는 시간이기도 했다. 처음 시 창작 수업을 할 때는 다른 학교의 또래가 쓴 솔직한 시를 여러 편 읽었고, 이듬해부터는 선배들이 쓴 시를 보여 주었다. 특별히 고쳐 쓰기 과정을 통해 좋은 시가 나온 선배의 작품은 초고가 어떻게 한 편의 시가 되었는지 보여 주고 다듬기의 중요성을 알게 했다. 수업 중에 시를 쓰는 시간을 서너 시간 가졌는데, 이 시간 동안 두세 차례 교사의 첨삭을 받도록 했다. 가장 인상 깊은 체험과 기억을 떠올려 자유롭게 그때의 이야기를 글로 써서 시로 다듬는 방식으로 수업을 진행했는데, 상처가 많은 우리 아이들의 삶을 어루만져 주는 시간이 되었다. 시를 쓰며 훌쩍이는 아이도 있었고, 내내 엎드려 감추며 쓰는 아이도 있었다. 하지만 울면서 쓰던 아이도, 감추며 썼던 아이도 시를 쓰고 나서 마음이 한결 가벼워졌다는 이야기를 했다. 교사와 일대일로 첨삭하는 과정을 거치면서 자연스럽게 공감대가 형성되었으며 아이의 입장에서는 지지 받고 이해 받고 있다는 인상을 받았으리라 생각한다. 무엇보다 나의 아픔을 직면하고 객관화해야 시로 표현할 수 있기 때문에 자연스럽게 치유의 효과도 있었으리라 본다.

시 창작 수업을 시작하며 나도 상처와 아픔을 시로 쓰며 마음의 짐을 내려놓았던 이야기도 들려주었다. 당시 쓴 시를 아이들에게 나누어 주며 나도 아이들 앞에서 눈물을 보였다. 교사가 내려놓을 때 아이들도 내려놓는다는 사실을 깨닫고 배운 시간이었다. 아이들이 시 창작을 한 작품은 한 편도 빠짐없이 시집으로 만들었다. 교과문집 같은 시집이었지만 아이들은 학기 말에 자신의 시가 실린 시집을 받고 민망해하면서도 뿌듯해했다.

텃밭과 엄마

3학년 박웅주

작고 까만 씨앗을 품고
흙(땅)이 움직이며 싹을 토해 낸다.

보랏빛 향기를 기다리며
하루 이틀 한 달 두 달
하염없이 들여다보고
아쉬워 또 돌아본다.

온몸을 자주색 비단으로 갈아입고
경계하듯 가시도 세우지만
다가가 안아 주고 싶구나.

가만히 앉아 잎을 토닥이고
살며시 다가가 말을 건네면
활짝 웃는 내 아이야

잎은 넓게 펼쳐지고
줄기는 하늘을 향하는 사이
숲이 되어 모든 걸 감싸 안는다.

작고 여린 아기는
엄마의 눈물과 웃음 사이
엄마보다 커졌다.

짜증도 내고 반항도 하지만
모든 걸 받아 주는 엄마의 미소

텃밭의 내 아이에게서
엄마의 마음을 떠올린다.

끝나지 않은 수업 고민

지금 국어 수업에서는 교과서를 거의 쓰지 않는다. 좋은 자료나 활동이 있을 때 활용하는 정도이다. 검정 교과서 체계에서 굳이 교과서 텍스트에 매일 필요가 없었다. 교과서 외에도 다양하고 훌륭한 읽을거리가 많고, 아이들의 삶과 모든 세상이 읽고 느낄 수 있는 것들이었다. 중요한 것은 학습 목표와 교육과정을 체계적으로 구성하면 된다고 생각했다.

물론 처음부터 교과서를 벗어난 것은 아니었다. 첫해에는 국정 교과서(3학년)로 수업을 하면서 교과서 단원을 재배치하고 학습지를 만들어 수업했다. 이듬해는 교과서 단원을 선택적으로 수업하고 자존감과 배려라는 학교 교육 목표에 맞게 재배치했다. 학습 활동은 당연히 교과와 학교 교육 목표를 고려하여 학습지로 만들었고, 좋은 읽을거리가 있으면 복사하여 텍스트로 사용하는 방식으로 교과서 비중이 자연스럽게 줄어들었다. 그렇다고 교과서를 일부러 배제한 것은 아니다. 다만 교과서 역시 하나의 참고 자료로 생각하고 교과서의 좋은 작품과 활동은 수업 시간에 활용하고 있다. 교육과정 재구성의 방향은 학교 교육과정 목표를 기본으로 하되 국어과의 정체성과 학년별 위계성이 중심에 있어야 체계적으로 재구성할 수 있다. 그래서 1학년은 나를 알고 나의 언어로 표현하는 언어활동과 관계 맺기를 위한 언어활동, 2학년은 더불어 살기 위한 언어활동과 다양한 상황에 맞는 언어활동, 3학년은 문제 해결을 위한 언어활동과 종합 예술과 언어활동을 재구성의 방향으로 잡고 있다. 아이들이 졸업할 때까지 배워야 할 것을 제대로 배우게 하기 위해 국가 교육과정을 분석하고 이를 학교 교육과정과 연결 짓는 작업을 해마다 하고 있다.

물론 이러한 재구성이 과연 아이들이 배워야 할 가치와 내용을 충분히 담고 있는지, 아이들의 성장과 발달에 맞게 위계화 되어 있는지에 대한 고민은 여전히 남아 있고 해결해야 할 과제로 여기고 있다. 하지만 중요한 것은 4년간 아이들과 이런 방식으로 수업을 하면서 우리 학교 아이들의 강점이나 결핍 같이 아이들이 처한 상황에 대한 이해도가 높아졌고, 해마다 국가 교육과정 분석을 통한 우리 학교 교육과정 연구 등의 피드백을 하여 '의정부여중'의 특성에 맞는 교육과정을 찾아가고 있다는 점이다.

수업을 바꾸면서 해결해야 할 가장 큰 과제는 평가 영역이다. 교과서를 참고 자료로만 활용하며 대부분 새로운 텍스트를 바탕으로 쓰기와 토론 활동으로 이루어지는 수업을 하며 수업과 연계된 일상 평가가 더 절실하게 다가왔다. 토론과 쓰기, 시 창작 같은 수업을 하면서 5지선다형 객관식이나 단답형으로 평가를 하는 것은 수업 시간에 배운 것을 정작 시험에는 반영하지 않는 셈이었다. 따라서 수행평가 비중은 80%로 자연스럽게 높아졌고, 지필 평가는 100% 논술형 시험으로 바뀌었다.

처음부터 논술형 평가가 잘 이루어진 것은 아니다. 비폭력 대화 수업을 하고 평가에서 논술형 문제로 냈더니 평소 친구들과의 관계에서 배려 없이 폭력적인 발언을 서슴거리지 않던 아이가 글만 잘 써서 높은 점수를 받는 사례도 있었다. 시험 문제를 분석하고 평가한 결과, 논술형 평가는 반드시 평상시 수업 시간에 글을 쓰고 토론한 활동을 바탕으로 해야 한다는 것을 알 수 있었다. 또한 논술형 평가는 객관식 평가를 길게 풀어 쓰는 방식이 아니라 글을 읽고 토론한 후 자신의 사고를 확장하고 단련한 뒤 글을 쓰는 평가가 되어야 한다. 논술형 평가를 좀 더 발전시키고 질적 평가 기법을 도입하는 것은 여전히 과제로 남아 있다.

학습 주제	대단원	소단원 및 학습지	활동
경청과 배려의 자세 : 배움의 공동체 수업을 위한 자존감과 배려의 자세 익히기	1. 마음을 담은 언어	(1) 자기 소개하기	자기 소개하기 이미지를 보조 자료로 나를 소개하기
		(2) 대화 나누기	경청하기 연습(상황별 대화) 남자와 여자 대화 방식(공감하기) 엄마와 딸의 대화-역할극, 비폭력 대화 연습하기
		(3) 위로하기와 격려하기	위로, 격려의 말 쓰기 고민에 댓글 달기
공부의 기본 : 글의 의미를 파악하고 내용을 조직하는 읽기	3. 읽기와 공부	(1) 읽기의 특성과 방법	정보, 주장, 정서 전달 글 읽고 목적, 차이 파악
		(2) 맥락에 맞게 읽기	글을 쓴 목적 파악, 국어 생활 반성, 문자 입력 방식(천지인 비교)
		생활국어 3. 공부를 잘하려면	읽기를 통해 텍스트의 의미를 파악하고 요약하기 가장 기본적인 글의 내용 파악 내용 구조도로 문단의 관계 파악
자존감 기르기 : 내 삶의 갈등을 객관적으로 바라보고, 삶의 갈등을 넘어서기	2. 아름다운 삶과 글	(2) 턱수염 (최나미)	중심 갈등, 갈등 구조 파악하기 갈등에 따른 인물 구조도 파악하기 나와 갈등 관계에 있는 가족에게 편지 쓰기
		(3) 별명을 찾아서	다양한 수필 읽기 : 괜찮아(장영희), 옆집은 공부벌레 엄마는 잔소리 벌레(정승민) 수필의 특성 알기 나의 별명으로 수필 쓰기
		(2) 홍길동전	작품 속 구절과 당시 시대 상황, 홍길동 시대와 지금 시대 비교, 홍길동 대응 방식, 홍길동 행동 토론
배려하고 성장하는 여행 : 학급이 함께 기획하고 여행 떠나기	생활국어 6. 여행을 떠나요	(1) 여행과 기행문 (3) 기행문 쓰기	주제통합기행 준비 공정 여행의 원칙 알기 학급의 여행 주제 정하기 모둠별 여행 준비하기 여행 프로그램 준비 기행문 쓰기, 여행 평가하기
변하는 사회, 새로운 표현 방식 : 매체 언어 알고 사용하기	4. 매체와의 만남	(1) 매체와 언어	신문, 라디오, TV, 인터넷 블로그 매체의 특징 알기
		(2) 광고	인쇄, TV 광고 문구와 표현 방법 비교, 광고 비평 광고 문구 작성하기, 생태 공익 광고 만들기(사회과)
		(3) 영화 '그 여자네 집'	영화 보고 인물 가치관 비판, 인권위원회(별별이야기) 영화 보고 토론하기
우리말 바르게 쓰기 : 피동, 사동 표현의 올바른 쓰임을 알고 사용하기	5. 언어의 세계	(3) 피동 표현과 사동 표현	피동, 사동 표현 익히기

수학

더 넓고
깊게 호흡하는
수학 수업

배움의 욕구가 사라진 수학 시간

학창 시절 수학 시간을 한번 상상해 보라. 칠판 한가득 펼쳐지는 선생님의 문제 풀이, 아마도 몇 번을 썼다 지웠다 반복했을 법한 모습…. 풀어야 할 문제의 양이 많으니까 아마도 수업은 개념 설명→예제→문제 순으로 진행되었을 것이다. 선생님이 예제까지 설명을 마치고 나면 아이들은 그와 유사한 형태로 나열된 문제를 공책에 적고 푼다. 칠판을 향해 일렬로 앉은 아이들은 풀다가 모르는 게 있으면 으레 손을 들어 선생님께 질문하지만, 정작 물어봐야 할 아이들은 묻지 않는다. 모르는 게 창피하기도 하고 면박을 당할 수도 있으니까. 아니, 어쩌면 어디를 모르는지도 모르는 것일 수도 있다. 선생님은 아이들에게 문제를 풀게 하고 교실을 한 바퀴 돌아다닌다. 문제를 못 푼 아이들이 많다는 사실에 한숨지으며 그중 제일 풀지 못하는 문제를 풀어 주거나 여유가 있으면 몽땅 다 풀 때도 있다. 하지만, 모르는 아이들은 여전히 모른다. 아! 아이들이 교실 앞으로 나와 문제를 풀기도 한다. 칠판을 세로로 4등분하여 칸마다 한 문제씩 적고(보통 교과서의 문제는 4문제씩 엮여 있으니) 선생님은 임의로 번호를 불러 풀게 하거나 이따금 풀고 싶은 학생을 찾기도 한다. 이때도 당연히 잘 푸는 학생들이 나오고…. 지금은 사라졌지만 수준별 수업이 진행되어 교실별로 수학을 잘하는 아이, 보통인 아이, 그저 그런 아이, 아예 못하는 아이별로 나누어 수업할 때는 이마저도 진행이 안 되는 교실이 허다했다. 학원 같은 곳에서 선행 학습을 하고 온 아이들의 수업 태도는 말할 것도 없다. 흥미와 배움의 욕구가 떨어진 그냥 그저 그렇고 그런 수업 시간의 학생들….

실력에 관계없이, 기초를 몰라도 풀 수 있는 수학 수업

다행인지 불행인지 학원 등에서 선행 학습을 해 온 아이들이 학습 내용을 온전하게 다 알지는 못했다. 문제풀이 위주의 수업은 아이들을 정확한 수학 개념에 대한 인지 없이 성급히 문제로 접근하고 정답만을 향해 나아가게 한다. 실력에 관계없이, 기초를 몰라도 풀 수 있는 수학 수업으로의 접근이 필요했다.

나는 왜 수학 교사를 하고 있는가? 옛 그리스 로마 시대, 수학과 철학과 예술이 결코 동떨어지지 않았던 그 시절 갖고 있는 수학의 매력을 교사인 나는 안다. 정답 여부에 관계없이 문제 상황을 놓고 고민하는 과정에서 내가 알고 있는 수학적 원리들을 날실과 씨실로 엮어 내고 적용하며 다양하게 사고하는 그 재미를 말이다. 그래서 나는 수학이 재미있다. 단순히 문제를 푸느냐 못 푸느냐가 중요한 것이 아니라 수학을 통해 바라보는 세상의 흐름이 명쾌하고 논리 정연한 것이 좋다. 내가 느끼는 건 나만 느끼는 게 아닐 것이다. 수학을 좀 더 제대로 바라볼 수 있다면 누구나 느낄 수 있는 것들. 그동안 지니고 있던 이런 생각들을 의정부여중에 와서 교과 재구성이라는 이름하에 아이들에게 다가갈 수 있을 것 같았다.

배움 중심 수업에 다가서기

처음 배움 중심의 수업을 시작하면서 나는 교사로서의 자존감을 회복하고 싶었다. 그러나 '혁신'이 무엇인지, '배움의 공동체'가 무엇인지도 모른 채 한 해를 보냈다. 다만 학생을 위한 근본적인 교육 활동으로 다가서는 것이 '혁신'이고 일방적인 지식 전달 방식의 강의식 수업이 아닌 협력적인 배움이 일어나도록 하는 수업 방식이 '배움의 공동체'가 아닐까 하는 생각에 수업을 바꾸려고 노력했다.

그렇게 한 해를 보내고 배움 중심의 수업을 시작한 지 3학기에 접어들어 다른 교과의 이상적인 수업 지도안을 접하면서, 나는 수업에 대한 이상만 높았을 뿐 현실적으로 내가 해야 할 것들을 찾는 데 더욱 어려움을 느꼈다. 겨울 방학 배움의 공동체 원격 연수와 MF 연수를 통해 앞서 고민하고 연구한 수학 교사들의 강의는 1년의 고민을 조금씩 정리하는 계기를 마련해 주었다. '수업의 성공은 과제에 달려 있다' '교사는 좋은 과제를 만드는 일로 밤을 지새워야 한다'는 이야기는 지금도 인상 깊게 남아 있다. 다양한 교과서를 참고하는 것부터 시작하라는 이야기를 믿고 나름대로 선정한 4~5종의 교과서와 몇몇 유명한 학습지들을 참고로 시간마다 도전 과제를 포함한 학습지를 만들었다. 일주일에 한두 번은 학습지 만드는 일로 밤을 지새우며 교사로서의 자존감도 높아져 갔다. 점프가 포함된 학습지는 아이들을 협력하게 만들었고 아이들에게 성취감을 안겨 주었다. 같은 학년 선생님과 학습지를 공유하면서 도전 문제를 평가에 반영해 갔고, 이에 따라 아이들은 자연스럽게 수업 시간에 집중하는 것이 시험에 도움이 된다는 것을 인식하게 되었다.

참신한 도전 과제, 수학은 정답이 있다는 편견을 깨고 다양한 시각으로 바라볼 수 있는 열린 과제를 만드는 데는 아직도 어려움이 있다. 협동적인 배움에는 다가섰지만 표현적인 배움을 이끌어 내는 일도 여전히 어렵다. 특히, 모둠 안에서는 공유가 이루어지고 있으나 학급 전체와 공유하기는 자연스럽게 이끌어 내지 못하고 있다. 제한된 수업 시간과 수업에 대한 기술 부족이라는 측면이 모두 맞물려 있는 것 같다. 이후에는 학급 전체와 공유하기까지 이끌어 내는 데 수업의 초점을 맞춰 볼 계획이다.

시행착오는 당연히 겪어야 할 과정이다

배움 중심의 수업으로 바꾼 4학기에는 교육과정을 재구성하면서 2학년 1학기에 배우는 통계와 2학기의 함수를 바꾸어 수업을 진행했다. 첫 단원인 함수를 재구성하면서 보통의 수학 교과서가 공식이나 수학적 사실을 배우고 활용 단원에서 함수가 어떻게 생활에 적용되는가를 살펴보는 구성이었다면, 실제 활용 단원을 통해서 왜 함수를 배우는가부터 출발해야겠다는 생각에 순서를 바꿔 보거나 실제 활용 문제를 많이 다루는 학습지를 만드는 데 초점을 맞추었다. 다른 교과서 4~5종과 수학사랑 저널지를 참고하여 좋은 문제들을 뽑고 주변에서 찾을 수 있는 실생활 문제(핸드폰 요금 문제, 전기 요금 문제)를 만들어 수업에 활용했다.

하지만 생각만큼 생활 속의 활용 상황을 통해서 수학적 이론을 끌어내는 것이 쉽지 않았다. 또, 함수 단원이 끝나고 도형 단원의 학습지를 만들면서 한계를 느끼기도 했다. 중1 도형 과정은 활동적인 학습을 이끌 여지가 많았으나 중2 도형 과정은 증명이 주로 나와서 아이들에게 일단 지루하게 다가갈 수밖에 없었고 논리적 증명과 정의의 중요성을 피부로 느끼게 수업을 구성한다는 것이 무엇인지 교사로서 부족함을 많이 느꼈다. '증명의 과정은 논리적이고 엄밀한 사고를 필요로 하는데 지면상의 증명이 아니더라도 활동을 통해 자연스럽게 탐구하고 사고하게 하는 방법이 무엇일까?' 고민만 하다가 2학기를 끝낸 것 같다.

되돌아보니 교육과정을 재구성하기 위해서는 가르치고자 하는 과정 전체를 살펴보고 핵심적으로 지도할 요소를 먼저 정리하는 시간이 필요한 것 같다. 전체 틀의 윤곽을 잡고 세부적으로 들어가는 형태가 아닌 단원마다 당장의 수업 준비를 위해 분절적으로 학습지를 만들다 보니 고민이 앞으로 나아가지 못하고 교과서를 변형하는 수준에 머물러 있었던 것 같다. 10년 남짓 교직 생활을 하면서 어떻게 하면 쉽게 가르칠까에 대한 고민은 있었지만 무엇을 가르칠 것인가에 대한 고민은 이제 막 시작했으니 이러한 시행착오를 겪게 되었던 듯하다. 2학기 말로 갈수록 여러 가지 한계에 부딪혀 심리적인 어려움도 겪었는데 되돌아보니 당연히 겪어야 할 과정이었음을 새삼 느낀다.

점수 높이기보다 중요한 것

배움 중심의 수업 5학기부터는 교과 재구성을 할 때 먼저 학교의 학사일정에 따른 흐름, 아이들의 흐름, 수학적 전개의 흐름을 고려하여 단원 순서를 재배치하고 전체 틀을 잡았다. 그 후 한 단원 내에서 수학의 발생 과정, 수학 내용의 순차적 흐름으로 내용을 어떻게 전개시킬 것인가를 구상한 후 학습지를 만들어 나갔다. 한 단원의 흐름을 한꺼번에 구성하여 학습지를 만드니 시간이 단축되었다.

그러나 4년차가 되면서 기존에 만든 학습지를 보완하지 않고 그대로 수업하는 관성화된 나의 모습을 발견했다. 연구하는 교사가 된다는 것은 쉬운 일이 아니었다. 좋은 수업을 위해서는 수업 디자인을 위해 많은 노력을 기울여야 겠지만 본시 수업에서 교사는 끊임없이 관찰하고 기록하며 스스로의 역할을 찾아야 한다. '끊임없는 관찰과 기록'이라는 적절한 긴장감과 꾸준함을 유지하기란 정말 쉽지 않았다.

많은 교사들이 배움 중심의 수업으로 아이들의 수학 실력이 향상되었는지를 묻는다. 사실, 아이들의 수학 실력을 향상시키기 위해 수업을 바꾸었다기보다 교실에서 교사인 나의 자존감을 회복하고 싶었고 아이들 또한 수학으로 인해 상처 받고 자존감이 떨어지는 일이 없기를 바랄 뿐이었다. 조금 더 욕심을 부린다면 '수학 시간이 빨리 가네~'라는 아이들의 표현을 듣고 싶었다. 다행인 것은 함께하는 아이들의 수학 점수가 높지는 않지만 수학에 대한 거부감이 줄었고 '수포자(수학 포기자)' 없이 즐겁게 수업에 참여해 준다는 것이다.

수업 구성이 핵심이다

교육과정을 재구성하는 핵심은 수업 구성에 있다. 교과서는 교육과정을 담아낸 하나의 그릇일 뿐 온전한 모양새는 교육과정이다. 해서, 과감히 교과서를 들어내고 교육과정을 토대로 배워야 할 핵심 내용을 학습지 한 장에 담아냈다. 수업 시간에 새로이 접할 개념을 배우는 단계인 '개념 정리', 개념 정리를 바탕으로 수업에서 반드시 알아야 할 것으로 구성된 '기초', 기초를 활용, 응용, 심화하는 배움이 일어날 수 있게 하는 '점프', 이 세 단계를 기본 맥락으로 하여 수업을 구성했다. 그리고 모든 단계에서 교사의 주도적인 설명으로 이끄는 수업이 아닌, 모둠 구성원들이 적극적으로 나서지 않으면 진행되지 않게 유도했다.

물론 이 과정에서 시행착오도 있었다. 모든 수업을 각자 먼저 해 보고, 친구들과 상의하고, 물어 보고 배우며 진행하는 방식으로 수업의 방향을 설정했으나, 기존에 알고 있던 수학 수업이나 수학 교사에 대한, 배움에 대한 이해와 접근을 새롭게 해야 했으니, 초기에는 좌충우돌 그 자체였다. 하지만, "해 보자! 부딪혀 보자! 너희도, 나도 배울 것이니!"라는 다소 뜬구름 잡는 식의 구호를 내뱉으며 일단 시작했다.

궁금한 지점이 생겨야 비로소 배움이 일어난다고 믿기에, 최대한 아이들에게 친절히 설명하지 않는 교사의 모습으로 일관했다. 새 학기가 시작되는 첫 수업 시간에 나와 처음 대면한 아이들은 수학 교사가 수학 문제를 안 풀어 준다는 말에 아연실색하기도 한다. 다만, 끊임없이 질문하게 하고, "그래서?"라는 질문으로 역으로 아이들이 답을 찾아가게 하는 과정을 학습하게 되면서, 이제는 으레 학습지를 받으면, 모둠에서 머리를 맞대며 문제를 풀어간다. 매력적인 오답마저도 환영하며 아이들이 사고하는 과정의 흐름을 존중해 주니, 수학 시간에 아이들의 말문이 트였다.

수학자처럼 사고하기

또 하나 중점에 둔 것은 수학적 사고의 흐름을 수업에 녹여내는 것이었다. 기존의 수학 수업이 같은 유형의 다른 문제를 푸는 능력에 따라 수업을 이해했는지 여부를 판단했다면, 진정한 수학의 이해는 역사발생학적인 수학의 흐름을 이해하는 것이라고 생각했다. 그래서 핵심은 '수학자처럼 사고하기'였다. 수학자들은 어떠한 과정을 거쳐 이러한 수학적 사실을 이끌어 냈을까? 어떤 수학적 사실을 확인하기 위한 활동은 무엇이었을까? 더 나아가 왜 이러한 수학적 사실이 필요했을까? 이러한 고민과 활동을 자연스럽게 녹여내기 위해 학습지 구성에 심혈을 기울였다. 선행 학습을 한 아이들도 접근이 다른 수학 수업에 긴장의 끈을 놓을 수 없었고, 다소 실력이 부족한 학생들도 점프를 통한 기초 다지기가 반복되니, 맥 놓고 있는 아이는 거의 없었다.

1학기에는 익힘책을 교사 중심으로 설명하는 방식을 바꾸어 학생들끼리 함께 풀어 해결하게 하는 것부터 시작했다. 2학기엔 활동 중심의 학습지를 만들었다. 활동 중심의 학습지를 만들면서 몇 가지 한계를 느꼈다. 같은 학년 동료 교사와 수업 내용을 공유하지 못했을 때 수업과 평가가 분리될 수밖에 없다는 것이 첫 번째 한계였다. 두 번째는 활동 중심의 학습이 수학적 사고를 극대화시키는 활동인가 의구심이 들었다. 2학기의 수학 수업은 주로 도형 단원이기에 활동을 통해 배우는 내용을 확인하고 수학의 흥미를 유발하기 위해 종이접기를 해 보고, 그려 보고, 사진을 찍어 발표해 보는 활동을 했지만 이것이 배움의 공동체에서 이야기하는 점프 활동인지는 명확하지 않았다. 그러다 문득 이런 생각이 들었다. '내가 고민하는 내용을 아이들도 고민할 수 있다면 얼마나 좋을까? 어떤 수학적 사실을 확인하기 위한 활동이 무엇이고 어떤 방법으로 실험하여 활동하는 것이 수학적인가? 생각하는 과정을 아이들이 하게 하는 것이 필요한데…. 활동 수업을 준비하면서 가장 많이 배움이 일어난 사람은 나였구나. 수학자처럼 사고하게 하라는 말이 이 뜻이었구나….' 체험 활동에서 탐구 활동으로 전환이 필요하다는 것을 깨닫고 학기를 마무리했다.

같은 교과 내에서 관점의 차이

학습지를 구성하는 일은 순탄치만은 않았다. 같은 교과, 같은 학년 내에서도 교사마다 수학을 바라보는 관점이 다르기에, 이를 학습지로 구성했을 때 역시 견해 차이가 크다. 실제로 나는 지나치게 어렵게 수업을 이끌지 않느냐는 지적 아닌 지적을 받기도 했다. 분명, 저마다 바라보는 수업에 대한 관점이 있기에, 대화를 통해 서로의 의견을 피력하더라도 의외로 좁히기가 쉽지는 않았다. 다른 교과에서는 "우와~~" 하고 바라보는 학습지 구성도, 같은 교과 내에서는 "근데…."로 시작할 때가 많아 적잖이 스트레스도 받았다.

혁신학교 3년차, 수학과 내에서 의견 좁히기는 여전히 쉽지 않다. 그런데, 이제야 비로소 알 듯하다. 굳이 같은 관점으로 접근할 필요가 없는 것이다. 아이들이 스스로 배움의 기회를 터득해 나갔으면 하는 지향점은 모두 같다. 이제는 서로의 다름을 인정하고 그 속에서 배울 점을 찾아 진보하는 길을 택하고 있다. 처음에 첨예하게 대립했던 시간들이 결코 헛되지 않았음을 깨달았다고나 할까. 그 또한 나의 성장의 발판이 되고 밑거름이 된다는 생각에 좀 더 여유롭고 열린 마음으로 바라볼 수 있게 되었다. 그래도 늘 고민스럽다. 바라보는 견해가 달라 다소 상이한 학습지 구성이 나오더라도 교육과정의 핵심에서 멀어지지 않는지를 살피며, 나의 교육 철학에 대해, 수학 교육에 대해 진중하게 생각하고 토론해 가고 있다.

교육과정을 재구성한 수업 사례

학습지 구성에 있어 교육과정에 대한 이해가 절대적이어야 함은 두말 할 필요가 없다. 수업 시간에 아이들이 최대한 고민하고 질문하고 배울 수 있게 하기 위해서는 교사의 교육과정 재구성 및 수업 디자인이 무엇보다 중요하다. 해당 단원에 대한 학습 자료를 많이 가지고 있는 것은 그냥 갖고만 있는 것일 뿐, 결국 교사의 고민을 녹여내지 않으면 그냥 평이한 자료일 수밖에 없다. 비로소, 의정부여중에서 배움의 즐거움을 터득하는 아이들을 바라보며 나 또한 즐거움을 느낀 터라, 첫해에는 밤새는 줄 모르고 학습지 구성에 힘을 쏟았다. 나에게 애착이 많이 가는 문제는 그만큼 심혈을 기울여 고민해서 만든 문제이기에 남다르다. 다음은 중학교 1학년 '다각형의 내각의 크기의 합과 외각의 크기의 합'을 배우고 나서 푼 기초와 점프 문제이다.

1. 다음과 같은 다각형의 변 위에 개미가 기어간다고 하자. 시계 반대 방향으로 변 위를 돌았을 때, 나아가는 방향의 변화는 무엇을 의미하는 것일까?

2. 다음과 같은 다각형의 내각은 어디인지 연필로 표시해 보자.

1번 문제는 n각형의 외각의 크기의 합이 왜 늘 360°인지를, 학생들이 외각의 의미를 생각하지 않은 채 기계적으로 대답하는 것을 고민하여 만든 문제로, 개미가 한 꼭짓점에서 출발해 변을 따라 방향을 틀며 다시 출발점으로 되돌아오는 것을 통해, 외각의 의미를 짚어 볼 수 있는 문제로 재구성해 보았다.

2번 문제는 흔히 볼 수 있는 별 모양의 도형이 단순히 5각형이 아님을 깨달으며, 다시 한 번 다각형의 정의에 대해서 개념을 정리할 수 있는 문제로 재구성했다. 이 도형은 5각형이 아닌 10각형으로 내각의 크기의 합 공식을 적용하면, $180°\times(10-2)=1440°$가 된다.

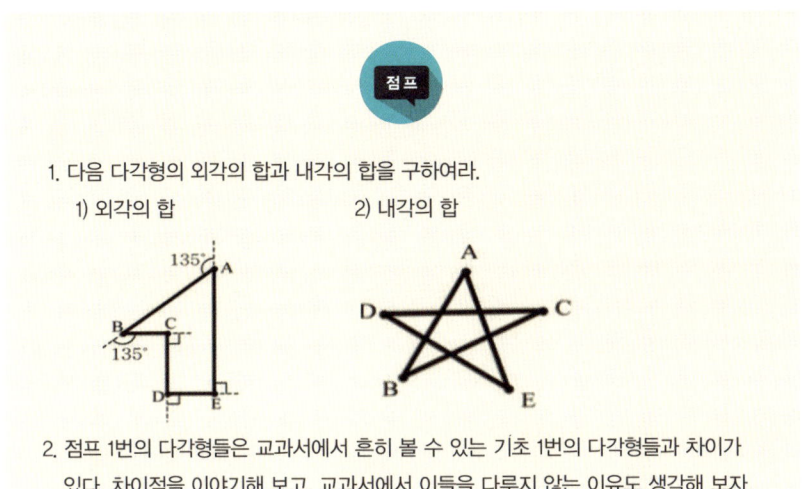

1. 다음 다각형의 외각의 합과 내각의 합을 구하여라.
   1) 외각의 합
   2) 내각의 합

2. 점프 1번의 다각형들은 교과서에서 흔히 볼 수 있는 기초 1번의 다각형들과 차이가 있다. 차이점을 이야기해 보고, 교과서에서 이들을 다루지 않는 이유도 생각해 보자.

점프 문제는 교과서에 잘 나오지 않는 다각형을 이용하여 배운 개념을 한 번 더 적용하고 더 나아가 왜 교과서에서는 이러한 다각형을 다루지 않는지까지 생각해 볼 수 있게 하는 사고의 확장을 이끌어 내려고 한 문제이다.

문제1의 1)도형은 꼭짓점 C지점에서 선분을 도는 방향이 달라지므로 외각이 $-90°$가 된다. 그러므로 외각의 총합은 $135°+135°-90°+90°=360°$가 된다.

문제1의 2)도형은 내각을 이루는 변들이 어디냐에 따라서 답이 정해진다. 내각을 이루는 꼭짓점은 점 A, B, C, D, E이므로 이 도형의 내각의 합은 $180°$가 된다. 이 도형은 꼭짓점 A에서 출발하여 다시 A로 돌아올 때까지 두 바퀴를 돌게 되므로 외각의 합은 $720°$가 된다.

이 수업의 핵심은 점프 2번 문제였다. 실제로 교과서에서 쉽게 다루지 않는 점프 1번의 두 도형은 각각 외각의 방향이 바뀌는 '오목한 다각형'이란 명칭을, 꼭짓점 이외의 점에서 변들끼리 만나는 '단순하지 않은 다각형'이란 명칭을 가지고 있다. 다각형의 내각의 크기의 합과 외각의 크기의 합을 공부하는 것에 그치지 않고 기왕에 하는 공부라면 더 넓고 더 깊은 지식과 호흡하게 하고 싶은 발문이었다. 낱낱의 개별화된 지식을 공부하는 것이 아닌 이전 경험과 새로운 경험을 연결 지을 수 있고 확장된 사고를 할 수 있는 능력을 수학 시간에 길러 내고 싶었다.

수업 지도안 예시

세상은 도형으로 둘러싸여 있다 5	학번	1학년 (　)반 (　)번 이름:
	단원	Ⅶ. 평면도형과 입체도형 - 2.입체도형의 성질
	학습 주제	준정다면체 - 축구공 관찰 (pp. 252~253)

문제 1 그림은 플라톤이 가장 아름답다고 말한 정다면체이다. (　)안에 정다면체의 이름을 쓰시오.

(정사면체)　(　　)　(　　)　(　　)　(　　)

읽기 자료

축구공의 역사

축구는 축구라고 불리지는 않았지만 오래 전부터 있었던 스포츠이다. 무언가를 발로 뻥 ~ 차는 운동은 예나 지금이나 사람들이 좋아했다. 처음의 축구공은 무엇일까? 정확히 알 수 없지만 아마 돌이나 나무토막 정도가 아니었을까? 고대 그리스에서는 마른 풀을 뭉쳐서 사용하기도 했으며 중세시대에는 소, 돼지의 오줌보를 이용하기도 했다. 이후 영국에서 고무공과 바람을 넣는 펌프가 발명되면서 고무를 넣고 외피를 가죽으로 마무리하는 둥근 공이 생산되었으나 여전히 양쪽 끝에는 고무를 묶어 주는 단추가 달려 있었고, 고무 때문에 무겁기도 하고 휘지도 않았다. 당시 규정은 가죽으로만 만들면 되었기에 다양한 축구공들이 이용되었는데, 공식적인 세계축구대회가 생기면서 공에 대한 규칙이 생긴다. 물론 처음부터 공인구(공식 인정 공)가 생기지는 않았고 혼란도 많았다. 왜냐하면 나라마다 공의 특성이 달랐고 지금처럼 완벽한 축구공을 만들 기술이 없어 각자 자신의 공으로 경기하기를 원했다. 세계 최초로 열린 세계축구축제 결승전에서는 우루과이와 아르헨티나가 맞붙게 되었는데 각자 자국의 축구공을 사용하기 위해 싸웠다고 한다. 결국 전반전에서는 아르헨티나의 공을, 후반전에서는 우루과이의 공을 사용했다고 한다.

산티아고   델스타   탱고

FIFA에서 처음으로 세계축구축제 인증 공인구를 채택한 것은 1963년 가죽으로 만든 오렌지색 공으로 이름은 '산티아고'였다. 이후, 1970년 멕시코월드컵축구대회 공인구는 처음으로 오각형과 육각형이 조합된 축구공이 선보이게 된다. 오늘날의 5각형 축구공은 이때부터 시작된 것이다. 검정색 5각형과 하얀색 6각형으로 이루어져 있는데 이것은 5대양 6대주를 상징한다. 축구공이 성능과 재질면에서 발전을 보인 것은 1978년 아르헨티나 인증 공인구 '탱고'가 나오면서이다. 폴리우레탄과 가죽을 합성한 인조피혁이 주재료가 되었고, 완전 방수에 표면에 패널을 붙여 탄력과 회전력을 증가시켜 축구공과 과학이 만난 첫 대회로 평가 받는다. 이렇게 변화된 까닭은 '델스타'가 비가 오는 경기에서 돌처럼 딱딱해지고 무거워져서 경기를 하는 선수들이 제대로 공을 차지 못했기 때문이다. 이에 비해 '탱고'는 탄성이 높고 회전력이 좋아 득점이 늘어나기 시작했다. 이후에도 축구공의 진화는 공의 스피드는 빨라지고 정확도는 높아지며 회전력을 향상시켰다. 또한 선수들의 실력은 날로 향상되었고, 흡사 UFO가 날아가는 듯한 슛을 보게 되었다.

도전 1 오각형과 육각형이 조합된 형태인 축구공의 모서리의 개수, 꼭짓점의 개수를 구하여라.

수업 지도안 예시

학번	2학년 ( )반 ( )번 이름:
단원	5.함수 - 5.5 일차함수의 활용
학습 주제	일차함수의 활용(pp. 145~147)

배움은 묻는 것에서 출발한다 54

도전 1 2월에 스마트폰(3G)을 구매했다. 평소 핸드폰 사용량이 많지 않은 편이라 i-슬림 요금제를 선택했는데 기본 요금에서 자꾸 초과되었다. 도돌이라는 어플을 깔아 핸드폰 사용량을 확인해 보니 보통 음성 통화량은 기본 제공 시간보다 더 쓰고 문자와 데이터는 넘지 않게 사용하고 있었다. 몇 개월 더 사용하는 양을 관찰해 보고 요금제를 다시 결정하려고 할 때, 음성 통화량이 대략 몇 분 이상일 때 요금제를 바꾸는 것이 좋겠는가?(단, i-라이트나 i-토크 요금제로 바꾸면 핸드폰 기계값 3,000원이 더 할인됨.)

구분	월정액	제공 음성	제공 메시지	제공 데이터	초과 음성 (1초)	초과 메시지 (1건 문자)	초과 데이터 (0.5KB)
i-슬림	34,000원	150분	문자 250건	100MB	1.8원	20원	0.025원
i-라이트	44,000원	200분	문자 350건	500MB	1.8원	20원	0.025원
i-토크	44,000원	250분	문자 350건	100MB	1.8원	20원	0.025원

3학년 수학 수행평가

주제 아름다움과 비

- 보고서에 꼭 포함해야 할 내용
  1. 황금비나 금강비에 대한 자료 조사 내용
  2. 금강비 자를 활용하여 학교 밖에서 찾을 수 있는 금강비 사진 3개 이상 포함(가능하면 흔하게 찾지 못할 것으로 찾아볼 것)
  3. 아름다움에서 비의 역할, 아름다움과 수학의 관련성에 대한 자신의 생각이 들어 있는 글쓰기
  4. 활동을 통해 느낀 점이나 소감

- 분량 : A4 1~2쪽

- 표현 방법 : 자유

- 제출일 :   월   일(   ) (수업 시간에 금강비 만들고 5~6일 기간 부여)
          메일로 제출할 경우   월   일(   )

- 제출 방법 : 부득이하게 출력이 어려울 경우 한글 파일로 메일로 보낸다. 특히, 사진 파일 따로 보내지 말 것.
  (1~2반) presoyeon@naver.com
  (3~6반) mabbak92@hanmail.net
  (7~9반) apdlrj114@naver.com
  으로 제출일보다 하루 전날까지 보낸다.
  단, 파일 이름은 학번과 이름으로 한다. 예)30626김혜경.hwp

- 채점 기준
  1. 친구들이 보고 이해할 수 있도록 쉽게 표현하고 있는가?
  2. 다양한 자료를 찾아보고 활용하였는가?
  3. 생활 속에서 다양한 금강비를 찾았는가?
  4. 성실하게 활동에 참여하였는가?
  5. 창의적으로 표현되어 있는가?
  6. 아름다움과 수학(비)에 대한 자신의 생각이나 의견이 포함되어 있는가?
  7. 제출 기한을 지켰는가?

수업이 달라진다, 아이들이 배운다

의정부여중에서 수업을 동료 교사에게 열어, 함께 지향점을 향해 문제점을 보완하고 수정해 나가는 과정은 점점 익숙하고 자연스러운 과정이 되었다. '수업 디자인을 어떻게 해야 한다, 수업을 어떻게 바꾸어야 한다'고 말하기에 나의 수업은 아직도 부끄러울 뿐이지만, '누가 이야기해도 부족하고 누가 이야기해도 배울 것이 있다'는 생각으로 수업을 고민하는 내가 있고 함께 고민하는 동료 교사가 있으니, 아이들이 수업 시간에 변할 수 있음은 당연한 수순인 듯하다. 그런데 신기하게도 거기서 끝나는 것이 아니라 아이들의 배움이 나를 자극하여 내가 또 배우니, 어찌 제자리일 수 있을까. 시나브로, 이렇게 나는 배움을 이끄는 안내자가 되어 가고 있다.

수업 방침 및 활동지 만들기

수업 방침
- 학교 비전 : '자존감과 배려'의 철학을 녹여내야 한다.
- 공공성의 철학 : 열림과 협동
- 민주주의의 철학 : 개인의 존엄성 존중 (모두가 주인공)
- 탁월성 추구 : 최고의 도전, 질 추구
- 미래 핵심 역량 강화 (공감, 디자인, 조화, 스토리, 놀이, 의미)
- 구성원 모두 서로 배우는 관계를 기본으로 한다.

수업 및 학습지 구성

읽기 ▷ 모둠원과 문제 해결 ▷ 공유 ▷ 생각하기 ▷ 표현하기

- 경청 연습 : 교사부터 시작
- 즐겁기만 한 수업은 배움을 방해할 수 있다.
- 어디에서 배움이 시작되었고 어디서 배움이 끊어졌는지 확인한다.
- 각 수업은 다르기에 교과의 본질에 근거한 배움을 추구해야 한다.
- 수업은 계획을 검증하는 것이 아니라 디자인하는 것이고 디자인은 틈틈이 수정되며, 심플할수록 좋다.

- 대상과의 만남 ▷ 작업 ▷ 활동적 배움
- 타자와의 만남 ▷ 소집단 활동 ▷ 협동적 배움
- 자기와의 만남 ▷ 표현과 공유 ▷ 표현적 배움
- 단순한 활동지
- 공유할 수 있는 활동지
- 실생활과 연결된 활동지

교사의 역할

텐션은 낮춘다 ▷ 부드러움과 열림! 섬세함, 주의 깊음.

1. 듣기
2. 연결 짓기 (교재-학습자, 학습자간, 오늘-내일, 지식-지식, 교실-사회)
3. 되돌리기 (배움이 끊어졌을 때 되돌려 주기, "~라고 하네요" 학습자에게 되돌려 주기)

배움의 공동체에서 말하는 수업에 대한 오해와 착각

아이들이 강의식 수업에서 집중할 수 있는 시간은 짧다.

아이들이 교사를 보고 있다고 모두 수업 내용을 이해하고 있는 것은 아니다. 한 시간 사이에도 아이들은 몸은 앉아 있으나 영혼은 수십 번 배움으로 들어오고 나가기를 반복한다.

설명은 길게 할 필요가 없다.

혹시나 하는 마음에 하는 다양한 설명을 이해하고 받아들이는 아이들은 극소수이다. 꼼꼼하게 설명하는 것은 교사 자신을 위한 것이다. '교사로서 역할을 다했다' '나는 설명했다'고 불안을 잠재우기 위한 방편일 수도 있다. 반복되는 긴 설명은 대부분의 아이들에게는 지루한 시간일 뿐이다.

교사는 최대한 말을 줄이고 아이들끼리 설명하고 대화하게 하자.

수업에서 가장 말을 많이 하는 사람은 교사이다. 수업에서 가장 열심히 공부하는 사람도 교사이다. 같은 내용을 반복해서 듣기보다 어설프더라도 자기 언어로 정리하고 이야기하며 문제를 해결해 가는 과정에서 배움이 일어난다. 예제를 풀어 주고 비슷한 문제를 따라서 풀어 보게 할 뿐 수업 내용을 자기 언어로 정리하고 문제를 해결할 수 있는 충분한 시간을 주지 않았다.

전체 강의를 하고 질문하는 몇몇에게 설명해 주는 수업 방식을 바꾸자.
한 명의 교사가 개별지도할 수 있는 최대 인원은 8명이라고 한다. 현재 교실은 한 명의 교사가 수준이 다른 35명이 넘는 학생들에게 맞는 지도를 해 줄 수 없는 환경이다.

모르는 학생들에게 물어보기를 지도하자.
공부를 잘하는 학생들에게 가르쳐 주기를 강요해서는 안 된다. 배울 준비가 되지 않은 학생은 아무리 설명해도 배움이 일어나지 않는다.

목소리를 낮추자.
교사의 목소리가 커지면 아이들의 목소리도 커져 교실이 소란스러워진다. 교사가 목소리를 낮추고 차분히 진행할 때 아이들도 차분한 분위기를 유지할 수 있다.

낙오자 없이 수업에 즐겁게 참여할 수 있도록 고민하자.
우리가 바라는 수학 수업은 아이들이 수학을 잘하는 것이 아니다.

지식에 접근하는 방식과 소통하는 방식을 가르치자.
지식은 더 이상 교사의 지적 소유물이 아니다. 학원, 인터넷, 도서 등 다양한 지식 접근 통로가 열려 있다. 학교의 수업을 통해 지식을 가르치는 시대는 끝났다.

모두가 모르는 문제를 모두가 모여 협력하는 구조를 만들자.
어려운 과제가 주어질 때 협력이 이루어진다. 특히, 수학에서는 단계형 학습이 이루어져야 한다는 생각으로 수업 시간엔 아주 어려운 과제를 다루는 것을 피해 왔다.

사회

배움이
몸에 익도록
하는
사회 수업

사회를 보는 관점에 중립은 없다

사회 교사의 눈은 아이들이 사회를 보게 하는 창과 같다. 보통 중립을 교사의 중요한 미덕처럼 이야기하지만 사실 사회를 보는 관점에 중립은 없다. 아이들은 끊임없이 흔들리면서 크는데, 잘 흔들리게 만드는 것이 교사의 역할이 아닐까. 균형은 교사의 몫이 아니라 아이들의 몫이다. 교사는 사실이라고 믿는 하나의 사회 현상을 바라보는 다양한 관점이 존재함을 알게 하고 그에 대한 해답은 아이들 각자의 몫으로 남겨 두어야 한다. 사회 교과서는 형식상 중립을 추구하므로 개념 중심으로 사회 현상을 다루고 있어서 건조할 수밖에 없다. 그렇기 때문에 이러한 교과 목표와 개념에 맞게 다양한 사례를 찾고 수업을 구성하는 역할이 중요하다. 여기서 교과 재구성이 시작되는데, 우리 학교의 경우 학교의 교육 목표인 '자존감과 배려'와 사회과 목표인 '민주 시민 교육'을 중심으로 교과 재구성의 방향을 잡았다.

2월 말이면 전입 교사들과 함께 모인 교내 연수에서 1년 수업의 방향을 세운다. 사회과 교사들 사이에서도 다른 가치관이 드러나지만 '자존감과 배려'라는 학교 교육 목표와 각 학년의 중점 가치를 중심에 두면서 함께 방향을 맞추어 나간다. 1학년은 '평화적 관계', 3학년은 '공동체 속의 나(진로)'라는 가치를 염두에 두면서 수업을 설계한다. 교과서를 펼치고, 단원을 확인하고, 그 단원을 어떤 목표로 어떻게 가르칠 것인가를 의논하는 과정은 1년의 수업을 시작하는 데 있어서 중요한 출발점이다. 이 첫 시작을 잘하면 교과서에 끌려가지 않고 교사가 수업 흐름을 주도할 수 있으며, 또한 동료와 수업을 공유할 수 있다.

교사들은 대부분 교과 재구성에 대해 불안감이 있다. 교과서 내용을 남김없이 가르쳐야 교사로서의 책임을 다했다고 생각하기 때문이다. 또한 국가 수준의 시험이 존재하는 만큼 더욱 그렇다. 그러나 사회과만 놓고 본다면 이 무수한 사회 현상들을 읽어 내는 눈을 키우는 데 있어, 교과서의 내용도 극히 일부에 불과하다. 문제는 읽어 내는 방법을 가르치는 것이다. 이것을 교사가 재구성한다고 했을 때 사실 그 범위가 교과서의 내용과 크게 다르지 않는다.(당연하다. 교사들은 재구성을 할 때 일차 참고서가 교과서이다.) 그저 접근 방식에 있어 다양성을 추구하는 것이다. 좀 더 잘 가르치기 위해서, 좀 더 잘 배울 수 있도록 고민하는 것이다. 가르치는 자가 교과서이다.

참여를 글로 배우지 않는다

민주 시민으로 성장할 수 있도록 돕는 것이 사회과의 중요한 목표지만 실제 아이들의 민주 시민으로서의 역할은 유보된다. 사실 우리나라 교육의 문제이기도 한데, 학교 교육은 미래를 위한 준비 기간으로 설정되어 아이들에게 지식만 암기시키고 그에 대한 평가만 반복하고 있다. 그러나 민주 시민은 지금 나의 모습이어야지, 미래의 모습이 아니다. 아이들은 선거 수업을 하고 나서도 여전히 선거는 자신에게 먼 일로 여긴다. 그러나 민주적인 토론 문화와 의사 결정, 학급과 학교 등에서의 선거를 살펴보면, 이미 우리는 민주 시민이어야 한다. 교과를 재구성하는 데 있어 중요한 원칙은 배움이 몸에 익도록 하는 것이다. 즉 직접 해 봐야 한다. 모둠 토론을 통해 상대방의 의견을 존중하고 그로부터 배우며, 협력하는 것을 수업 방식의 기본으로 둔다. 배우는 내용을 활동으로 구성하여 수업에 참여하고 스스로 배워 나가야 한다. 이렇게 참여하게 하는 수업에 대한 고민 속에서 '인권 수업' '노동 수업' '선거 수업' '마을 참여 수업'과 같은 프로젝트 수업이 이루어지고, 배운 것을 바로 실천하게 하는 '수행' 평가와도 연결되었다. 이러한 수업 사례를 몇 가지 소개한다.

지금, 여기에서 시작되는 민주주의 경험, '선거 수업'

선거 수업은 직접 참여를 통해 배우는 사회 수업의 대표적인 사례이다. 학기 시작 전 사회 교사들과 협의를 통해 선거 수업에 대한 구체적인 계획을 세우고 난 후 학년협의회를 통해 선거 수업의 의의와 목표를 공유했다. 선거를 학기 초에 해서 빨리 학급을 세우고 싶어 하는 담임도 있다. 그렇기 때문에 사전 협의가 이루어져야 한다. 사회과 교사들은 선거 수업에 교과의 내용을 담아내면서 이를 실천적인 수업으로 구성하기 위한 기술적인 노력이 필요하다.

시기	대단원	소단원	성취 기준 또는 학습 목표	배움의 내용 및 활동 (프로젝트 수업 / 통합교과 활동)	학교 행사 / 학교 철학과 연계	평가
3월	민주 정치와 참여	민주주의 이념과 민주 정치의 발전 과정	민주주의	생활 속 민주주의 찾기	학급 선거	민주적 학급을 위한 선거 공약 세우기
		선거와 정치 참여	민주적인 학급을 만들기 위한 실천 공약을 세울 수 있다.	민주적 학급을 위한 선거 공약 만들기		
4월		지방 자치와 시민 참여	지방 선거의 의미를 알고 우리 지역의 발전을 위해 참여할 수 있는 방법을 모색한다.	지방 선거 참여	세상과 소통하는 사람	우리 지역의 문제를 파악하고 해결을 위한 정책 제안하기

우리가 원하는 학급

과거의 경험에 비추어 사례를 찾아보는 수업이다. 자신이 원하는 학급의 상은 과거의 경험을 통해 이야기할 때 더 구체적일 수 있다. 중1 수업의 경우 학생들은 초등학교 때의 학급을 떠올리며 학급의 좋은 사례와 나쁜 사례에 대해 경험을 나누었다. 대부분은 아이들 간에 서열이 없고 담임이 학급에 관심을 가지고 차별하지 않는 학급을 좋은 사례로 꼽았다. 물론 그 반대의 경우가 나쁜 사례이다. 이 내용을 바탕으로 우리가 원하는 학급 상에 대해 모둠별로 다섯 가지 정도로 정리하게 한 후, 이를 모아 학급 공통의 다섯 가지 과제를 뽑아냈다.

1-2반의 예
❶ 따돌림 없는 평등한 학급
❷ 다른 사람의 말을 존중하고 경청하는 학급
❸ 서로 협력하는 학급
❹ 수업 시간에는 집중을 하고 놀 때는 다 같이 참여하는 학급
❺ 학급 대표가 리더십이 있는 학급

아이들이 원하는 학급의 상은 '민주적인 학급'이다. 이에 대한 연결고리를 찾기 위해 '민주주의'에 대한 수업을 시작했다.

선거의 중요성

초등학교 때의 선거를 떠올리면 '인기투표'라고 했다. 뽑아 주면 먹을 것을 사 주겠다는 것이 후보 연설에 나올 정도로 아이들은 선거의 기본 원칙에 대해 모르고 있었다. 수업에서 배운 '민주적인 선거'는 교과서에만 있을 뿐이다. 민주적인 학급을 만들기 위한 첫 번째는 선거를 통해 대표자를 '잘' 뽑는 것이다. 그리고 이 과정에 구성원 모두가 적극적으로 참여하는 것이다.

정당 만들기

학급에는 다섯 모둠이 있다. 이 모둠을 정당으로 바꾸고 그 정당이 추구하는 가치를 뽑게 했다. 즉 학급 구성원들이 원하는 학급의 상으로 제시한 다섯 가지 내용 중 우리 정당이 가장 중요하게 생각하는 내용에 순위를 매기고 그것에 해당하는 가치로 '평등' '평화' '자유' 등을 내세우고 이 가치에 맞게 정당 이름도 만들었다. 처음엔 장난스럽게 만들어진 '올리고당'의 당원들은 자신들의 가치는 '인권'이라며, 인권을 '올리기' 위한 당이라고 설명하면서 아이들의 박수를 받았다.

공약 세우기

각 정당에서 후보자를 선출했다. 1학년은 모둠에서 서로 후보자가 되겠다는 아이들이 많았다. 이에 당내 경선을 통해 후보자를 선출했다. 물론 사전에 사회 교사가 후보자로서 역할과 더불어 후보자가 되면 리더십을 키울 좋은 기회임을 말해 주는 것도 중요하다. 후보자를 먼저 선출하는 것은 정당에서 공약을 만들 때 좀 더 책임감을 부여하기 위함이다.

> **공약의 조건**
> ❶ 실현 가능해야 한다.
> ❷ 무엇을 하고자 하는지 구체적이어야 한다.
> ❸ 자기 정당이 중요하다고 생각하는 가치를 담고 있어야 한다.

많은 모둠에서 '소외' '학급 내 왕따' 문제가 많이 나온다. 초등학교에서 이미 직·간접적인 경험을 한 아이들이다. 아이들은 심각성을 알지만 '내가 그 대상'이 될까 봐 두렵다. '소외되는 아이가 없는 학급'이라는 공약 속에서 아이들은 '먼저 다가가 말을 건넨다.' '학급 놀이에 적극적으로 끼워 준다.'와 같은 세부 공약을 내걸었다. 교사가 아이들에게 질문한다. '누가 다가갈 것인가?'

'놀이에 끼워 준다고 하는데 그 당사자도 그것을 원하는가?'(아이들은 소외 받는 아이의 입장은 고려하지 않고 다수 아이들의 입장에서 공약을 만든다. 교사의 조언이 필요한 지점이다.) 그리고 공약을 구체적으로 만들기 위해서는 '언제 소외된 아이가 드러나는지, 그리고 왜 소외가 일어나는지'에 대한 토론을 하게 한다. 꼬리에 꼬리를 물듯 질문을 하고 생각하게 하는 것이다. 이 과정에서 아이들은 지치기도 한다. 끊임없이 교사가 요구하는 '좀 더 구체적으로' '좀 더 실현 가능한 것으로'의 주문에 따르는 일이 쉽지만은 않다. 그리고 모둠 내에서 서로 질문을 한다. '왜 그렇게 생각하는데?' 이것은 사실 힘든 과정이다. 그러나 선거 후의 평가를 보면 학급에서 이런 고민을 해 본 적이 없는 아이들이 많다. 자신과 매우 관련이 있음에도 서로에게 물은 적이 없던 것이다. 6반의 모둠 활동에서 이런 이야기들이 흘러나왔다. 규칙을 잘 지키기 위해 규칙을 어기는 아이들에게 '깜지 쓰기' 벌칙을 주자고 한다. 이에 대해 한 아이가 말한다. '벌칙을 주는 것이 우리 정당의 가치와 맞다고 생각해?' 그리고 우리는 공약을 만드는 것이지 규칙을 만들고 벌칙을 만드는 것이 아니라는 이야기를 덧붙여 주었다.

다른 정당의 공약 분석

후보자 토론회에 앞서 완성된 정당별 공약을 각 정당들에게 나눠 주었다.(자신의 후보가 질문할 상대 후보를 임의로 정하고 그 상대의 공약만을 살펴보았다.) 그리고 그 상대의 공약을 비판적으로 보면서 질문할 내용을 뽑게 했다. 상대 후보의 공약을 받자마자 아이들은 생기를 띠었다. 아니 살기에 가까울 수도 있다. 그리고 모둠 내 토론을 시작하는데, 이런 소리가 들린다. "구체성, 실현 가능성…. 이런 공약의 조건들이 우리 공약을 볼 땐 잘 보이지 않다가 다른 정당의 공약을 보니 아주 잘 보이네." "우리가 고민한 방식대로 다른 정당의 공약을 바라봐. 그럼 문제점이 보일 거야."
교사가 이끌지 않아도 아이들이 방향을 찾아간다. 이미 충분히 고민한 것들이니까. 아이들은 이 과정에서 자신들의 공약을 수정해 가기도 한다. 다른 정당의 공약을 보면서 자기 정당의 공약의 문제점도 살피는 것이다. 여기서는 질문하는 수준에 대한 교사의 조언이 필요하다. 한 모둠에서 '반성문을 쓰게 한다.'는 공약이 있었는데, 이에 대한 질문으로 '안 쓰고 가는 아이들은 어떻게 할 것인가?'를 준비했다. 이에 교사는 이 질문을 되돌려주었다. '너희들이 만든 이 질문에 대해 너희들은 어떻게 답변하겠냐?' 곧 아이들은 이 질문이 의미 없이 뻔한 이야기로 흘러갈 것을 감지한다. '반성문을 쓰게 하겠다는 것은 무엇을 위함이었지?' '반성문을 통해 그것을 이룰 수 있을까?' 몇 가지 질문하는 방식에 대해 아이들과 이야기하다 보면 질문이 얼마나 중요한지 알게 된다.

후보자 토론회

팽팽한 긴장감이 감돈다. 후보자뿐 아니라 각 정당의 아이들도 고스란히 긴장을 함께 나누고 있다. 어떤 질문이 오갈지 그에 대한 답변이 가능할지, 아이들은 시작 전부터 경청하고 있다. 교사는 아이들에게 말한다. "지금까지는 각 정당 소속으로 자기 후보자를 지지하였지만 이번 후보자 토론회를 통해 자기 정당 후보자를 넘어서 우리 학급의 대표로 누가 자격이 있는지 보자." 확실히 후보자 토론회에서 두각을 나타내는 학생이 대표가 되는 확률이 높다.

이어서 준비한 질문을 하고, 예상된 질문에 대한 답을 한다. 간혹 답변을 못하는 경우가 생기면 진땀을 흘리기도 한다. 후보자별 토론보다 더욱 긴장하는 것은 지켜보던 유권자들이 질문을 쏟아 낼 때이다. 후보자들이 제대로 답하지 못한 것을 날카롭게 파고들면서 긴장감을 더욱 높이기도 한다. 후보자 토론회가 끝난 후 아이들은 자신을 대표한 후보자를 격려한다. "너 오늘 진짜 잘했어!"라고.

후보자 토론회의 한 장면

후보자A : 우리가 만드는 건 규칙이 아니고 공약인데, 왜 지키지 않는다고 벌칙을 만드는 거냐?

후보자B : 벌칙을 만들어야 학생들이 공약의 내용을 잘 지킬 것 아니냐?

후보자A : 벌칙을 만들어 벌을 주는 것이 후보자B 정당의 가치(평등과 행복)와

>   맞다고 생각하나?
> 후보자B : 오히려 벌칙을 통해 규칙을 지키게 하면 모두가 평등하고 행복해
>   진다. 잘못한 사람에게 벌을 주는 것이 평등한 것 아니냐?
> 후보자A : 벌을 주어야만 규칙을 지킬 수 있나?
> 후보자B : 그렇다. 그럼 무슨 방법이 있나?

다른 후보자들도 이에 대해서는 규칙을 위해서는 벌을 주는 것이 당연하다고 생각한다. 이에 대해 아이들이 생각하는 규칙과 벌의 관계에 대해 생각하게 되었다. 아이들도 당연하다고 생각하는 문제에 대해 의문을 품게 되는 것이다.

선거 수업 후 평가

선거 수업은 정치 단원을 재구성하여 한 달간 진행되었고, 수업 후 아이들에게 수업 평가서를 받았다. 선거 수업을 통해 배운 것을 써 보는 것이다.

> "정당의 이름 속에 의미가 담겨 있고 그 의미에 맞게 정치를 하는 것, 공약을 세울 때도 현실성이 있는지와 자기 정당의 의미에 맞는 공약인지 생각해 봐야 하는 것, 다른 정당의 공약의 빈틈을 반박하는 법, 토론 규칙 등을 새로 배웠다. 후보자 토론을 할 때 무작정 반박하고 트집 잡기보다는 논리적으로 근거를 들어가면서 자신에게 유리하게 해야 그 토론에서 이길 확률이 높아진다는 걸 알았다. 그냥 목소리만 높이고 자기 생각만 끝까지 주장하는 후보자는 자신의 공약을 투표자들에게 이해시키지도 못하고, 그럼 자기 생각을 반영할 기회조차 오지 않는다. 생각을 논리적으로 설명하면서 잘못된 내용은 인정하고 수정도 하며 맞춰 가는 게 더 유리하게 만드는 방법이다." (1학년 1반 ○○○)

특히 프로젝트 수업 후 아이들에게 피드백을 받으면 교사가 다음 수업을 고민할 때 유용하다. 또한 아이들 스스로도 수업에 대해 정리해 보는 것은 교사가 해 주는 정리보다 더욱 중요하다.

자기 입장에서 사회를 보는 '노동 수업'

우리나라 시민 교육에서 '노동' 수업이 제외되어 있는 것에 대해 많은 사회 교사들이 문제를 제기해 왔다. 우리 사회에서 '노동'은 부정적인 인식이 많다. 고스란히 받아들인 아이들도 '노동자'라는 말을 어색해 하고, 자신들이 '회사원'은 되어도 '노동자'가 될 거라고 생각하지 않는다. 아이들에게 노동자는 '육체' 노동자일 뿐이다. 이렇게 노동 3권도 배우지 못한 아이들은 대부분이 노동자로 살아가면서도 그 권리에 대해 알지 못한다. 그러다 보니 '노동자들의 정당한 권리 행사'에 대해서도 부정적으로 바라보게 되는 것이다. 아주 가깝게는 중3이 되면 알바 시장으로 나가는 아이들이 있다. 이 아이들은 최저임금도 받지 못하고 일하다가 사고를 당해도 그 권리를 모르는 경우가 태반이다. 이러한 고민에서 중3 경제 관련 단원에서 '노동' 수업을 계획하게 되었다.

교과 재구성안

시기단원	성취 기준 또는 학습 목표	배움의 내용 및 활동 (프로젝트 수업 / 통합교과 활동)	학교 행사 / 학교 철학과 연계	평가
5월 단원 추가 X. 일상 생활과 경제 주체의 역할 6월	학교 교육 철학인 자존감을 살리는 수업 3학년 교육 목표인 진로와 연계하여 노동의 의미를 고민하고 노동자의 권리를 알기 위한 수업 2학기 교과통합 '뮤지컬' 주제와 연결	인권 감수성을 느껴 보는 활동을 통해 인권의 중요성을 인식한다. 세계인권선언의 내용을 이해한다. 비정규직 문제를 통해 노동 인권을 고민해 본다. 사회적 문제인 갑을 관계에 대해 고민하고, 갑을 관계의 문제점을 해결할 방안을 찾을 수 있다. 왜곡된 노동과 노동자의 정의를 바로잡고, 노동자의 권리를 정확하게 알 수 있으며 청소년 아르바이트 문제를 해결할 수 있다.	모둠별 역할극을 통해 장애인, 비학교 학생, 이주노동자 등의 간접 체험을 통해 인권은 누구에게나 보편적으로 중요한 것임을 느끼도록 함 세계인권선언의 내용을 모둠별로 완성하면서 인간에게 꼭 필요한 권리를 생각해 보는 활동 노동 인권 첫 시간으로 드라마 '직장의 신' 영상을 통해 비정규직 문제에 대한 자신의 생각을 정리하고 세계인권선언문과 연계하여 인권 문제를 고민하고 함께 생각을 나누는 활동 드라마 '직장의 신'을 통해 정규직도 갑을 관계에서 약자임을 알게 하고 사회적 이슈가 되는 사건을 통해 갑을 관계의 정의와 해결 방안을 경제 민주화와 연관해 고민해 보는 활동 • 왜곡된 노동과 노동자의 정의를 생각해 보는 활동 • 노동에 대한 명언과 사진을 통해 노동자가 누구인지 생각해 보는 활동 • 신문 기사를 통해 주부도 노동자인지에 대한 토론 활동 • 노동 3권을 신문 기사를 통해 이해하는 활동 • 영상과 청소년 알바 10계명을 통해 청소년 알바의 실태와 권리를 알아가는 활동	인권일기 쓰기 수행 평가 (10) 개방형 지필평가와 연계

1. 청소년 알바

(가) 다음 사례에서 근로기준법에 어긋나는 것을 이야기해 보자.

> 만 16세인 서영이는 용돈을 벌기 위해 방학 때 주유소 알바를 하려고 한다. 알바를 구하고 있는 집 근처의 주유소를 찾아가 사장님 면접을 본 후 당장 내일부터 알바를 시작하기로 했다. 알바 시간은 오전 8시부터 오후 8시까지이며 시급은 4,000원을 받기로 하였다. 또한 한 달 동안 열심히 돈을 벌려고 휴일 없이 일하기로 했다. 그리고 알바를 한다고 하면 부모님이 걱정하실까 봐 알리지 않기로 했다.

(나) 다음은 고용노동부에서 정리한 문서이다.

(1) 올해 최저임금은 얼마이고, 최저 임금제도를 둔 목적은 무엇일까?

(2) 자신의 노동할 권리를 침해당했을 때 우리는 어떻게 해야 될까?

중1 사회 수업 중 인권 단원을 수업할 때 비정규직 문제를 토론하는 시간이 있었다. 이때 모둠원 사이에 격렬한(?) 토론이 붙었다. 기업가의 입장에서는 비용을 줄이기 위해 '비정규직'을 쓰는 것이 당연하다는 것. 비정규직 입장에 선 아이들이 오히려 소수였다. 그때 한 모둠에서 어떤 목소리가 들려왔다. "니들 커서 사장될 거니?" 순간 그 모둠의 아이들은 잠시 침묵했다. 그 침묵 후에 그 모둠원 아이들은 자신의 입장에서 이야기하기 시작했다. 자신의 입장을 생각하고 그 사회를 배워 나가는 것. 이것이 '사회 수업'이자 중·고등학교에서 강조하는 진짜 '진로' 수업의 모습인 것 같다. 그래서 '진로'를 중점 가치로 삼고 있는 우리 학교 중3의 '노동 수업'은 더욱 값지다.

내가 살고 있는 지역을 알아가는 '마을 참여 수업'

1학년 사회과 도시 단원을 재구성할 때 항상 염두에 두는 것은 '내가 살고 있는 지역'이다. 2011년 우리 학교 주변 지역은 도시 재개발 문제로 지역 주민들이 분열되어 있었다. 이에 우리 학생들도 이 문제를 어깨너머로 알고 있었고 수업의 흐름도 자연스럽게 도시 재개발 문제로 이어졌다. 대부분 아이들은 재개발에 대해 부정적이었고 이러한 생각은 아이들의 처지에서 나온 것들이었다. 수업 중 "저희 집은 보증금 ○○○원에 월 ○○원이에요"라는 말도 자연스럽게 흘러나왔다. 2014년 도시 수업을 다시 구성하면서 도시 재개발에 대해 '찬성과 반대'를 넘어 어떤 수업을 해야 할까 고민스러웠다. 여러 자료를 뒤적이면서 '서울'을 중심으로 도시에서 마을 만들기 프로젝트가 활발하다는 것을 알게 되었고 이를 우리 지역에 적용시켜 수업을 하면 재미있겠다고 막연하게 생각을 했다. 이 생각들은 동료들을 만나 구체화되고 배운 것을 실천할 수 있도록 1학년 '교과통합 프로젝트'와 연결되었다.

시기	단원	성취 기준 또는 학습 목표	배움의 내용 및 활동 (프로젝트 수업 / 통합교과 활동)	학교 행사 / 학교 철학과 연계	평가
8월	인구와 도시	인구 변화와 인구 문제	인구 분포 현황을 파악하고 다양한 인구 문제의 원인을 이해할 수 있다.	세계가 100명의 마을이라면	
9월		도시 발달과 도시문제	도시와 인구 문제를 연결할 수 있고, 도시 문제를 파악하여 현재 제시되고 있는 대안 도시를 이해할 수 있다.	내가 살고 싶은 도시	주제가 있는 도시 만들기

사례 살피기

1990년 이후 서울을 중심으로 '마을 만들기'가 시작된 역사에 대해 먼저 공부했다. 그리고 오마이북에서 나온 『마을의 귀환』2013을 모둠에서 함께 읽었다. 이 사례들을 통해 지역에서 살기 좋은 마을을 만들기 위해 노력하는 사람들을 만날 수 있었고, 또한 우리 지역에는 이런 사람들이 없을까 궁금해하기 시작했다.

실천하기

1학년 선생님들과 협의를 통해 2학기 교과통합 프로젝트로 '마을 참여 수업'을 주제로 삼으면서 많은 아이디어들이 오갔고, 아이들은 자신들이 살고 있는 지역의 모습을 다시 살펴보는 계기가 되었다. 아이들은 구체적인 실천 활동 프로젝트 세 가지 가운데 하나를 선택하여 하루 동안 의정부 곳곳을 누비며 활동했다. 대안학교를 찾아가기도 하고, 청소년 회관이나 재래시장을 찾아 어떤 일을 하는지도 인터뷰하며, 행복한 도시를 만들기 위한 거리 캠페인도 진행했다. 어색한 주민들과 바짝 긴장한 채 만나고, 그 어른들의 다정함에 참 놀라워하기도 했다. 우리 동네에 많은 사람들이 '애쓰며' 살고 있다는 것은 아이들에게 지역에 대한 작은 자부심을 주기도 했다.

지방선거 교육 정책 만들기

6월 지방선거와 때를 맞춰 중학교 3학년 학생들과 선거 참여 수업을 계획했다. 선거와 관련한 제반 수업을 한 후 학생들이 선거권을 가지고 있다는 가정 하에 모의 선거 참여 수업을 진행했다. 지방선거의 많은 선출직 가운데 학생들에게 가장 큰 영향을 미치는 교육감 선거를 해 보기로 했다. 학생들은 모둠별로 교육감 후보들의 교육정책을 살펴보고 토론을 한 후 교육감에게 제안하고 싶은 교육 정책을 만들어 보기로 했다. 그리고 학생들의 활동이 교실 내에서만 끝나는 것이 아니라 실제 교육 정책에 반영될 수 있도록 의견을 제시하는 것이 필요하다고 생각했다. 그래서 수업이 끝난 후 경기도교육청 홈페이지에 학생들이 만든 정책을 제안하도록 했다.

처음 수업을 대하는 학생들의 반응은 반신반의하는 듯이 보였다. 하지만 수업이 진행될수록 학생들의 태도도 바뀌어 갔다. 학생들은 모둠별로 자료 조사와 토론 과정을 거치면서 본인들에게 꼭 필요한 것이 무엇인지 고민했고, 그 결과 9시 등교, 수업 시간 총량제, 수업 시수 감축, 예체능 교육 강화, 학내 아르바이트 제공, 상벌점제 폐지 등의 다양한 정책을 내놓았다. 각각의 정책마다 토론과 합리적인 이유를 제시하는 과정을 통해 학생들은 교육감 선거권만이라도 학생들이 갖도록 해 달라는 또 다른 정책을 제시하기도 했다. 교육감이 어떤 정책을 마련하느냐에 따라 가장 큰 영향을 받는 사람들이 본인들인데 교육감 선거권이 없다는 것은 말이 안 된다는 주장이었다. 일리 있는 이야기였다. 이러한 과정을 통해 학생들은 선거라는 것이 정치에 관심이 많은 사람들만이 참여하는 것이 아니라, 나의 생활과 밀접한 관계를 맺고 있다는 것을 깨달으며 선거 참여의 중요성을 느끼게 되었다.

우리가 만드는 교육 정책

학 번	
이 름	

*함께 한 모둠원 학번 이름:

모둠이 조사한 경기도 교육감 정책과 아래 사이트의 청소년 교육정책 설문 조사 결과와 정책의 조건을 참고해서 우리가 원하는 교육정책을 만들고 제안해 봅시다.

*정책의 조건: 실현 가능성, 구체성, 많은 사람들에게 도움이 되는가, 목표가 확실한가?

1. 다음 표에 모둠끼리 함께 선정한 교육정책 2가지와 개인적으로 선정한 교육정책 2가지를 써 주세요.

	정책 이름 및 설명	선정한 정책이 필요한 이유와 기대 효과
모둠 끼리 함께 선정한 정책		
개인 선정 정책		

2. 4가지 정책을 경기도교육청 홈페이지 자유게시판에 모둠별로 한 명이 올린다.

교사도 배우는 사람임을 일깨우는 수업

배움의 공동체 수업을 실천하면서 말하는 것에서 듣는 것으로 수업을 전환한 후, 아이들이 무엇을 어떻게 배우는지는 중요한 문제가 되었다. 그런데 귀가 잘 트이지 않아 아이들의 배움을 깊이 있게 관찰하지 못했다. 그런데 속삭이듯 하는 아이들의 목소리가 어느 순간 들려올 때가 있다. 한방 맞는 느낌이다. 내가 미처 생각하지 못했던 것, 또는 엉뚱하게만 취급했던 생각들, 그리고 당황하리만큼 아이들의 속 깊은 이야기들…. 내가 귀를 틔어야 할 이유들이다. 아이들의 이런 이야기들은 다음 수업에서 중요한 나의 이야기들이 된다. 교사도 배우는 사람임을 가르쳐 준다.

과학

'생'명의 '기'운을
느끼는,
생기 있는
과학 수업

생명을 대하는 것에서 시작하는 수업 변화

많은 학생들이 과학이라는 과목을 매우 지루하고 따분한 과목이라고 생각한다. 과학은 너무나 어려워서 이해하기 힘들며 자기 삶과 관련이 없다고 여기는 경우가 많기 때문이다. 그래서인지 수업 중 학생들의 자발적인 호기심과 탐구심을 이끌어내기가 힘들다. 이런 상황에서 교사가 일방적으로 지식을 전달하기만 하는 수업 형태로는 활기찬 수업을 기대하기 어렵다.

혁신학교에 와서야 배움 중심 수업을 고민해 보기 시작했다. 수업이 즐거워야 학생, 교사 모두가 즐겁고 행복해진다는 말에 깊이 공감하면서도 '좋은 수업은 어떤 것일까?'라는 질문은 현재 진행형이다. 그럼에도 동료 과학 교사들과 함께 협의하는 과정에서 작지만 큰 변화들이 일어났고 수업을 바꿔낼 용기를 가질 수 있었다. 다음은 함께 고민하여 만든 과학 교육과정의 얼개이다.

학년	1학년	2학년	3학년
중점 목표	• 생명을 인식하고 나 자신을 사랑하는 자존감으로 연결 지을 수 있도록 교과를 재구성한다. • 과학 이론을 삶과 관련지어 생활 속에서 과학적 원리를 인식할 수 있도록 한다.	• 다른 교과와의 연계를 통해 통합적이고 범교과적인 안목을 기를 수 있는 학습 경험을 제공한다. • 자연과 환경에 대한 이해를 바탕으로 생태적인 삶을 실천할 수 있도록 한다.	• 배운 내용을 삶과 연결 지을 수 있도록 하며 함께 배우고, 생각하는 과정을 통해 깨달음을 얻도록 한다. • 과학을 통해 세상과 소통하며 나눔을 실천할 수 있는 기회를 만든다.
중점 내용	• 텃밭 가꾸기를 통한 유기적이고 생태 친화적 삶을 연습한다. • 과학적 호기심을 표현하고 질문하고 서로 해결하는 과학적 문제 해결력을 키운다.	• 탐구 학습 및 협동 학습을 통해 생태계 의미와 보전의 중요성을 인식할 수 있도록 한다.	• 생명의 경이로움과 소중함을 느끼고 자신과 타인을 배려할 줄 알도록 한다. • 과학 글쓰기를 통해 논리 추론 능력, 창의적, 협력적 문제 해결 능력 및 의사소통 능력을 키운다.
학년 중점 교육 목표	세상 속에서 나 발견하기 생명의 소중함 깨닫기	생태적 삶 실천	세상과 소통하기 생태, 환경에 대한 감수성 키우기
시수	주 4단위(1시간은 텃밭 활동)	주 3단위	주 4단위

의정부여중에서 첫 학기 과학 수업을 맡으며, 학생들이 '생명'을 만나는 과정에서 자연스레 과학을 접하며 배울 수 있으면 좋겠다는 생각을 가장 먼저 했다. 그래서 같은 학년을 맡은 과학 교사와 함께 아이들이 생명을 대하고 기르는 과정을 수업의 일부로 넣기로 논의했다. 당시에는 학교 텃밭까지 만들 수 있는 상황은 아니었기에, 교실 안에서 모둠별 화분에 방울토마토와 완두콩을 길러 보는 것부터 시작했다. 효과는 기대 이상이었다. 직접 심은 씨앗에서 싹이 트고 하루가 다르게 자라며 꽃을 피우는 모습, 열매 맺는 과정 등을 지켜보며 아이들에게 긍정적인 변화가 나타났다. 당시, 학생들의 관찰일지를 살펴보면 식물을 대하는 태도에서 자식을 기르는 듯한 애정이 느껴졌고, 자발적으로 예쁜 이름의 팻말까지 꽂아 주며 생명의 변화와 성장에 수시로 관심을 보였다. 실내라는 환경 제약 때문에 많은 열매를 맺지는 못했지만 어떤 학급에서는 완두콩 키가 천장에 닿을 정도로 자랐던 게 기억에 남는다. 식물 관련 단원에서는 직접 키우는 식물을 관찰하면서 자연스럽게 배움이 일어나기

도 하고, 야외 수업을 통해 학교 안에 있는 꽃과 나무를 알아가며 관찰하고 그려 보는 시간을 갖기도 했다.

도시 학교에서 벼가 자라나는 풍경을 보거나 밀과 보리를 수확하는 기쁨을 맛보기란 쉽지 않다. 밀과 보리를 타작하며 절로 노래를 부르던 아이들의 모습은 아직도 기억에 남아 있다.

이듬해에는 학교 건물 옆에 작게 반별 텃밭을 만들었다. 감자와 방울토마토, 상추 등을 심었고 반별 행사나 주제통합기행에 가서 직접 수확한 작물들로

다 함께 쌈을 싸먹거나 학교 급식 반찬으로 제공하기도 했다. 생태 교육을 시작한 지 3년째 되는 해에는 드디어, 학교 운동장 한켠에 대규모 텃밭을 만들었고 텃밭을 매개로 하여 여러 교과가 연계 수업을 진행할 수 있었다. 그리고 4년째에는 학교 안에 논을 만들면서 학생들은 모내기까지 경험했다.

이렇게 우리 학교 학생들은 몇 년째 자연을 배울 수 있는 기회를 가지고 있다. 야외에서 진행하는 텃밭 수업은 지루할 틈이 없다. 정성껏 작물을 돌보고, 화단의 꽃을 관찰하며 세밀화를 그리기도 한다. 텃밭일지를 작성하다 보면 자연을 탐구하는 능력, 관찰한 것을 정확하게 표현하는 능력도 향상된다. 또한 텃밭에서 아이들은 부지런히 몸을 움직이며 생명에 대한 경이로움과 자연의 소중함을 느낀다. 아이들은 모둠별로 짓는 텃밭 농사를 통해 함께 땀 흘리며 일하고 더불어 사는 공동체의 의미를 배워 갈 수 있다.

역동적이고 활기찬 수업 만들기

강의식 수업을 할 때 학생들은 대체로 수동적인 모습을 보이지만, 자신이 할 수 있는 활동이 많은 수업에서는 의욕적으로 변한다. 그림을 잘라 퍼즐을 만든 후 활동지에 조각을 맞추게 한다거나 활동지에 제시된 그림 색칠하기, 스티커로 수정란의 발달 단계 위치 붙이기, 카드놀이로 원소 기호 배우기, 물질의 상태 변화 카드로 알아보기, 암석 말판 놀이 등을 하거나 모둠별로 교과서의 소주제를 맡아 수업을 준비하고 직접 진행하기도 한다.

작고 쉬운 것이라도 스스로 해낼 수 있는 활동들로 수업을 구성했더니, 학업 성취도가 차이 나는 학생들도 서로 배려하며 함께 배워 나갔고, 교사 혼자 강의식으로 이끄는 수업보다 아이들의 눈이 더 반짝였다. 우리는 배움 중심으로 수업을 진행하면서, 학습자의 배움이 일어나려면 학습지의 발문에 대해 고민하는 것도 중요하다는 것을 깨달았다. 좋은 발문이 있는 좋은 학습지에는 수업에 대한 교사의 철학이 담겨 있다는 것을 느낀다.

"탐구실험2"

준비물 - 쨍구인형, 뜨거운 물, 차가운 물, 장갑, 집게

1) 쨍구인형을 뜨거운 물에 넣는다.
2) 1분정도 뒤에 쨍구인형을 꺼내 차가운 물에 집어넣는다.
3) 차가운 물에서 꺼낸 쨍구인형의 머리 위해 뜨거운 물을 붓는다. 어떻게 되는가?

"탐구정리"

1. 실험의 각 과정에서 쨍구 내부의 공기의 부피는 어떻게 될지 설명해 보자.

과정 1)	과정 2)	과정 3)

"탐구정리"

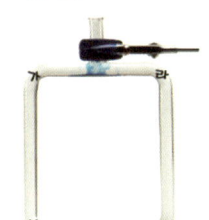

1. 실험에서 열의 이동은 어떻게 일어나는지 설명해 보자.

2. 어떤 이유로 1과 같이 열이 이동하는 것일까?
   1) "나"와 "다" 물 중에서 (①"나", "다")의 온도가 더 높다.
   2) 그러므로 (①"나", "다")의 물이 (②"나", "다")의 물보다 분자 운동이 더 (③   )하다.
   3) 분자운동이 (③   )하면 분자 사이의 거리가 좀 더 (④   )다.
   4) 즉, 분자운동이 (③   )하면 빈공간이 더 많으므로 더 (⑤ 가볍, 무겁)다.
   5) 그러므로 왼쪽 실험에서 물은 (시계, 반시계)방향으로 회전한다.

교육과정 재구성의 힘

변화를 시도했던 혁신학교의 다양한 시도 중에서 가장 의미 있던 경험은 교육과정을 재구성해 본 것이다. 교과서를 순서대로 가르치는 익숙하고 수동적인 틀에서 벗어나 필요하면 순서나 내용에 과감한 변화를 줄 수 있다는 것을 깨닫게 되었다. 다른 교과와 과학 교과의 내용이 연계될 때 교과 간 협의를 통해 비슷한 시기에 함께 배울 수 있도록 수업을 조정했다. 예를 들면, 2학년 국어과의 환경 문제에 관한 논설문 수업이 학기 초에 예정되어 있어 내용을 연결 짓기 위해 과학 5단원 '기권과 우리 생활'을 제일 앞에 배치한다거

나, 1학년 사회 수업에 지진 관련 내용이 나오면, 그 전에 지각의 구조와 운동에 대한 이해를 도울 수 있도록 단원 순서를 앞으로 당겼다.

관련 단원을 묶어 가르치기도 하고, 한 단원 내에서도 필요에 따라 순서나 내용에 변화를 주었으며, 교과서 밖 내용들도 학습 자료로 활용했다. 교육과정 재구성을 통해 교사들 스스로도 자발성을 기를 수 있었고, 그러한 주체성은 수업을 바꿔 내는 원동력이 되었다. 수업에 대한 교사의 유연함과 창의력은 아이들에게 질 높은 가르침과 배움을 일으키는 여러 시도들을 가능하게 했다. 교육과정 재구성을 통해, 학생들에게 다양한 탐구와 실험의 기회를 제공하고 교과 간 통합수업을 성사시키며 학생들의 학습 부담이 줄어드는 효과를 만들어 낼 수 있다.

'삶'이 있는 과학 수업을 꿈꾸다

과학을 배운다는 건 궁극적으로 자연을 통해 '나' 자신을 알아가는 과정이다. 좋은 교육 환경이 마련되어 있다 할지라도, 지식과 자기 삶의 연관성을 느끼지 못한다면 학습 동기와 흥미를 유발하지 못할 것이다. 아이들의 배움이 수업에서 그치고, 자신들의 삶으로 이어지지 않는다면 개인의 성숙과 세상의 변화를 만들어 내기 어렵다. 과학 교사들은 교육과정 재구성, 생태 교육과 과학 수업의 접목 등을 통해 그 해결책을 찾고자 했다. 과학은 어렵고 까다로운 별개의 학문이 아니라, 우리가 살고 있는 자연과 삶 그 자체임을 경험하는 수업, 학생들 스스로가 문제를 발견하며 해결할 수 있는 수업들을 구상하기 위해 노력했다.

봄철 황사 현상과 뉴스에 빈번하게 등장하는 미세먼지 주의보를 대기의 대순환과 연결 지어 수업을 진행했다. 중국에서 발원한 미세먼지의 이동경로 자료를 제시하고 우리가 속한 위도에서의 풍향을 유추하게 했다. 그 다음 차시에서는 다른 위도에서의 다양한 풍향을 제시하고 대기 대순환이 일어나는 원인을 추론하게 하는 수업으로 연결시켰다. 대기 대순환에 의해 전 세계 표층

해류의 순환이 만들어지는데, 마침 3월 셋째 주가 일본 후쿠시마 원전 사고가 일어난 지 3주년이 되는 때여서 대기의 대순환의 지식을 환경 문제로 확장시켰다. 그 시기에 교과 간 통합을 하여 음악 시간에는 원자력 발전에 관한 노래를 배우며 원전 사고에 대해 여러 각도로 생각해 보는 계기를 마련할 수 있었다. 이 단원에서는 늘 일기예보로 수업을 시작했는데, 점점 수업이 진행되면서 학생들은 '비가 왜 오는지' '날씨는 왜 변덕스러운지' 등을 자연스럽게 묻기 시작했다. 운동장에 서서 구름의 모양도 관찰하고, 텃밭과 운동장의 상대 습도를 측정, 비교해 보는 등 교실을 벗어나 나를 둘러싼 환경을 이해하는 데 초점을 둔 수업을 고민해 왔다.

또, 생식이나 임신과 출산에 관한 수업 시간에는 분절적인 지식만을 배우는 것이 아닌 『동의보감』의 의학적 지식을 참고하거나 『여성의 몸 · 여성의 지혜』 한문화, 2000 등에 나오는 내용을 제시하여 학생들의 통합적 사고를 돕고, 텃밭 활동을 통해 배운 땅의 속성과 자신의 몸을 연결 지어 생각하도록 학습지를 구성했다.

또한 학급운영과도 연계한 수업이 가능했다. 학기 초 학급별로 휴대폰 수거

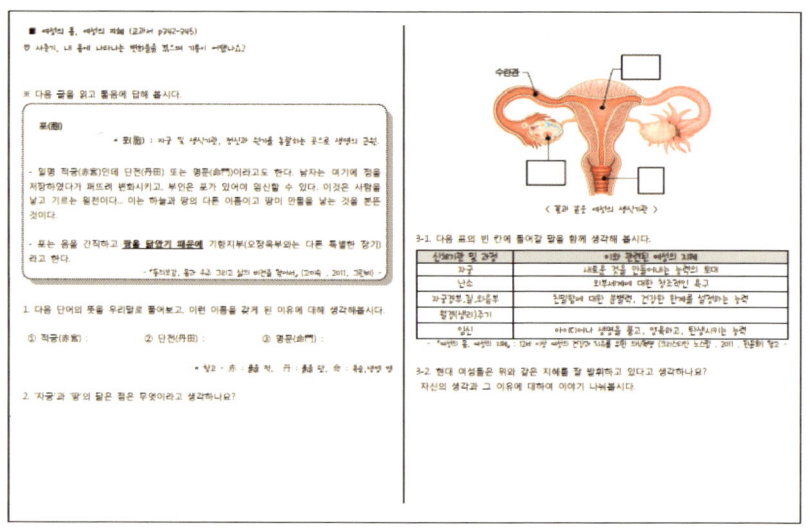

에 관한 학급회의가 한창이던 시기가 있었다. 담임교사들은 학생들의 휴대폰의 장점과 단점에 대한 과학적 정보와 관계에 대한 깊이 있는 고민 없이 회의가 진행되는 것이 우려스러웠다. 학년 교무실에서 이와 같은 고민을 서로 나누다가 휴대폰과 관련한 수업이 필요하다는 결론에 이르렀다. 때마침 1학년 과학에서는 '과학이 미치는 영향'이라는 단원을 마무리하고 있었다. 과학 교사는 휴대폰에 관한 긍정적이고 부정적인 정보와 견해들을 조사하여 관련 학습지를 만들었고 학생들은 그 학습지로 토론 수업을 한 후에 학급회의를 통해 휴대폰 사용에 대한 학급 구성원들의 규칙을 스스로 정했다.

교사들은 함께 수업을 구상함으로써 많은 것을 배우고 나눌 수 있다. 공동체 속에서 우리가 추구해야 하는 삶에 대해 생각하는 수업, 친구들과 의견을 주고받으며 서로 배울 수 있는 수업을 만들고자 노력하고 있다. 죽어 있는 지식이 아니라 살아 있는 배움을 경험하는 우리 학교 학생들은 참으로 복 받은 아이들이다. 이렇게 공부하며 자라난 아이들은 자신들의 생명력과 창조성을 더 잘 발휘하며 생기 넘치는 삶을 살 수 있을 거라고 생각한다.

혼자라면 결코 불가능했을 꿈, 위대한 '동료성'

배움의 공동체 모델을 수업에 적용하면서, 일방적인 지식을 전달하기보다는 아이들 스스로 질문을 찾으며 함께 고민할 수 있는 학습지를 구성하려고 노력해 왔다. 오랫동안 지식 나열식의 학습지를 만들고 활용하는 데 익숙했기에 전에 비해 수업을 고민하는 데 시간이 훨씬 많이 든다. 가끔 이렇게 하는 게 맞나 싶을 때도 있었지만 함께 교육과정을 고민하는 동료들이 있었기에 용기를 낼 수 있었고 지나온 과정에 감사한 마음이 든다.

수업에 대한 변화가 평가에 대한 변화로 이어져야 한다는 의견에 공감하며 사회 및 환경 문제와 관련된 논술형 평가 등 다양한 수행평가를 시도했다. 수행평가 비율을 높이고 지필평가 시행 횟수도 조절하는 등 교사별 평가가 이루어질 수 있는 구조도 만들어 갔다. 실험 보고서에만 머물러 있던 기존의 채점 방식에서 벗어나 과학을 삶에 적용하고 그 변화를 경험하게 하는 수행평가를 시도해 보았다.

감각기관 단원을 마친 후, 우리 감각기관을 피로하게 만드는 디지털 기기를 안 써 보는 아미시 프로젝트(디지털 디톡스, 로그아웃 요일), 자신의 생리주기를 인지하며 호르몬의 변화로 나타나는 자신의 몸과 마음의 변화에 대해 기록하도록 한 것이 그 예이다.

학교 안에서 시도된 다양한 변화와 교육의 확장은 교사로서 소중한 경험이었고 행운이었다. 여전히 부족한 점이 많지만 함께하는 동료 선생님들과 수업을 고민하고 나누는 친구관계로 만나 가며 나의 변화, 그리고 우리의 변화를 꿈꾸려고 한다.

다양한 수업 사례

생활과 수업을 연결시키자 : 핸드폰 사용 관련 수업

1학년부와 연계하여 과학 교과에서 수업을 먼저하고 학급회의를 거쳐 핸드폰에 관한 각 학급 규정을 정했다. 회의를 하기 전에 수업을 통해 핸드폰 사용의 긍정, 부정적인 측면을 배우고 모둠 토론을 하게 되어 유익했다는 학생들의 반응이 있었다.

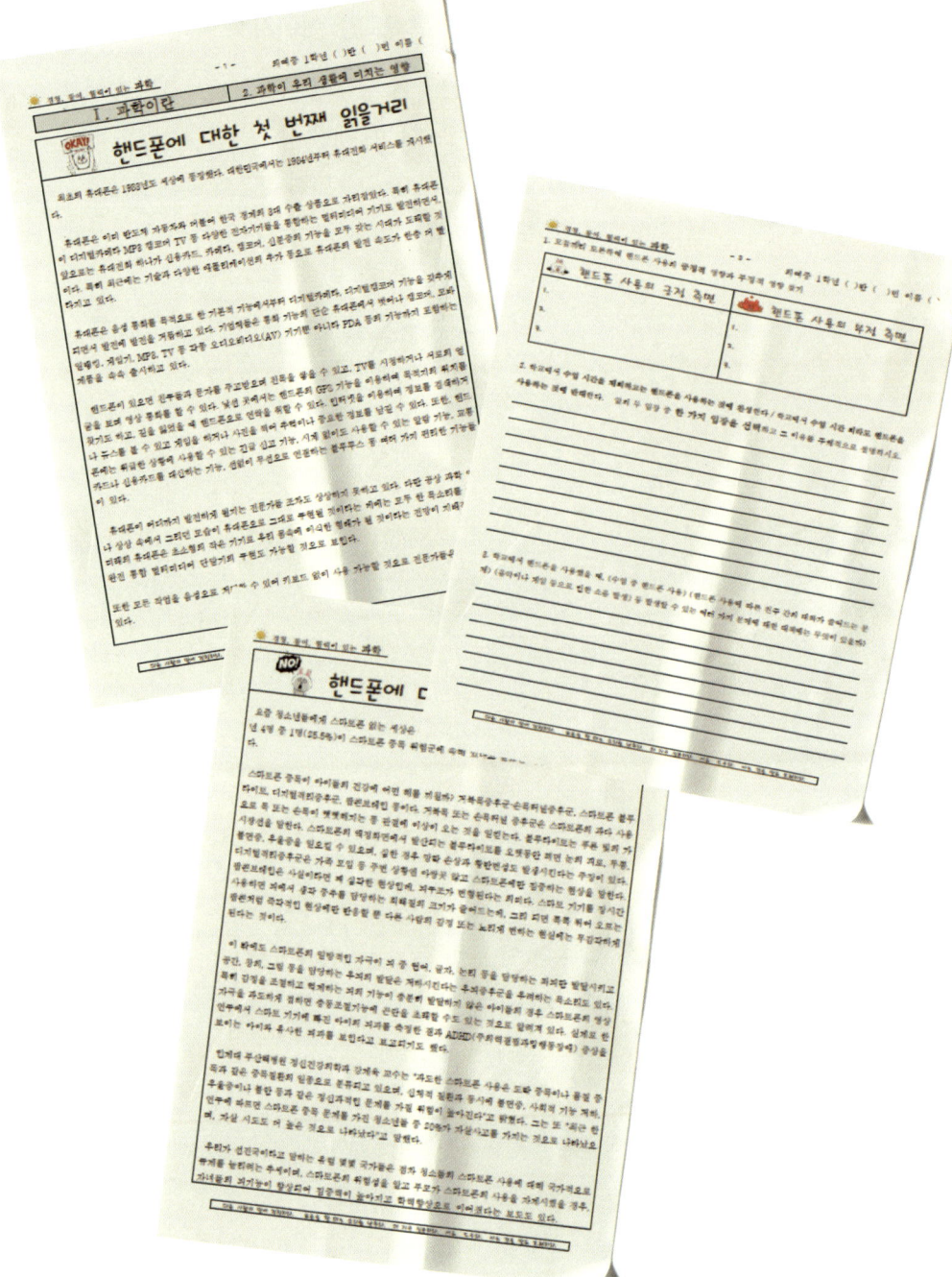

내 몸과 마음을 살피고 변화 시도하기 : 동의보감, 아미시 프로젝트

자극과 반응 단원에서 단순히 시각, 청각에 대한 교과 지식을 습득하는 데에서 그치지 않고 동의보감에 나와 있는 우리 몸에 대한 서술을 살펴보기도 하고, 현대문명으로부터 우리 몸이 받고 있는 자극에 대해 성찰해 보는 수행평가 '지식채널e-아미시 프로젝트' 활용을 진행했다.

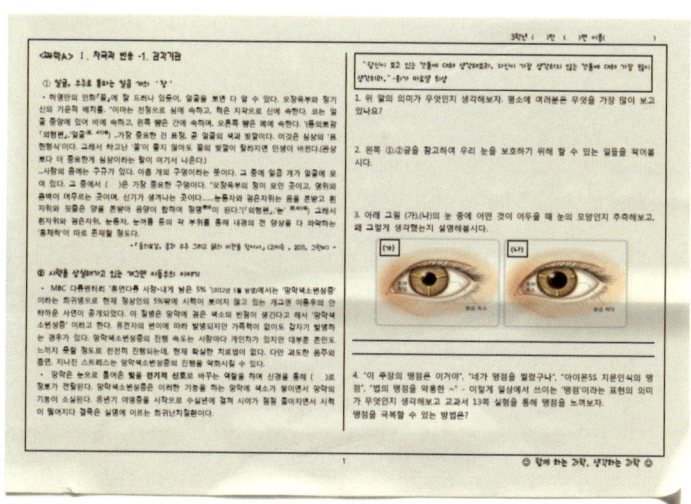

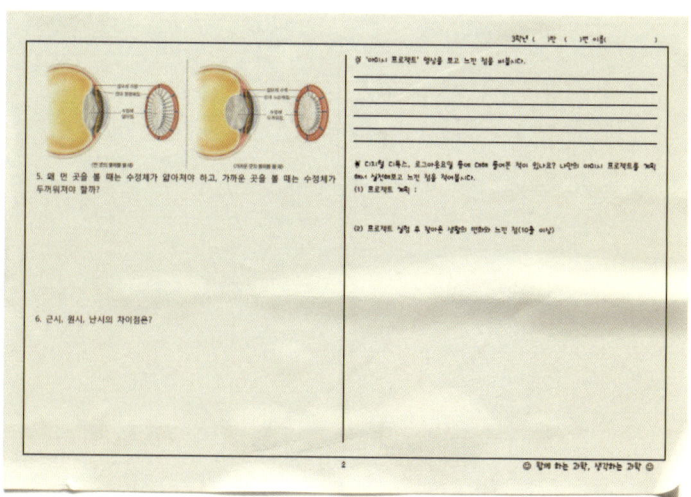

텃밭, 학교 주변 생명들을 수업과 연결 짓기

광합성(4단원) 단원에서 삼투현상에 대해 배우면서 비료를 많이 주었을 때 흙의 농도가 더 진해서 뿌리의 수분이 빠질 수 있어 농사에 해롭다는 결론을 모둠 토론을 통해 이끌어내면서 텃밭 수업과 연계할 수 있었다. 그래서 학생들이 퇴비를 줄 때 뿌리 근처에 주지 않고 작물 주변에 주고 물을 뿌려 간접적으로 스며들게 하고 있고 퇴비를 적절하게 주는 게 생활화 되어 있다. 과학 이론이 실제 체험으로 이어지고 농부가 땅에 씨를 뿌리고 거두기만 하는 직업이 아니라 과학적 지식을 많이 알고 있어야 한다는 걸 느낀 계기가 되었다.

식물 단원을 배울 때 지식에서 그치지 않고 적용해 볼 수 있도록 야외 수업을 통해 학교 텃밭과 교정에 피어 있는 꽃과 나무 등을 관찰하도록 하고, 관찰 능력을 키울 수 있는 세밀화 그리기를 했다. 텃밭에서 수확한 씨앗을 통해 식물의 생식과 발생에 대해 생각해 보고 생명의 순환을 생각할 수 있는 수업과 평가를 진행했다.

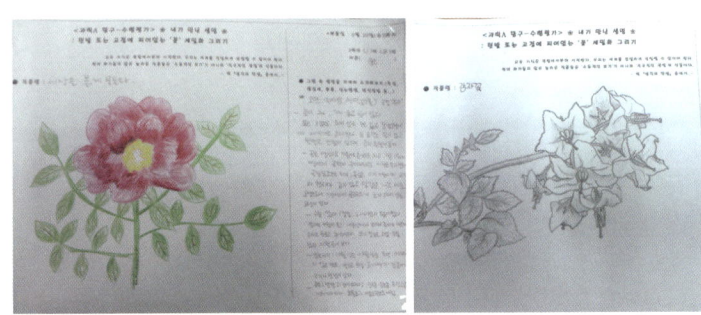

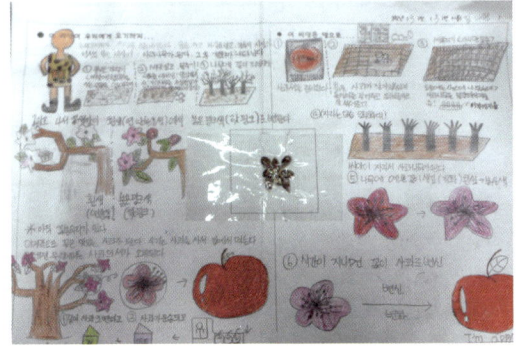

텃밭에서 수확한 농작물로 상추 비빔밥, 겉절이 등을 함께 만들어 먹으며 즐거운 시간을 갖기도 했다. 텃밭 수업을 통해 못 먹던 채소를 먹게 되는 학생들도 있었고, 자연의 소중함을 느끼며 텃밭 가기를 좋아하며 벌레들을 친근하게 느끼게 된 학생들도 많았다. 하늘과 땅의 기운 받은 먹거리를 소중하게 여기고 자신의 몸과 연결 지을 수 있는 배움이 계속해서 이루어져서 생기 있는 과학 수업이 이뤄지길 꿈꿔 본다.

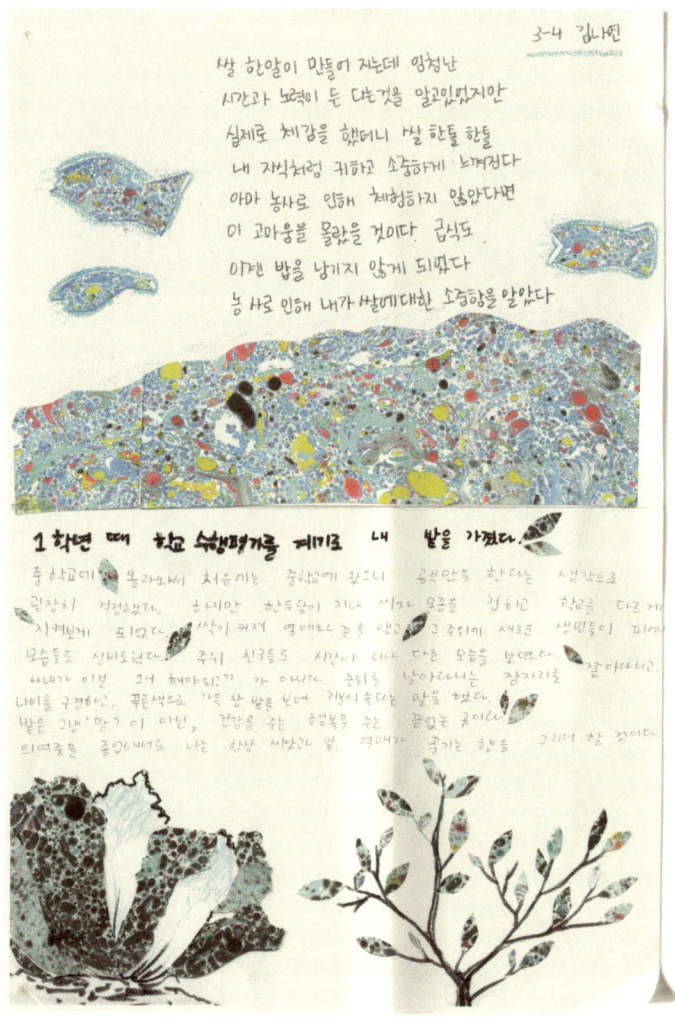

3학년 학생들이 과학 시간에 작성한 글

도덕

생각하는
도덕 수업
만들기

생각하지 않게 만드는 교과서

도덕 수업은 공동체가 지향하는 가치를 내면화고자 하는 목적도 가지고 있지만 또 한편으로는 인류가 지켜야 할 보편적 가치를 유지하기 위해 개인에게 필요한 도덕적 판단 능력을 고양시키는 목적도 가지고 있다. 도덕 교과서는 이 두 가지를 훌륭히 해내기에 부족함이 많다. 특히나 아이들이 비판적 사고를 통해 얻을 수 있는 도덕적 판단 능력을 키워 내기에는 큰 도움이 되지 못했다. 기존의 교과서는 학생들이 생각할 수 있도록 유도하기보다는 오히려 생각할 필요가 없게끔 너무 친절히 기술되어 있기 때문이다. 여러 가지 응용 윤리 문제를 다루지만 이에 대해서 우리들은 어떻게 생각해야 하는지, 어떠한 마음가짐을 가져야 하는지를 교과서는 근거까지 달아 설명해 주고 있다. 그러다 보니 교사들은 교과서의 내용을 전달하기만 하면 되고 아이들은 그 내용을 받아들이고 암기하면 된다. 생각하고 느껴야 할 도덕 수업이 이해하고 외우면 되는 수업이 되어 가고 있는 것이다. 더욱이 이러한 서술 방식이나 현실에 뒤처진 사례들이 아이들의 호기심을 자극할 리 없기에 교사나 아이들이나 도덕 수업을 지루해하기도 한다.

수업을 재미있게 하고 싶은 욕구는 누구에게나 있다. 하지만 그렇게 하려면 수업을 바꾸어야 한다. 교육과정을 바꾸지 않은 상태에서 수업만 바꾼다는 것은 지극히 제한된 범위에서만 가능하다. 기존 진도와 성취 기준 아래 수업의 소재와 수업의 진행 방식 정도만 바꿀 뿐이다. 그러다 보니 교사는 수업의 본질과는 거리가 먼 여러 흥미 위주의 장치나 수업 기술에 관심을 갖게 된다. 그럼에도 교육과정을 바꾸는 것이 쉽지 않은 것은 함께 가르치는 교사와의 소통과 신뢰가 충분하지 않기 때문이다. 자기가 가지고 있던 방식을 내려놓지 않으면서 교육과정과 수업을 새로이 만들어 간다는 것은 불가능에 가깝다. 물론 교사에게 자기가 가지고 있던 방식을 내려놓으라는 것은 쉬운 일이 아니다. 자기 전문성에 대한 부족함을 자인하는 것과 같기 때문이다.

함께하는 고민, 함께하는 수업

하지만 같은 학년에서 함께 도덕을 가르치는 동료 교사를 만났기에 도덕과 교육과정과 도덕 수업을 바꾸는 것은 어렵지 않았다. 오히려 재미있었다. 수업을 바꾸기 위해서 자주 만났다. 학교에서는 바로 옆자리에 앉았다. 우리는 쉬는 시간마다 수업에 대해서 이야기했다. 수업 후 느낌은 어떤지, 아이들 반응은 어떤지에 대해서 이야기를 나누었고 아쉬움이 있는 수업은 바로 수정해서 다시 수업에 적용하기도 했다. 퇴근 후에도 자주 만났다. 일주일에 한 번 이상은 만났다. 집도 도보로 20분 내외의 거리에 있어서 우리는 중간 지점에서 만나 이런 저런 이야기를 나누었다. 그 자리에서 나눈 이야기들이 다음날이면 새로운 프로젝트 수업의 주제와 방식이 되기도 했다. 자주 만났기에 수업에 대한 고민은 깊어졌고 아이디어는 점점 새로워졌다.

혼자였으면 절대 시도조차 하지 못했을 것이다. 기존의 교과 교육과정을 바꾼다는 것은 교사들에게 부담스러울 수밖에 없다. 평가와도 맞물려 있기 때문에 혼자라면 그 부담을 고스란히 책임져야 한다. 또한 혼자였다면 기존에 해 오던 방식대로 하고 싶은 관성의 욕구를 이겨 내기도 쉽지 않았을 것이다.

또한 새로운 수업을 위해 필요한 아이디어를 짜내는 일도 어려웠을 것이다. 새로운 아이디어는 혼자 있을 때보다는 누군가와 대화하는 과정에서 더 많이 생겨나곤 하기 때문이다.

정의란 무엇인가

2013년 여름방학을 맞이하기 전 동료 교사와 다음 학기 수업에 대해서 고민을 나누었다. 우리들은 정말 아이들이 생각하다 지칠 만한 수업, 끊임없이 생각하게 하는 수업을 만들고 싶은 열망에 불타올랐다. 무엇이 옳은지, 무엇이 더 가치로운지, 무엇이 더 인간적인지 생각하고 토론하고 다시 생각하게 하고 싶었다. 그러다 생각난 것이 마이클 샌델 교수의 『정의란 무엇인가』 김영사, 2010 책이다.

경기도교육청에서는 아이들의 비판적 사고력 신장을 위한 창의지성 교육을 이야기하고 있었다. 또한 그 방법 중 하나로 텍스트의 활용을 제안했다. 우리는 『정의란 무엇인가』를 기본 텍스트로 수업을 진행하기로 했다. 다양한 도덕 철학의 사조를 다루고 있으면서도 실제 사례를 중심으로 구성되어 있고, 또한 그 사례들이 읽는 이로 하여금 충분히 고민할 수 있는 것들이기에 아이들에게 수업 자료로 제시하기에 부족함이 없다고 판단했다. 하지만 우리의 도발적인 시도는 여러 가지 해결해야 할 과제를 만들어 냈다.

우선 책에 제시된 사례나 어휘들이 중학교 2학년 아이들이 이해하기에는 쉽지 않았다. 그래서 우리는 사례를 아이들 수준에 맞게 각색하거나 아니면 아예 새로이 만들어서 제시하기로 했다. '정의란 무엇인가' 수업이 진행되는 10주간 우리는 총 57개의 사례를 제시했다. 그 사례들 가운데 몇 개를 제외하고 대부분 새로 만들어 제시했다.

또 하나의 고민은 국가 수준 교육과정과의 적합성 문제였다. 국가 수준 교육과정에서 제시하는 성취 기준과 내용 요소를 어느 하나도 포기하지 않고 수업을 진행하기에는 물리적인 어려움이 있었다. 그리하여 우리는 도덕과 성취 기준 중 다른 교과에서 이미 진행된 내용을 과감히 생략하거나 축소했다.
이에 따라 기술·가정 시간이나 별도의 진로 수업 시간에 진행된 진로 관련 단원을 생략했다. 마찬가지로 기술·가정 시간에 진행된 이성 교제 관련 단원도 빼고, '삶과 종교' 단원은 임종 체험을 중심으로 축소하여 진행했다. 같은 내용이라도 교과별 특성상 성취 기준이 다르게 제시될 수도 있다. 하지만 그 다름으로 인해 해당 내용을 다시 가르치는 것이 오히려 비효율적이고 다른 교과에서 해당 내용을 가르칠 때 도덕과에서 이야기해야 할 도덕적 가치, 자세 및 태도에 대한 내용도 충분히 다루어졌다고 판단했다.
이렇게 확보한 시간을 바탕으로 우리는 2학기에 '정의란 무엇인가' 수업을 한 주에 4시간씩, 10주에 걸쳐 진행할 수 있었다. 진행한 수업도 기존 교육과정의 성취 기준과 최대한 부합시키기 위해 노력했다. 기본적으로 도덕 교과에서 다루어야 하는 응용 윤리에 해당하는 단원, 사회 정의에 해당하는 단원들의 성취 기준을 고려하여 수업의 사례와 발문을 제시했다. 그리고 10주간 '정의란 무엇인가' 수업과 맥을 같이하면서 진행한 글쓰기 과제와 발표 과제의 주제를 최대한 교육과정 성취 기준과 교과서 내용 중 중점 내용을 중심으로 제시했다. 그리하여 혹여나 '정의란 무엇인가' 수업으로 인해 다루지 못할 수 있는 내용은 아이들의 글쓰기나 발표 수업을 통해서 보완하도록 했다.

수업의 구성과 진행

2학년 도덕은 한 주에 5시간이었다. 집중이수제로 인해 벌어진 모습이다. 2013학년도 2학년들은 1학년과 3학년 때는 도덕 수업이 전혀 없다. 오로지 2학년 때 몰아서 배우는 것이다. 5시간 가운데 1시간은 독서 수업이다. 도덕에서 다루는 주제를 바탕으로 교사가 엄선하여 책을 제시하고 학생들은 그 책을 완독하면서 시간마다 과제를 작성하는 수업이다. 나머지 4시간이 '정의란 무엇인가' 수업이다. 그 4시간 중 2시간은 교사가 진행하는 모둠별 수업이고 1시간은 모둠별 수업 내용을 토대로 글쓰기를 진행했다. 이 글쓰기는 수행평가 과제의 일환이다. 또 1시간은 학생들이 개인별로 발표하는 수업이다. 글쓰기와 개인별 발표 수업은 학사 일정이나 학교 행사 등을 고려하여 여유 있게 시간을 확보하기 위해 8주에 걸쳐 진행하기로 했다. 10주간의 흐름은 기본적으로 『정의란 무엇인가』의 흐름과 동일하게 구성했다. 그리고 내용은 아이들이 이해하기 쉬우면서도 책 단원의 중점, 교과서와 연계시킬 수 있는 내용 등을 중심으로 삼았다.

주차별 주제

주	주제	수업 내용	세부 활동	비고
1주	옳은 일하기	• 도덕적 판단과 근거를 통한 도덕 추론 • 정의의 세 가지 기준에 대한 의미 공유	• 철로 딜레마 • 의사의 딜레마 • 가격 폭리(자유 시장 원칙)	모둠 토론
2주	최대 행복 원칙	• 공리주의에 대한 이해 • 최대 다수의 최대 행복 원칙 이해와 적용 • 쾌락의 질적 차이	• 소지품 검사 사례 • 학교 안전바 사례 • 우승 상금의 공리적 사용 • 서양화와 만화의 질적 차이	모둠 토론
3주	자신을 소유하는가	• 자기 신체에 대한 자기 결정권과 도덕적 접근 • 자기 신체 거래에 대한 도덕적 접근	• 두발 자유, 숙제 대행, 담배 구매 대행, 마루타 알바, 원조 교제 • 헌혈, 혈액 거래 • 모발, 골수, 신장 거래 • 자살에 대한 자유	모둠 토론
4주	대리인 고용하기	• 도덕적 의무와 대리인 고용	• 청소의 의무와 대리인 고용 • 대가를 받는 임신 • 외주 임신	모둠 토론
5주	중요한 것은 동기	• 도덕적 동기와 행동 • 공리주의, 자유주의, 의무론 정리	• 동기와 도덕적 행동 • 끌림 동기와 의무 동기 • 교실 청소 사례	모둠 토론
6주	평등 옹호	• 롤즈의 분배 정의 • 무지의 장막 • 최소 수혜자 지원 원칙	• 롤즈의 아이돌 되기 게임	게임학습 모둠토론
7주	소수 집단 우대 정책	• 소수자에 대한 이해 • 보상과 다양성	• 서울대 외국인 전형 • 독립운동, 친일파의 후손 • 무작위 선정 배심원단 • 사회적 배려 대상자 전형	모둠 토론

주	주제			
8주	누가 어떤 자격을 가졌는가	• 아리스토텔레스의 정의 • 목적과 자격	• 응원단의 목적과 자격 • 플룻을 가질 자격 • 외고 입학의 자격 • 학생회장, 가수상, 의사의 자격	모둠 토론
9주	서로에 어떤 의무를 지는가	• 집단의 소속감 • 집단적 의무감 • 연대의식	• 내 가족의 죄와 나의 책임 • 조상의 행위와 나와의 관련 • 일제시대 사죄 배상 • 타 구성원의 행위에 대한 나와의 관련	모둠 토론
10주	정의와 공동선	• 정의의 판단 기준으로서의 미덕과 공동선	• 낙태, 동성혼과 공동선 • 개인적 가치 판단 기준으로서의 정의 • 법, 정책 판단 기준으로서의 정의 • 학원 심야 교습 금지 조례 • 게임 중독법	모둠 토론

글쓰기 주제

주	수업 주제	글쓰기 주제
1주	옳은 일하기	옳은 선택은 무엇인가? – 『정의란 무엇인가』의 아프가니스탄 염소치기 사례 활용
2주	최대 행복 원칙	최대 다수 행복을 위한 판결은 무엇인가? – 『정의란 무엇인가』의 영국 표류 선원 사례 활용
3주	자신을 소유하는가	우리에게 자살할 권리가 있는가? – 자살할 권리가 있다고 주장하는 사람에 대한 반박 근거 찾기
4주	대리인 고용하기	징병제와 모병제 무엇이 옳은가? – 병역에 대한 의무를 대신할 수 있는가?
5주	평등 옹호	돈 많이 버는 사람은 더 많은 세금을 내야 할까? – 사회적인 운은 인정할 수 있는가?
6주	소수 집단 우대 정책	소수 집단 우대 정책 – 다문화 우대 정책에 대한 자신의 생각
7주	누가 어떤 자격을 가졌는가	누가 어떤 자격을 가졌는가 – 학생회의 목적과 학생회장이 갖추어야 할 자격
8주	서로에 어떤 의무를 지는가	소속감과 의무감에 따른 선택 – 의류 구매 기준으로서의 소속감(어떤 옷을 고를 것인가)

발표 주제

주	연번	주제	참고 자료(교과서)
1주	1	인간의 존엄성과 인권	3학년 70~77
	2	부당한 차별	3학년 78~81
	3	정당한 차별	3학년 82~85
2주	4	소수자 보호	3학년 86~92
	5	장애인권 보호	3학년 86~92
	6	동성애자 인권 보호	3학년 86~92
3주	7	비정규직 인권 보호	3학년 86~92
	8	양심적 병역 거부	3학년 86~92
	9	군가산점 필요 여부	3학년 120~121
4주	10	과학과 종교의 관계	3학년 213~214
	11	종교와 도덕의 관계	3학년 216~223
	12	타종교에 대한 태도	3학년 224~230
5주	13	사이버공간과 사생활	1학년 186~191
	14	사이버공간과 재산권	1학년 192~197
	15	사이버공간에서의 표현의 자유와 언어 폭력	1학년 198~203
6주	16	환경 보호와 재산권 보장	1학년 288
	17	미래 세대 환경 소송	1학년 283
	18	동물 대신의 인간 소송과 동물 보호법	1학년 290~291
7주	19	아름다움의 기준	2학년 218~223
	20	외모 지상주의	2학년 224~229, 236~237
	21	예술과 표현의 자유	2학년 246~247, 262~263
8주	22	과학과 도덕적 책임	2학년 270~275
	23	생명공학과 도덕 문제	2학년 276~281, 288~289
	24	낙태와 여성의 권리	2학년 142~143

아이들에게 생각할 기회를 주는 수업

우선 아이들은 적어도 교사가 진행하는 수업 2시간과 글쓰기 수업 1시간, 발표 수업 1시간 동안은 계속 생각하게 된다. 생각하는 힘, 도덕적 판단 능력이나 비판적 사고력을 기를 수 있는 기회를 계속 접하게 되는 것이다. 토론 수업을 하는 동안 접하는 지문과 발문에 대해서 아이들은 자기 입장을 정리해야 하고 다른 친구들과 이야기하게 된다. 차이가 드러나면 그 차이에 대해 생각을 주고받으면서 자기 생각을 다시 정리한다. 또한 아이들이 발표를 준비하면서 필요한 정보를 주체적으로 수집하고 정리하는 과정에서 자기 생각을 전달하는 힘을 기를 수 있다. 발표를 준비하는 아이들은 보통 4~6시간 이상 준비를 한다고 한다. 적어도 그 시간만큼 주도적으로 학습하게 되는 것이다. 발표할 내용에 대한 기본 개념과 주요 내용에 대해서 충분히 숙지해야 한다. 또한 주제와 관련해 논쟁이 되는 사례에 대해 자기 입장을 밝혀야 한다. 그리고 주제와 관련하여 친구들에게 제시할 질문을 준비하게 된다. 이렇게 수업을 준비하는 동안 학생들은 종합적 사고 활동을 주도적으로 하게 된다. 기대하지 않았던 장면도 있었다. 또래 학생들이 발표하는 것이 오히려 수업에 대한 집중력을 높이는 동기로 작용하는 것 같았다. 교사가 수업을 진행할 때에 비해 수업 분위기가 떨어지기는커녕 오히려 더 좋다고 느꼈다.

주제에 대한 2차시 토론 수업을 진행할 때에는 비슷한 주제로 글쓰기 활동을 제시했다. 처음에는 아이들 반응도 나빴고 시간이 지날수록 학급마다 몇몇 아이들이 힘겨워하기도 했다. 아마도 수백 자 이상의 장문을 쓰는 것이 익숙하지 않았기 때문인 듯하다. 하지만 글 쓰는 활동을 통해 교사는 아이들이 얼마만큼 이해하고, 어떻게 생각하는지를 확인할 수 있다. 아이들 역시 종합적인 사고 활동을 하게 된다. 글쓰기 활동만큼 유익한 것도 없다. 그러기에 우리는 아이들의 한숨과 푸념을 뒤로한 채 굳건히 글쓰기 활동을 지속하고 있다.

주마다 1시간씩 진행한 독서 활동도 매우 의미 있었다. 아이들이 힘겨워하지 않을까 염려스럽기도 했지만 대부분 충실히 활동에 참여했다. 자신이 읽고 싶은 책을 읽도록 한 것, 자신과 맞지 않거나 지루하거나 어려우면 언제든지

책을 바꿀 수 있도록 한 것이 도움이 되었다. 독서를 하면서 아이들은 스토리에 몰입하게 되고 제시된 문항에 답하면서 자기와 연결 짓고 세상과 연결 짓는 과정에 임하게 된다. 아이들은 책을 읽는 과정, 문항에 응답하는 과정 내내 계속 생각하게 된다. 생각하고, 토론하고, 글 쓰고, 발표하며 아이들은 스스로 충분히 배우고 있음을 수업 후 설문 조사 결과를 보면 확인할 수 있었다.

이런 수업을 하면서 교사인 나와 동료 교사는 매우 만족스러웠다. 지금까지 그 어떤 도덕 수업보다 아이들이 많이 생각하게 되었고 그 과정에서 무엇이 옳은지, 어떠한 가치가 도덕적인 행동의 기준이 되어야 하는지, 우리는 어떠한 가치를 지향해야 하는지 충분히 나눌 수 있었다. 아이들뿐만 아니라 교사에게도 지금까지 자신이 세상을 마주했던 방식이 과연 정의로웠는지를 돌아볼 수 있는 의미 있는 시간이었다.

대단원	정의란 무엇인가?	참고자료	4장 109~144		2학년 반 번	4-1
주제		대리인 고용하기		이름		

1. 교실 청소는 학생의 의무일까?

> 교실 청소는 학생의 의무처럼 여겨져 왔다. 청소를 제대로 하기 어려운 초등학교 저학년을 제외하고는 고등학교 졸업할 때까지 학교 청소는 그 장소를 이용하는 학생들이 청소를 맡아 왔다. 마치 의무처럼. 담임선생님들은 자기 반 학생들이 한 명의 예외도 없이 모든 학생이 청소를 하도록 계획을 세웠다. 그리고 청소를 하지 않는 학생에게는 학급규칙을 세워 청소를 하는 것보다 더 하기 힘든 벌칙을 적용하였다.
> 그러던 와중에 부잣집 아들 형배는 청소가 너무 하기 싫었다. 특히 자기가 맡은 특별 구역은 혼자 해야 하는데 청소를 다하면 검사를 맡기 위해 기다리는 시간이 너무 싫었다. 그 시간에 집에 빨리 가서 하고 싶은 것을 하고 싶었다. 마침 친한 친구

가 방학 때 여행을 가기 위해 돈을 모으고 있다는 이야기를 들었다. 형배는 그 친구에게 자기 대신 청소를 해 주는 조건으로 한 번에 5천 원을 주겠다는 제안을 하였다. 그 친구는 고민을 하였고 이내 그 제안을 받아들였다. 그리고 이건 둘만의 비밀로 하기로 하였다.

그 친구는 특별 구역 담당 선생님께 이제부터는 자신이 청소 담당으로 바뀌었다고 이야기했다. 그리고 형배 대신에 청소를 해 주었다. 그렇게 한 달이 지났을 무렵 청소 구역 담당 선생님께서 형배네 담임 선생님과 대화하던 중 그 이야기를 우연히 하게 되었고 담임선생님은 형배를 불러 그 상황을 설명해 볼 것을 요구했다.

형배는 "저는 청소하기가 싫었어요. 그런데 그 친구는 돈이 필요했어요. 저와 그 아이는 청소를 해야 하는 의무와 돈을, 서로가 필요한 것을 바꾼 거예요. 청소가 안 된 것도 아니고 어떤 누구에게도 피해를 준 것이 없는데 무엇이 문제인가요?"라며 이야기했다. 교사는 쉽게 입을 뗄 수가 없었다.

- 둘의 거래는 정당한가요? 아무런 문제가 없나요? 이유도 함께 써 주세요.

2-1. 집단적 합의를 통한 방법이면 괜찮을까?

학기 초 선생님께서 반에서 청소를 어떻게 할지 학급회의를 하라고 하시며 교무실로 갔다. 다수의 아이들은 교실 청소가 너무 싫다고 했다. 어떤 아이가 제안을 했다. "우리 반이 40명이니까 백 원씩 모으면 4천 원이야. 그 돈으로 교실 청소하고 싶은 아이 두 명한테 주면 어떨까? 한 명은 쓸고 한 명은 닦고. 보통 청소하는 데 15분 정도 걸리니까 15분에 2천 원이면 시간당 최저임금보다는 높은 거라고. 개인당 하루에 백 원이면 부담이 안 되잖아. 하루에 백 원으로 청소하기 싫은 사람은 자신의 의무를 다한 것이고 또 돈이 급하게 필요한 사람은 돈을 벌어서 좋고. 다 좋은 거 아닌가? 얘들아 어떠니? 의견을 말해 봐."
적지 않은 아이들이 호응을 했다. 어떤 아이들은 고개를 갸우뚱했다. 하지만 반박 의견을 제시하는 아이는 없었다. 그러던 중 어떤 아이가 찬반 투표를 하자고 했다. 반장은 그 제안에 대해서 손을 들어 투표하기로 했다. 투표 결과 25명 정도의 친구들이 찬성하였다. 반장은 의견을 선생님께 전달하였다.

- 개인이 돈을 모아서 청소하고 싶은 아이에게 돈을 주고 청소를 시키도록 하는 방식은 정당한가요? 아무런 문제가 없나요? 이유도 써 주세요.

2-2. 집단적 합의를 통한 방법이면 괜찮을까?

(위 지문과 이어서)

반장의 이야기를 전해 들은 선생님은 구체적인 이유를 말씀하지 않으셨지만 반장에게 그런 결정은 불가하니 다시 논의하라고 하였다. 반장은 다시 교실로 돌아갔다. 선생님의 의견을 반장을 통해 전해 들은 아이들은 볼멘소리를 하였지만 어쩔 수 없이 다시 논의하기로 하였다. 어떤 아이가 다시 제안하였다.
"선생님께서 아마 누구는 청소하고 누구는 청소하지 않아서 그것이 불평등하게 보여서 그러시는 것 같은데 이렇게 하는 건 어떨까? 학교 나오는 날 한 사람당 백 원씩 모으는 것은 똑같은데 그것을 우리 중에 희망자가 하는 것이 아니라 우리 반 학생이 아닌 다른 사람에게 부탁하는 거야. 내 친구 중에 학교를 나오지 않고 알바만 하는 아이가 있는데 당장 돈이 필요하대. 그런데 혼자 청소해도 30분이면 청소하는 거고 30분에 4천 원이면 절대 나쁜 조건이 아니거든. 내 친구한테 카톡으로 물어보니 그 친구도 괜찮다고 했어. 그 친구는 예전에 우리 학교 다니던 아이니까 교복도 있어서 학교 들어오는 데는 문제가 없을 거야. 어떠니 얘들아? 청소 상태가 안 좋으면 그 친구랑 거래를 끊으면 된다고.

아이들은 잠시 조용해졌고 그것에 대해서 이야기 나누기 시작했다. 어떤 아이가 다시 손을 들어 투표하자고 했다. 반장은 아이들에게 손을 들어 의사를 물었다. 투표 결과 25명의 아이들이 찬성하였다. 반장은 다시 선생님께 결정된 사항을 말씀드리려 교무실로 내려갔다.

- 개인이 돈을 모아서 청소하기를 원하는, 우리 반이 아닌 다른 아이에게 돈을 주고 청소를 시키도록 하는 방식은 정당한가요? 아무런 문제가 없나요? 이유도 써 주세요.

3. 만약 여러분이 담임선생님이라고 가정해 봅시다. 여러분은 어떠한 방식으로든 청소의 의무를 돈으로 거래하는 것을 반대합니다. 그렇다면 여러분은 학급의 아이들에게 어떻게 설명할 수 있을까요?

생각해 보기

어떤 군인 모집 방식이 더 좋을까?

한국	미국	프랑스
징병제	자원제	용병제
• 군인 징병 조건에 해당되는 모든 이는 본인의 의사와 상관없이 의무적으로 군 복무를 해야 함 • 개인의 자발적 의사는 존중되지 않음 • 애국심, 국가의 국민으로서의 의무를 강조함	• 국민 중 군인을 희망하는 사람만 모집하여 군대를 운영하고 군인들에게는 그에 상응하는 급여와 복지 혜택을 줌 • 개인의 자발적 의사 존중 • 군인 급여를 감당할 정도의 예산이 확보되어야 함 • 자원자의 애국심 강조	• 국적 여부와 상관없이 희망하는 사람을 모집하여 군대를 운영하고 군인들에게는 그에 상응하는 급여와 복지 혜택을 줌 • 개인의 자발적 의사 존중 • 군인 급여를 감당할 정도의 예산이 확보되어야 함

미술

오감을
표현하는
미술 시간

자신 없고 재미없는 과목에서 벗어나기

예전부터 "저는 미술을 전공했습니다."라는 말을 하면 상대방은 "우와" 하는 감탄사부터 시작해서 "난 어렸을 때 그림 진짜 못 그렸는데"까지 다양한 반응이 연쇄적으로 따라왔다. 처음엔 흔히들 말하듯 뭔가 있어 보이는 시선을 받는 기분이라 좋기도 했지만 언제부터인가 전공자가 아닌 이들에게 미술이란 그만큼 접근하기 어려운 영역으로 여겨져서 나타난 반응이란 생각에 다소 씁쓸한 기분이 들었다.

우리 아이들은 대부분 수학이나 과학 같은 과목을 어려워한다. 그리고 예체능 과목에서는 특히 미술을 힘들어한다. 대부분은 자신이 없기 때문이고, 이 자신감의 상실은 그림을 못 그리는 것에서 비롯된다. 어릴 적의 트라우마와 같은 미술 시간의 기억이 있기 때문일 것이다. 그림을 못 그리는 자신에 대한 실망스러움이거나 친구들에게 놀림을 받았거나 주변에 잘 그리는 친구라도 있으면 괜스레 비교를 하게 되니 소심한 사람은 기분이 더 안 좋아진다. 그렇기에 미술은 자신 없는 과목, 재미없고 못하는 과목이 되어 버린다. 또한 우리나라 입시 위주의 교육과정은 아이들에게 미술이란 과목의 흥미와 중요성마저 빼앗아 버렸다. 주요 과목에 열을 올리는 학생과 부모들, 수능과 대학 입학에 영향을 미치는 점수에서 예체능을 제외시키고 있는 것이다. 심지어 미술대학에서도 대부분 고등학교 때 미술 성적은 보지도 않는다. 이러한 시스템은 학생들로 하여금 미술 시간에 수학 문제집을 몰래 풀거나 영어 단어를 외우는 게 낫다는 생각을 키워 버린다.

이러한 현실 속에서 의정부여중 미술 교사들은 학생들에게 미술은 틀에 얽매이지 않는 재미있고 즐겁게 할 수 있는 과목이며, 실생활과 밀접하게 연결하여 표현할 수 있는 교과임을 인식시키는 한편, 다양한 방법과 재료로 자신을 드러내어 자존감을 높이고, 작품을 완성시키는 과정을 통해 성취감을 느끼게 해 주는 수업을 고민했다. 이를 위해 우리는 다양한 재료를 활용한 수업을 만들고자 하였고 어떠한 형태를 명확하게 나타내기보다는 자신의 생각과 표현을 먼저 자유롭게 표현할 수 있도록 열어 두는 것에 목적을 두었다. 또한 교실을 활용하여 미술과 생활을 연결 지어 미술 활동의 영역을 넓히고 명화 감상을 직접적으로 체험함으로써 미술과의 거리를 좁힐 수 있도록 했다. 이러한 시도는 학생들에게 특정한 대상이나 상상한 무언가를 그리거나 만들어 내는 데서 오는 불안감에서 벗어나, 미술 영역 안에서 자신이 할 수 있는 무언가가 있다는 자신감을 키워 주는 출발점이 되어 주었다.

유리창 꾸미기 2013년 2학년 수업

유리창 꾸미기 작업 모습

유리창 꾸미기 학생 작품

유리창 꾸미기 수업은 모둠별로 주제를 협의하여 교실과 복도의 유리창에 페인트 마커를 활용하여 아이들이 서로 소통하여 교실 분위기와 주제에 맞게 유리창을 아름답게 꾸미는 활동이다. 미술과 생활을 연결하고 학생과 학생, 학생과 교사, 학생과 미술 간의 소통에 중심을 두었다. 또한 활동 영역을 넓히고 미술 활동을 통한 표현의 즐거움을 바탕으로 모둠별로 소통하며 서로 간의 배려를 익히고 자신의 작품이 학교 교실 환경의 영향을 준다는 것을 통해 자존감을 높여 줄 수 있는 활동이 되도록 이끌었다.

수업의 성찰

미술을 생각할 때 아이들은 대부분 사각형의 프레임 안에 있는 '작품'만 생각하기 쉽다. 유리창 꾸미기 작업은 아이들에게 미술과 생활을 연결한 수업으로 의미가 있다. 학교에서 미술 작품을 완성하면 잘 망가지거나 완성도가 높지 않아 아이들이 가져가기도 싫어하고, 갖고 싶어도 딱히 걸어 둘 곳이 없어 버리는 경우가 많다. 그러나 유리창 꾸미기 활동은 아이들이 교실 유리창에 자기 작품을 표현하여 따로 어딘가에 전시할 필요도 없을 뿐만 아니라 날마다 감상할 수 있어 뿌듯해했다. 실제로 학년이 올라갈 때 다음 학년 아이들이 이 수업을 하면 자신들의 작품이 지워진다며 걱정을 하기도 했다. 또한 작품에 낙서를 하지 않게 되면서 작품에 대한 소중함을 깨닫고 여럿이 한정된 유리창을 꾸밈으로써 자연스럽게 서로 소통하는 분위기가 형성되었다. 기존에 사용하던 물감이나 사인펜 같은 일반 재료가 아닌 페인트 마커를 이용하여 표현해 봄으로써 새로운 표현 방법의 즐거움을 발견하게 되었다. 그러나 교실에 낙서하지 않는 대신 이동 수업을 할 때 페인트 마커를 가져가 책상이나 창틀에 낙서를 하는 학생들이 있어서 재료에 대한 올바른 사용 지도가 필요했다. 주제에 대한 깊이가 부족해 다소 완성도와 연결성이 떨어지는 측면도 있었다. 이 부분은 다른 교과와의 연계를 통해 보완할 방법을 고민하고 있다.

오감의 표현 2013년 2학년 수업, 2014학년 1학년 수업

오감의 표현은 다섯 가지 감각 후각, 시각, 청각, 촉각, 미각을 자신의 느낌과 경험을 바탕으로 다양한 색상과 자유로운 방식으로 각각 표현해 본 후 하나의 작품으로 구성해 보는 수업이다. 이 수업은 다양한 재료와 방법을 활용하여 감각을 시각화하여 표현하기와 다양하고 자유로운 표현 방법 발견하기, 미술 활동을 통한 개성 있는 이미지 만들기, 기존의 틀 깨뜨리기에 중점을 두었다. 우리 아이들에게 미술 시간에 표현할 수 있는 재료에 대해 물으면, 색연필, 물감, 사인펜, 매직, 크레파스 같이 단순하면서도 초등학교 때 자주 사용하던 재료들을 대답한다. 이러한 아이들을 위해 첫 오리엔테이션 시간에 다양한 표현 방법의 예시를 보여 주었다. 주로 현대 미술 작가의 작품들로 형상이 없고 자유로운 추상화 위주로 잭슨 폴락 Jackson Pollock 의 액션 페인팅, 마크 로스코 Mark Rothko 의 색면 추상, 장 뒤뷔페 Jean Dubuffet 등의 작품을 보여 주었으며, 하나의 작품으로 구성하는 요소에서는 프랭크 스텔라 Frank Stella 의 작품을 예시 자료로 제공했다. 처음부터 기법과 형상을 정확하게 묘사하는 방법을 택하면 아이들이 거부감을 느낄 것 같아 현대 작품을 선택했다. 또한 다양하게 표현하기를 설명하면서 무엇을 표현하든 자신이 그림을 그리면서 그날의 감정이나 느낌을 함께 표현하는 것도 좋다는 것을 설명해 주었다.

오감의 표현으로 첫 작업은 청각 수업이었다. 아이들에게 다양한 음악을 듣고 떠오르는 느낌이나 상상하는 이미지, 혹은 감정을 자유롭게 표현하도록 했다. 음악은 평소 가요에만 익숙한 우리 아이들에게 클래식, 재즈, 영화 OST 등 다양한 분야의 음악을 들려주었다. 아이들은 음악을 듣고 잭슨 폴록처럼 물감을 뿌리거나 음악을 듣고 느껴지는 색깔을 선정하여 붓으로 찍기도 하였으며, 파일집의 비닐을 뜯어 물감을 짜서 도화지 위에 다양한 질감을 나타내기도 했다. 손바닥을 찍거나 크레파스를 문질러 다양한 색깔로 화면을 채우는 학생도 있었다. 너무나도 다양한 방식을 통해 스스로의 감정이나 느낌을 색과 질감 등 다양한 방식으로 표현하여 놀라웠다. 또한 아이들은 생소한 재즈음악에 리듬을 타기도 했으며 음악을 듣고 두 남녀의 사랑 이야기, 혹은 춤추는 여자, 공포영화의 한 장면과 같은 상상을 하며 친구들과 대화를 나누기도 했다.

오감의 표현–청각 : 학생 작품1

오감의 표현–청각 : 학생 작품2

오감의 표현 두 번째 수업은 시각 수업이었다. 시각 수업은 야외에서 진행했다. 아이들이 휴대폰을 이용하여 학교의 다양한 자연물을 사진 촬영한 후 교실로 돌아와 그림을 그려 보는 작업이었다. 학교 안의 다양한 꽃과 나무, 잎사귀들의 잎맥을 확대하여 관찰하였으며, 촬영한 사진을 보며 똑같이 그림을 그리거나 형태의 변형이나 색감, 재료 등 제약을 두지 않은 다양한 방법으로 표현할 수 있도록 했다. 나무를 찍은 학생은 도화지 전체에 나무껍질을 표현했는데 우리가 생각하는 갈색이 아닌 다양한 색깔을 사용하여 자신이 그날 느낀 감정과 함께 나무를 표현했다. 하루는 비가 오는 날 우산을 쓰고 나간 학급이 있었는데 운동장과 구령대에 등장한 달팽이를 신기하다는 듯이 손으로 툭툭 쳐 보기도 하고 풀잎에 올려 교실로 가져가 키우기도 했다. 몇몇 아이들은 달팽이를 변형된 모양으로 표현했다.

오감의 표현 세 번째 수업은 후각 수업으로, 커피숍의 테이크아웃 컵을 활용하여 다양함 냄새가 나는 액체들을 담아 모둠별로 진행했다. 종류는 까나리액젓, 후추, 바닐라 향, 아카시아 향, 커피 향을 넣었고 이 역시 다양한 방법으로 표현할 수 있도록 했다.(2014학년 1학년에서는 참기름, 향수, 바디로션, 페브

오감의 표현-시각 : 학생 작품1   오감의 표현-시각 : 학생 작품2   오감의 표현-시각 : 학생 작품3

리즈, 공기 정화제를 이용했다.) 몇몇 아이들은 까나리 액젓 냄새를 맡고는 연신 토할 듯이 헛구역질을 하기도 했다. 이는 토사물을 그려 낸 작품으로 이어졌고 생선이 날아다니거나 쓰레기봉투, 발 냄새처럼 지독한 냄새를 풍기는 사물을 등장시켜 도화지에 표현했다. 아이들의 상상 속에 등장하는 외계 생명체들이 등장하기도 했다.

오감의 표현 네 번째 수업은 미각 수업으로 다양한 맛을 보는 것이었다. 이 수업은 학급별로 맛에 조금씩 변화를 주어 진행했다. 맛이 다른 젤리를 준비하여 4가지의 맛을 먹거나 학급별로 생강 젤리, 설탕물, 소금물 등 다양한 맛을 학급별로 맛을 보게 한 뒤 그 맛에 대한 느낌을 표현할 수 있게 했다. 역시 어떠한 제약도 두지 않았다.(2014년 1학년 수업에서는 텃밭에서 키운 작물을 활용한 음식을 만들어 먹고 그 맛을 표현했다.) 아이들이 가장 싫어한 맛은 생강 젤리였다. 생강 젤리를 먹은 친구들은 그 맛을 보고 울기도 했는데, 표현은 아주 다양했다. 우는 아이를 그린 학생도 있었고 입에서 불이 나오거나 녹아내리는 그림을 그린 학생들도 있었다.

다섯 번째 오감의 표현 수업은 촉각 수업이었다. 촉각 수업은 아이들이 가장 무서워하면서도 흥미로워한 수업으로 밖에서 보이지 않는 상자를 준비하여 손만 넣어 촉각으로만 내용물을 확인할 수 있도록 한 수업이다. 보이지 않는 공포 속에서 아이들은 두려움을 느끼면서도 촉각에 집중했다. 가장 예민하게

오감의 표현- 후각 : 학생 작품   오감의 표현- 미각 : 학생 작품

반응하면서도 관심도가 높았다. 이 또한 각자 만진 느낌을 준비한 종이에 다양한 재료를 활용하여 표현하였으며 마지막에는 오늘 만진 물체가 무엇이었는지를 보여 주며 마무리했다. (사용한 재료는 액체 괴물, 올챙이 알, 실리콘 마사지 볼, 홍합, 노끈, 해바라기, 돌기가 있는 마른 걸레) 촉각 수업은 다양한 재료를 가장 많이 사용한 수업이었다. 아이들은 털실을 사용하거나 색종이, 은박지, 샤프심, 솜 등 다양한 재료에 물감을 묻히기도 하며 자신이 손으로 만진 느낌을 여러 가지 재료를 통해 표현했다.

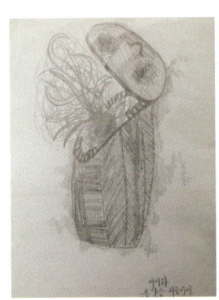  

오감의 표현-촉각   오감의 표현-촉각   오감의 표현-촉각
 : 학생 작품1   : 학생 작품2   : 학생 작품3

마지막 오감의 표현 수업은 각각 완성한 다섯 가지의 감각을 하나의 작품으로 구성해 보는 것이다. 오리엔테이션에 보여 준 프랭크 스텔라의 작품과 같이 자르고 붙이는 작업을 통해 기존의 평면 작업을 입체 작업으로 완성해도 되고 사각형의 그림을 다양한 모양으로 잘라 내는 것도 가능하다. 또한 도화지의 화면을 벗어나 보기도 하며 다양하게 표현하는 시간을 통해 틀을 깨는 자신만의 개성 있는 작품을 완성해 보는 것으로 마무리했다.

오감의 표현 완성작-학생 작품1   오감의 표현 완성작-학생 작품2

오감의 표현 완성작-학생 작품3   오감의 표현 완성작-학생 작품4

수업의 성찰

학기 초 아이들에게 잘 그리고 못 그리는 것이 중요한 것이 아니라 미술에 대한 재미와 즐거움을 먼저 알고 표현하는 즐거움을 느끼게 해 주고 싶었다. 오감의 표현은 내게도 학생들과 재미있게 소통하고 즐거운 마음으로 임할 수 있던 수업 가운데 하나였다. 수업을 진행하면서 아이들은 부담을 느끼지 않은 탓인지 갇혀 있는 느낌에서 벗어나 보였다. 청각에서 시각으로 넘어가고, 다른 감각으로 계속 넘어갈 때마다 표현력은 점점 발전되어 갔다. 어느덧 아이들은 입술에 바르는 틴트, 털실, 신문지처럼 내가 말하지 않은 다양한 재료들을 활용하기 시작했다. 또한 우리가 원하던 자유로운 표현에 따른 학생 개개인의 개성이 작품에 나타났고, 나아가 아이들 스스로 자기 작품과 주변 친구들과의 작품을 비교하며 수업 태도에 대해 반성하는 모습을 보이기도 했다.

이렇게 만족스러운 부분이 있는 반면 평가 부분에서는 평가 기준과 평가 요소에 대한 모호성으로 다소 어려움이 있었다. 또 아이들의 성향에 따라 작품의 수준과 완성도 면에서 차이도 컸다. 창의성이 뛰어나고 재치 있는 학생들이 많은 학년에서는 다양하고 실험적인 시도를 통해 화면을 풍부하게 채우며 완성도 높은 작품을 만드는 반면, 성적에 예민하고 창의성이 다소 부족한 학생들이 많은 학년에서는 다양한 재료와 작품을 소개해도 한정된 재료를 사용하며 완성도가 다소 낮은 작품을 만들어 냈다.

자유로운 표현 방식을 불편해하는 아이들도 있었다. 자유로운 것을 원하던 아이들은 답답하던 틀을 걷어 내자 신이 나서 자신이 원하는 방식대로 거부감 없이 표현했지만 틀을 통해 원하는 것을 채우는 방식에 익숙한 아이들은 자유롭게 표현하는 데 어려움과 거부감을 느끼며 힘들어했다. 이러한 부분은 앞으로 수업에서 어떻게 수정하고 보완할지 고민해야 할 점이다.

명화 재해석 2012년~2013년 2학년 수업, 2014학년 1학년 수업

명화 재해석하기는 명화를 활용하여 학생들이 모둠별로 서로 소통하며 명화에 필요한 소품들을 준비하여 다양한 방식으로 재해석하여 표현해 보는 수업이다. 보는 감상에서 체험하는 감상을 통해 창의적인 재해석과 미술 재료에서 탈피한 다양한 소품 및 재료를 활용해 보는 시간에 의미를 두었다. 모둠별로 명화를 정하고 다양한 의견이 나왔는데, 한 학급에서는 마네의 '풀밭 위의 점심식사'를 불법 도박하는 사람들로 묘사하여 그에 맞는 의상과 화투를 준비하였고, 그림 속 배경에 등장하는 한 여성을 경찰로 묘사하기도 했다. 또한

명화 재해석하기 – 풀밭 위의 점심식사

미켈란젤로의 '아담의 창조'의 경우 아담을 유명 아이돌의 한 사람으로, 하나님과 천사들을 아이돌을 좋아하는 팬으로 묘사하여 절묘한 재해석을 보여 준 아이들도 있었다.

수업의 성찰

명화 재해석은 모둠 안에서 서로가 배려하는 모습이 돋보인 수업이었다. 불편한 역할을 맡은 친구를 배려하며 격려하는 모습도 보여 주었다. 또한 모둠에서 소외된 친구들도 함께 참여할 수 있는 수업이었다. 감상하는 미술 교육에서 벗어나 실제로 아이들이 명화를 재구성하다 사물함 속에만 '모셔' 두던 미술 책을 펼쳐 보게 되었고 책 속의 미술 작품을 자세히 관찰하는 모습을 볼 수 있었다. 그러나 모둠별로 의상, 소품 등과 같은 준비도에 따른 결과물 차이가 커서 아쉬움도 남는다.

체육

여학생들의
참여도를
높이는
체육 수업

여학생들의 체육 수업 참여, 어떻게 높일까

여학생들로만 구성된 체육 시간. 수업이 가능할까에 대한 고민이 앞섰다. 지금까지 남녀 공학에서만 체육 수업을 해 온 경험을 되돌아봤을 때 체육 수업은 남학생들의 주도로 이루어져 왔다. 적극적으로 수업에 참여하는 여학생들도 있었지만, 여학생들의 활동성보다는 남학생들의 활동성이 더욱 두드러지다 보니 두 성별의 균형점을 찾아 수업하는 것이 매년 어려운 숙제였다. 의정부여중에 와서 여학생들만의 체육 수업을 고민하다 보니 어떻게 수업을 구성해야 할지 몰라 막막함과 걱정이 밀려들었다. 이러한 고민에서 출발한 교육과정 재구성의 핵심은 "여학생들의 자발적인 신체 활동이 가능하도록 체육 수업 재구성하기"이다.

표현 활동을 중심으로 한 체육 수업

체육 교과의 교육 목표와 학교 교육 목표의 통합을 고려하면서도 배움의 주체가 학생들이 될 수 있도록 표현 활동 수업을 했다. 1학년은 맨손 체조, 2학년은 꾸미기 체조, 3학년은 에어로빅으로 기본 동작을 배운 후, 모둠별 창작 활동을 통해 배움이 점프될 수 있도록 재구성한 수업이다. 수업 시기를 의도적으로 학기 초에 배치하여 새 학기 관계 맺기의 어려움을 극복하려고 시도했고, 수업을 통해 자연스럽게 학생들 사이가 친밀해지도록 하는 데 도움을 주고자 했다. 또한 음악을 활용하다 보니 아이들은 매우 즐거워하며 신체 활동에 적극적으로 참여하게 되었다. 하지만 모둠 활동 과정에서 의견 조율이 잘 이루어지지 않으면 학기 초 관계 맺기가 더욱 힘들어지기도 하고, 모둠별 창작 과정에서 속도 차이가 생기자 수업 진행이 어려워지기도 했다. 이런 상황에서 교사의 개입이 빈번해지면서 창작 활동을 방해하기도 했다. 교사에게는 학생 스스로 배움이 일어날 수 있도록 답답해도 참고 기다려 주는 인내가 필요하고 스스로 개입을 최소화하도록 노력해야 함을 깨닫게 해 준 수업이다.

체육 수업이 수업 안에서만 끝나는 것이 아닌 문화 예술적 소양 능력을 증대시키는 데 도움이 될 방법을 찾기도 했다. 2013년에는 스피드스택스를 활용한 컵타 수업을 했다. 컵을 이용하여 기본 박자를 변형하면서 몸의 움직임까지 함께 표현하도록 한 수업으로 모둠별 창작 표현 활동에서 그치는 것이 아니라 2학기 말 문화 예술 주간에 반 전체가 컵타 작품을 만들어 무대에서 발표해 보는 행사까지 확대해 보았다. 반 전체가 일치된 동작을 만들기 위해 학생들은 연습하는 데 많은 시간을 들였고, 그 과정에서 의견 차이를 좁히기 위해 소통의 과정을 가졌다. 다른 교과 시간에 두각을 보이지 않던 학생이 책임감 있게 학급을 이끌면서 학교 생활에 자신감을 보이기도 했다. 다양한 학생들의 능력과 창의성을 보여 주기에 학년부의 적극적인 지원이 아니었다면 어려웠을 행사였다. 적극적인 지원과 관심이 학생들의 교육 활동을 풍요롭게 만들 수 있으며 체육에서의 표현 활동의 가치와 의미를 재해석하는 계기가 되었다. 자발적인 교사의 움직임이 기본이 되어야 하지만 학생들을 믿고 다양한 체육 활동에 참여할 수 있도록 격려해 준다면 여학생들이 가지고 있는 체육 수업에 대한 시선과 생각에 변화를 가져올 것이다.

'착한 스포츠'로 공동체 의식 높이기

경쟁 활동에 속하는 구기 종목을 수업 시간에 배운 후 학년별 체육대회 종목으로 연결하도록 수업을 구성했다. 2013년에는 학급 대항 경기를 하다가 승부에 집착한 나머지 상대방을 비하하는 매너 없는 행동이 문제가 되었다. 하여 2014년에는 올바른 스포츠 정신을 발휘할 수 있도록 교육과정을 재구성해야 한다는 의견이 모아졌고, 공동체 의식을 실현할 수 있는 리더십과 팔로우십, 페어플레이를 실천할 수 있는 방안들을 수업에서 실현해 보고자 했다.

가장 먼저 시작한 것은 학생들 스스로 수업의 주체가 될 수 있도록 학생들에게 많은 역할과 권한을 주었다. 모둠을 구성하는 것에서 선수, 심판, 경기 운영원 등 다양한 역할을 경험하게 함으로써 경기 운영 능력이 매우 높아졌다. 단순히 기능 향상만이 아니라 경쟁 상황에서 발생되는 문제들을 스스로 해결하려는 의지가 생겼다. 특히, 경기 능력이 떨어지는 친구를 참여하도록 도와주는 행동이나 경기 중 매너 없는 행동을 제지하도록 하는 분위기가 자연스럽게 만들어졌다. 또한 반별 구기 종목 예선 과정에서 올바른 스포츠 정신이 많이 발휘되어 학급 담임들이 학생들을 격려하고 칭찬해 주기도 했다.

같은 교과 교사와의 소통도 매우 중요한 부분으로 수업 상황마다 예상치 못한 문제들이 발생할 때면 정해진 협의회 시간이 아니어도 쉬는 시간 등을 이용하여 지속적으로 협의 과정을 거쳤다. 교사의 민감한 대응은 모둠원을 지속적으로 변화시켜 경기하도록 하며, 배움에서 소외되는 친구들이 없도록 적정한 경기 참여 인원수를 조절하고, 모둠 리더 역할을 하는 학생과 팔로우 역할을 하는 친구들이 협력해서 경기 전략을 세울 수 있도록 회의 시간을 갖도록 했다. 하지만 페어플레이를 실천하도록 했던 다른 수업에서는 교과 재구성의 실효를 거두지 못했다. 의도적으로 학급 대항 경기 상황 안에서 학생들이 페어플레이 항목을 실천하도록 계획하였으나 학교 일정이 변경되거나 다른 수업 내용의 진도가 늦어지면서 학생들의 페어플레이에 대한 깊은 사고와 행동을 이끌어 내기 어려웠다.

학기 말 지필고사를 대비한 이론 수업에서 페어플레이 정신이 발휘된 다양한 경기 상황을 학생들에게 영상으로 보여 주고 생각해 볼 수 있도록 학습지를 이용한 수업을 했지만 실제 체육 수업 상황에서 이루어진 내용이 아니었기에 이분화된 수업이 된 것 같아 아쉬움이 많이 남는다. 학교 교육 철학과 학년 교육과정 그리고 교과의 교육 목표가 어우러지게 교과 교육과정을 재구성하는 과정에서 새로운 수업을 시도해 보려 했지만 의욕만으로는 부족했다. 시행착오를 겪으면서 학기별 교과 평가회 과정을 통해 잘된 점과 부족한 점을 평가해 보고 부족한 부분을 보완하기 위한 노력과 고민이 필수적으로 실행되어야 할 것이다.

혼자보다 여럿이 함께하는 수업 활동

개인의 삶에서 건강을 유지하고 증진하는 일은 매우 중요한 요소이기에 건강 활동 수업이 전 학년에 걸쳐 이루어지고 있다. PAPS 결과를 토대로 개인별 건강 평가지를 배부하여 본인의 건강 상태를 종합적으로 확인한 후 부족한 체력 요소를 증가시키기 위한 운동 처방 프로그램을 작성하는 방법을 배우고, 비교적 여유로운 방학을 이용하여 실천하도록 수업을 진행했다.

건강 평가지를 받은 학생들은 체력 기르기의 필요성에 대해 인식하고 운동을 해야겠다는 마음을 가지도록 만든 계기가 되었지만 실제로 실천 후 작성토록 한 활동 보고서 내용에서는 개인차가 심했다. 실천 후 소감이나 활동 내용이 구체적이고 좋은 경험으로 느낀 학생들도 있었지만 더운 여름철에 운동을 하는 것이 귀찮고 힘들었다고 호소하는 학생들도 있었다. 좋은 경험이나 힘든 경험 모두 가치 있는 활동이지만 아예 실천하지 않고 활동 보고서를 작성하지 않은 학생들에게는 어떤 도움을 줄 수 있을지 막막했다. 그래서 2014년에는 좀 더 과제를 세분화하고, 구체적인 활동 방안을 개인별로 안내했지만 실효성을 확인하기에는 시간이 필요할 듯하다.

여학생들은 혼자 무엇을 하기보다 친구와 함께하는 활동을 좋아한다. 그렇기에 소수 인원이지만 함께할 수 있는 체육 활동으로 언제 어디서든지 참여가 용의한 플라잉디스크와 배드민턴 여가 활동 수업을 진행했다. 플라잉디스크를 활용한 얼티미트 경기나 디스크 골프 등은 뉴스포츠 종목으로 학생들은 높은 관심을 보이며 쉽게 배울 수 있었다. 또 배드민턴 수업은 복식 경기로 반 전체 학생들이 리그전으로 경기를 해 봄으로써 수업을 진행할 수 있도록 적극적으로 활동에 참여하면서 자율적인 수업 분위기를 만들었다. 하지만 학교 체육으로서만이 아닌 여가 활동으로 자리매김하기 위해서는 지속적으로 여가 활동에 참여할 수 있는 지원이 필요하다.

더 이상 성별이 문제되지 않는 수업

의정부여중에서 체육 수업을 하면서 가장 크게 변화된 것은 나 자신인 듯하다. 이전에는 수업의 중심이 교사였다면 많은 부분이 학생 중심으로 이루어지고 있다. 배움의 공동체 수업을 지향하면서 연수를 듣고, 다양한 수업을 참관하고, 내 수업을 공개하면서 교사 성찰의 중요성을 인식하게 된 것이다. 비록 수업이 의도한 대로 이루어지지 않기도 하고, 되돌아보기 과정에서 부끄럽고 후회되는 일도 많았지만 이전까지 제대로 고민해 보지 않았던 내 수업 들여다보기가 의정부여중이라는 혁신학교 안에서 자연스럽게 이루어지면서 변화가 가능해진 것이다. 특히, 다양한 수업을 해 볼 수 있도록 도와주는 동료성이 구축되지 않았다면 힘들었을 것이다. 여학생 중심의 체육 수업에 대한 걱정과 두려움은 성별이 문제가 되지 않음을 깨달았다. 두려움을 느낄 수밖에 없었던 부족한 교사로서의 자리에 있는 나의 문제였던 것이다. 수업은 학생 중심으로 이루어져야 하며, 교사가 준비한 다양한 활동이 학생들의 자발적 의지를 일으키도록 디자인 되어야 한다. 끊임없는 격려와 기다림을 바탕으로 학생들을 믿는다면 아이들은 내가 생각지 못하는 역량 이상으로 성장할 수 있다. 우리 학교는 체육여중 같다던 아이들의 표현이 떠오른다. 자유롭게 신체 활동을 표현할 수 있는 학교 문화를 중심으로 체육의 가치가 실현될 수 있도록 더욱 노력하고 싶다.

영어  삶을 읽어 내는
영어 교육

영어를 잘하면 행복해질까

유치원이 아닌 뱃속에서부터 영어 조기 교육이 시작되고, 집집마다 매년 많은 사교육비를 영어 교육에 쏟아 붓고 있음에도 불구하고 우리나라 많은 이들은 스스로의 영어 실력에 대해 부족함을 느끼고 심지어 부끄러워하기까지 한다. 이러한 영어 광풍 속에서 영어 공교육의 모습도 방향을 못 잡고 길을 잃고 불안해하고 있는 것이 지금 우리의 현실이다. 학생들 간의 엄청난 수준차, 잘하고 싶지만 재미있지는 않은 영어, 게다가 아이들의 삶과 동떨어져 있는 교과서는 학습 동기를 더욱 떨어뜨리고 있다. 특히 영어에 대한 다양한 노출 경험이 부족하고, 경제적 빈곤과 가정 내에서 여러 어려움을 겪는 학생들에게는 세계화라는 이름 아래 점점 더 불공정한 질서(차별과 불평등, 경쟁의 원리)로 생존을 위해 싸울 수밖에 없게 만들고 있다.

지금의 학교 교실에서의 영어 교육은 반복, 연습, 암기를 바탕으로 읽고, 듣고, 쓰고, 말하기의 기능 훈련에 치우쳐 있다. 교과서의 영어 교육의 목표, 대학이 바라는 영어 교육의 목표, 취업 상황에서 요구하는 영어 교육의 목표, 엄마들이 원하는 영어 교육의 목표가 전부 제각각이니 중·고등학교의 영어 교육은 갈 길을 못 찾고 헤맬 수밖에 없다.

이러한 현실 속에서 의정부여중 영어 교사들은 현실적으로 많은 어려움을 겪고 있는 우리 학교 아이들에게 학교란 무엇이며, 학교에서 아이들은 무엇을 준비해야 하고, 그 속에서 영어 수업이 할 수 있는 일은 무엇일까를 함께 고민하게 되었다. 이전에는 교과서 내용을 효과적으로 전달하는 수업 방식과 기술에 관심을 가졌다면 이제는 전체 교육과정을 들여다보며 '내가 왜 이 교과를 가르치는가' 그리고 '이것을 통해 어떤 배움에 이를 수 있는가'를 고민하게 되었다.

왜 영어 독서인가?

"읽기는 언어를 배우는 최상의 방법이 아니다. 그것은 유일한 방법이다."

《크라센의 읽기혁명》, 르네상스, 2013

아이들이 영어에 대한 스트레스를 줄이고 자존감을 회복하면서 흥미를 가지고 집중할 수 있는 수업은 무엇일까? 언어란 의도적인 학습보다는 자연스레 익히는 습득의 과정인데 교실을 벗어나면 영어를 접하기 어려운 우리 현실에서 영어에 흥미를 느끼도록 노출시킬 수 있는 현실적인 방법은 무엇일까? 영어에 대한 흥미 유지, 자신감 기르기, 영어로 기본적인 의사소통하기, 우리 문화를 영어로 소개할 수 있는 기본 능력 기르기 등 영어 교육 목표를 실현하려면 지금 영어 교과서로는 불가능했다. 지금까지 영어 교육은 스토리 없는 영어 교육이었기 때문이다. 재미있는 활동만으로 언어 습득에서 간과할 수 없는 '습'의 과정으로 끌어내기란 쉽지 않은 일이었다. 그래서 의정부여중에서 선택한 것이 바로 책 읽기이다. 가치 있는 텍스트로의 확장이었다.

학년별 영어 교과서를 분석해서 읽기 주제, 문법, 생활 영어 표현 등을 정리한 내용을 중심으로 차시를 다시 배치했다. Listen & Speak 부분은 패턴 중심으로 다시 묶어 냈고, 1학년은 한 주에 한 시간씩 문법을 배치해 교과서 문법과 더불어 5문형을 중심으로 문장을 보는 연습에 집중했다. 그리고 1, 2, 3학년의 목표를 위계화해서 1학년은 자존감, 2학년은 배려, 3학년은 세계시민으로 더불어 사는 삶을 목표로 주제에 맞게 동화책을 선정하고 함께 읽어 나갔다. 예를 들어, 2학년은 배려를 주제로 1학기 중심 개념을 '관계-더불어 살기'로 잡았다. 그래서 친구 관계와 가족 관계를 주제로 한 책을 선정해서 읽고, 프로젝트로는 자신의 가족이나 친구를 표현하는 활동을 기획했다. 다양한 소재, 다양한 수준, 다양한 장르의 책을 자기 수준에 맞게 선택해서 읽는 다독 수업은 인위적인 문장이 아닌 실제적인 글을 접할 수 있게 해 주고, 더불어 인지 발달 단계에 따라 선택할 수 있는 수많은 그림이 담긴 동화책은 아이들의 흥미와 몰입을 끌어내기에 적합했다.

교육과정 편성 운영의 중점
- 학년 가치에 맞는 흥미로운 텍스트 : Storybook
- Extensive Reading (다독)
- 프로젝트 기반 학습
- 유의미하고 이해할 수 있는 Input을 통한 자연스러운 Output 증가 (말하기, 쓰기)
- 지속적이고 일상적인 자기 학습

학년별 영역 체계

학년	1학년	2학년	3학년
중점 목표	자존감(관계), 영어에 대한 흥미와 배움의 즐거움	배려(더불어 사는 삶)	의사소통 능력에 바탕을 둔 세계 문화 이해
중점 내용	언어 4기능의 전체적인 기초 학습과 흥미 유발	텍스트에 바탕을 둔 4기능의 습득과 일상 경험과 연결	authentic text를 통한 자연스러운 영어 습득 및 문화 이해
학년 중점 교육과정 (관계/생태/진로)	함께 읽기를 통한 관계 형성 자존감 향상 프로젝트	생태와 환경 주제, 텃밭 수업과 통합	문화적 이해를 중점으로 한 재구성

동화책의 적용(의정부여중 동화책 목록)

난이도	제목	저자	출판사	키워드	내용	문법/활용	비고
하	No, David	David Shannon	Scholarstic (영국)	학급의 규칙	학교생활을 처음 시작하면서 듣게 되는 선생님의 잔소리(규칙)	명령문	학급 규칙 세우기
하	Piggy Book	Anthony Browne	Dragonfly Books	가사 노동 분담 여성의 자아실현	엄마에게 모든 가사일을 맡기던 Piggott 가족은 엄마가 가출한 후 그동안 엄마가 해 온 가사 노동의 어려움을 깨닫는다.	• 집안일 관련된 어휘 (세탁, 설거지, 다리미질) • 여성의 가사 노동 부담	• 토론하기 '가사노동' '성역할'

동화책, 삶을 풍요롭게 하는 수업

우리 학교의 영어 수업 방식인 협력적 영어 읽기는 공유 – 몰입 – 표현으로 구성된다. 공유 단계에서 교사는 학생들이 책에 흥미를 느낄 수 있도록 다양한 Tip을 활용한다. 그리고 몰입 단계에서는 프로젝트 수업을 비롯하여 다양하게 함께 읽는 방식으로 독서의 즐거움을 느끼며, 표현 단계에서 책의 내용을 자신의 삶과 연결하여 의견을 표현하게 된다. 이러한 과정을 통해 학생들은 단순한 영어 기능을 습득할 뿐 아니라 인지적, 정서적, 문화적으로도 성장하게 된다. 교과서에 나오는 다른 나라 이야기가 아니라 아이들은 그 텍스트를 통해 자신의 이야기를 할 때 가장 즐거워하고 있었으며 안전한 상황에서의 즐거움은 배움으로 연결되고 있었다.

1학년 : 가족 관계를 생각해 보는 책 『Piggybook』

제목부터 심상치 않은 이 책은 가족 안에서 엄마와 아내의 위치와 존재를 생각하게 하는 다소 진지한 책이다. 이름 없이, 얼굴 없이 살아가는 엄마, 그리고 모든 일이 엄마의 일로 던져지는 속에 가출을 결심한 엄마의 모습을 그리고 있지만 돼

지로 변해 가는 아빠와 아들의 모습이 곳곳에 숨은 볼거리와 함께 유쾌하게 풍자되어 있어 무게에 균형을 잡아 주기도 한다.

결국 '행복한 가정 지키기는 가족 구성원 모두의 몫'이라는 근본적인 원칙에 대한 깨달음을 담고 있다. 아이들은 이 동화책을 읽는 것으로만 끝나는 것이 아니라 이것을 통해 자기 가족의 삶을 떠올려 보고 더 나아가 가족 구성원 각자의 역할과 성 평등에 대한 물음도 던져 볼 수 있는 소중한 경험도 하게 되었다.

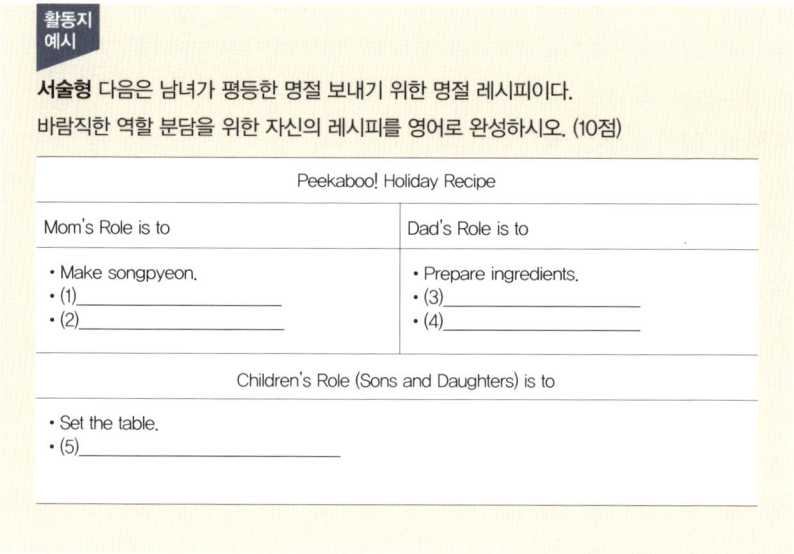

다 다른 것이 좋아 『If Only I Had a Green Nose』

『If Only I Had a Green Nose』는 어른들이 읽어 봐도 좋을 감동적인 동화책이다. 아이들은 이 책을 읽으며 주인공 펀치넬로처럼 유행에 맞추기 위해 초록색으로 코를 칠하고, 코에 집중하느라 정작 중요한 것들을 놓치고 있지는 않았는지 생각하게 된다. '모두 다 다르고 자신만의 아름다움이 있을 텐데 유행이란 이름으로 모두가 같아지려고만 하는 건 아닐까' 하며 스스로를 돌아보기도 했다.

다음은 아이들이 이 책을 읽고 유행에 따라가는 청소년들의 모습을 skit으로 만든 활동지이다.

If only I had a green nose

Step1. What is the latest thing these days in your life?
Describe it specifically!

> These days, many teenagers tend to use SMART PHONE. So, they usually play the game like 'Anypang' and 'Dragon Flight' using the cell phone. Also, Kakao talk or Kakaostory are popular with them as a messenger and a personal virtual space.

Step2. What is the sub-theme of your group?
eg. Our school uniform / Disco-pangpang / Bang Hair / Smart phone / Food / Buzzword

---

Step3. Let's think about the characters and the plot!
1. 캐릭터 정하기

Character 1	
Character 2	
Character 3	
Character 4	

2. 장면 구성과 대사 정하기 (6~8컷/ 한 컷마다 대사 2~3문장 포함되어야 함)

점 하나로 시작된 예술 『The Dot』

그림을 잘 그리지 못하는 베티에게 선생님은 "Just make a mark and see where it takes you."라고 이야기 하고, 베티는 화가 난 듯 점 하나를 도화지에 내리찍는다. 어느 날 선생님 방에 자기가 그린 점이 액자로 걸려 있는 것을 보고 베티는 그것보다 훨씬 멋진 점을 그리기 위해 다양한 점들을 그리기 시작하고, 전시회를 열게 된다.

이 책을 읽고 난 후 아이들은 베티를 아티스트로 만든 것은 무엇이었을까를 생각하며 토론을 벌이고, 자신에게 있어 "The dot"는 무엇이었는지를 떠올리게 된다. 놀랍게도 아이들이 대답한 "The dot"는 자존감이라는 1학년 교육 목표와 활동과 연결된 겉절이, 텃밭 수업, 춤(주제통합기행) 등의 1년의 경험과 학교살이었다. 중학교에 들어와서 경험한 학교 교육과정이 아이들에게는 첫 시도이자 도전으로 아이들 삶에 스며들어 아이들을 성장시키고 있었다.

활동지 예시

Alone we can do so little; **Together** we can do so much. – Helen Keller	
주제	The dot – Peter H.Reynolds
수업 목표	Read the story and think about "My Dot"
1학년 반	이름 :

1. Vashti said that she couldn't draw, but something made her an artist. What has made Vashti an artist?(Choose the sentences and write the reasons.)

문장 :
고른 이유 :

2. Discuss with your friends.
   ◈ What do you think "The dot" means for Vashti?

   "The dot" was _____ for Vashti.

3. Sign it!!
   ◈ What do you think "The dot" is for you this year?

   Vashti said, "I can't draw."
   　She discovered that she could make a dot.
   　She will be / a great artist.//

2학년 : 생태 수업과 연결된 동화책 읽기

2학기 주제	더불어 사는 삶-자연과 더불어 살기	⑪
생태	The Gardener(Sarah Stewart, David Small) – 8번째 편지	2학년　반　번 이름 :
Grandma, Thank you for the seeds. – Lydia	학습 목표 : 편지글을 읽고, 주인공에게 자신의 경험을 편지로 전한다.	

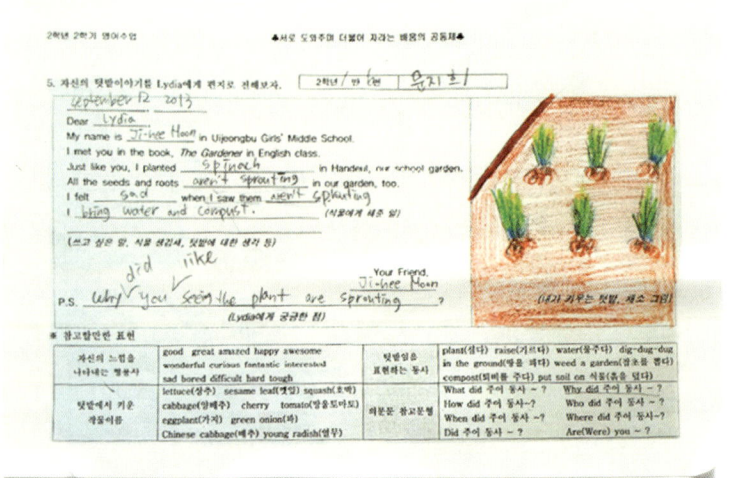

생태 프로젝트, 멸종 위기종 UCC 캠페인

- 멸종 위기종을 다룬 존 버닝햄의 동화책 『Oi! Get off our train』을 영어 시간에 읽고 어휘, 독해 학습을 한다.
- 개별적으로 멸종 위기종 1종을 선택해 특성, 서식지, 상황, 멸종 원인, 국제 보호단체를 조사한다.
- 모둠별로 멸종위기종 1종을 선택해 동물보호 UCC 기획안을 작성한다.
- 영어 수업 시간에 UCC 시나리오를 영어로 번역하고 첨삭 받는다.
- 기술가정 시간에 UCC 촬영 작업을 하고 영상을 제작한다.
- UCC를 모둠별로 발표하고 유튜브에 홍보한다.

★ 수행평가 15점(과정 5점, 결과 10점)

3학년 : 인종 차별 문제를 다룬 『Grandmama's Pride』

1950년대 흑인 소녀가 미국 남부 지역에 사는 할머니 댁을 방문한다. 그곳에서 인종 차별적인 표지판을 보게 되며 할머니가 버스를 타지 않고 걸어다니는 모습을 본다. 이듬해 여름, 다시 할머니 댁을 방문했을 때는 버스 보이콧 운동의 성공 및 흑인 인권 운동으로 인해 차별 없는 표지판을 보고 기뻐한다.
이 책을 읽고 학생들은 흑백 차별 및 버스 보이콧 운동을 알게 되었고, 흑인 인권 운동가 로자 파크스Rosa Parks, 마틴 루터 킹Martin Luther King, Jr.에 대해 탐구할 수 있었다. 인종 차별의 문제를 다루면서 인간의 평등권에 대해 알아보고 차별 받는 상황에 처하면 어떻게 행동해야 하는지를 스스로 생각해 보는 기회가 되었다.

한국인으로서의 정체성을 생각해 보는 『The Name Jar』

미국으로 이민 간 '은혜'는 미국 아이들이 자기 이름을 발음하기 어려워하며 놀리자 미국식 이름으로 바꾸고 싶어 한다. 하지만 학급 프로젝트로 은혜에게 추천할 만한 이름을 병에 모아 주는 반 친구들의 모습에 감동 받고 또 특별한 의미를 가지고 있는 자기 이름의 소중함을 깨닫게 되어 결국 자신의 이름을 버리지 않는다.

낯선 나라에서 힘든 상황에 처한 은혜의 모습이 학생들의 공감을 사며 미국 생활과 문화의 면면을 엿볼 수 있고 자신의 이름이 지니고 있는 의미와 가치, 한국인으로서의 정체성을 다시 한 번 생각해 보게 되었다.

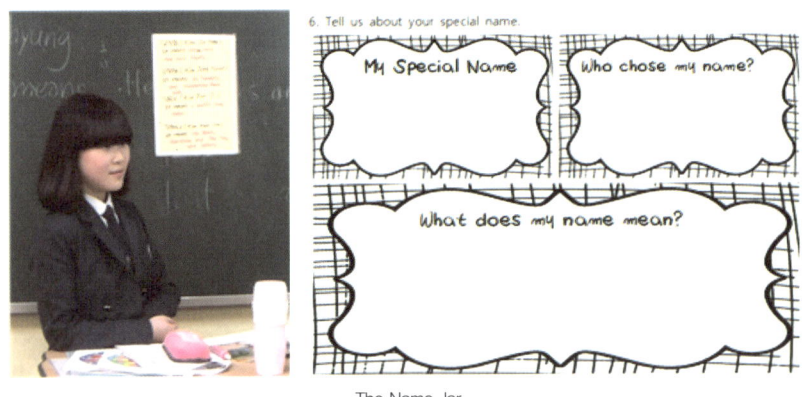

The Name Jar
- 자신의 이름의 의미를 생각해 보고 발표하는 활동

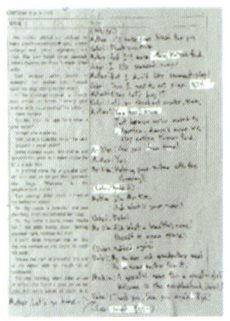 

The Name Jar 수행평가
- 배운 내용을 토대로 라디오 드라마로 재구성하여 발표하는 활동

함께 읽는 교실, 더불어 성장하는 수업

언어는 관계 맺음이다. 관계를 연습해 보지 않은 사람은 언어를 제대로 이해하고 활용할 수 없다. 그런데 지금까지의 영어 교육은 골방에 틀어박혀서 혼자 읽고, 암기하고, 중얼거리는 학습 방법이 효율을 높인다고 여겨져 왔다. 물론 언어에 익숙해지기 위해서는 습(習)의 과정이 꼭 필요하다. 그러나 이것을 학교라는 공간에서 한 주에 서너 시간 밖에 안 되는 정규 수업 안에서 꼭 해야 할 필요는 없다.

 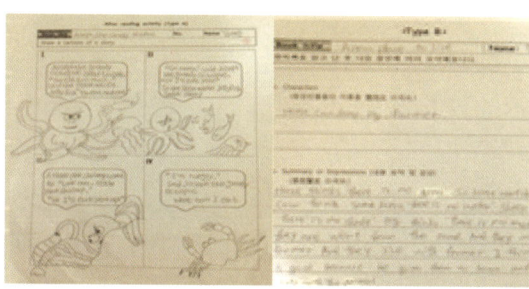

수업 장면과 학습 활동지

혼자 읽기에 어려움을 겪는 아이들은 친구들과 함께 읽는 방법을 적용하면서 놀라운 변화를 나타내는 것을 볼 수 있었다. 아이들은 자신에게 의미 있는 글을 읽고, 서로에게 물어보고 읽어 주면서 자연스럽게 문법까지 배워 나가고 있었다. 처음에는 읽기 자체에 두려움을 가지던 아이들이 수준에 맞는 쉬운 동화책을 내밀자 조금씩 읽기 시작했고 한 시간씩 앉아서 책을 읽는 모습까지 보여 주었다. 함께 배우는 친구는 배울 수 있는 용기를 가져다주었다. 지난 학기 수업 후 아이들의 평가를 살펴보면 함께 읽기의 효과를 볼 수 있다.

1. 동화책 선호 : 80%
2. 동화책이 좋은 이유와 영어에 대한 느낌 변화(자유 서술 중 발췌)
   - 지루하기만 한 영어가 재미있는 이야기 때문에 조금이나마 재미있었고, 뭔가 자유로운 느낌이 들어서 좋았다.
   - 동화책을 통해 많은 단어를 습득할 수 있었기 때문에 교과서보다는 재미있던 수업이었다.

- 교과서보다 지루하지 않았고 가족을 사랑해야겠다는 교훈도 얻었다.
- 동화책은 신선하고 읽고 싶게 하여 단어를 찾게 되고 학습 능력이 올라가는 것 같다.
- 친구들과 함께 읽으니까 더 쉽게 읽을 수 있고, 친구가 읽어 주니까 발음과 해석하는 법을 배울 수 있었다.
- 원래 초등학교 때 진짜 영어를 죽어라 싫어했는데 동화책으로 수업을 하니 재미있는 것 같다.
- 나도 독해를 할 수 있다는 자신감이 생겼다. 영어를 더 잘하게 된 것은 아니지만 내면에 많은 변화가 생겼다.

텍스트의 변화로 도입한 동화나 문학 작품은 다양한 수준 차이를 극복하고, 학습 활동에 흥미를 갖게 하면서 자발적인 학습을 이끌 수 있는 대안이 될 수 있었고, 협력을 통해 서로에게 배우는 수업 방식과 각자의 경험, 흥미, 요구, 능력에 바탕을 둔 다양한 프로젝트는 아이들의 자발적 활동을 이끌어 내고 있다.

동화책을 선정하고 함께 읽는 과정에서 텍스트에 대한 아이들의 두려움이 줄어들고 있지만 수업에서의 흥미도를 어학 학습에서의 필수 요소인 자기주도 학습으로 이끌어 내는 데 여러 가지 어려움을 느끼고 있다. 그리고 여전히 선행학습으로 벌어진 격차는 협력 학습 Cooperative learning을 넘어선 협동적인 배움 Collaborative learning을 이루는 데 많은 어려움을 준다. 더 깊은 교육과정에 대한 분석과 성찰, 그리고 수업의 내용에 걸맞는 평가 방식의 전환도 필요하다. 그리고 학생들의 어휘력과 문해력 부족을 어떻게 메울 것인가에 대한 방법도 모색해야 한다.

의정부여중에서는 영어 수업 시간만으로는 부족한 영어 학습량을 보완하기 위해 수업 중 흥미 있게 읽은 동화책을 중심으로 자기주도 학습 과제를 적절히 부여하여 읽기, 문법, 어휘 학습을 스스로 할 수 있는 방안을 모색하고 있다. 또한 평가혁신을 위해서 서술형, 논술형 평가를 영어 책 읽기와 관련하여 어떻게 진행할 것인가도 지속적으로 논의하고 있다. 여전히 해결해야 할 과제도 많고, 우리가 선택한 이 길을 '우리나라 영어 교육의 방향은 이것이다.'라고 확신할 순 없지만, 행복한 수업을 만들기 위해 동료 교사들과 서로 배우고 성장하는 과정에서 영어 수업은 분명히 다시 살아날 것이다.

"배운다는 것은 창조적인 일이다. 같은 교사가 같은 것을 가르쳐도 학생들은 모두 저마다 다른 것을 배운다. 한 사람 한 사람이 자신의 그릇에 맞춰서 각각 다른 것을 배우는 것이다. 이것이 바로 배움의 주체성이다. 결국 아이들은 스스로 자기만의 방식으로 배운다. 교사는 판을 깔고 아이들은 그 판에서 춤을 추는 것이다. 그래서 나는 오늘도 판을 잘 깔기 위한 노력을 하고 있다."

한문

교육과정
재구성을 통한
수업 성찰

알에서 깨어 난 25년차 새내기 교사

생각해 보니 내 인생의 반을 차지하는 시간을 교직에서 보내면서 매일 만났던 수업이라는 공간은 매순간 가슴 뛰게 하는 특별한 곳이었다. 똑같은 수업 주제와 방법으로도 각기 다른 아이들을 만나면 예상치 못한 다른 결과가 나오기 때문에 25년의 경력으로도 수업 들어가기 전에는 항상 긴장을 하지 않을 수 없다.

2011년 찬바람이 불기 시작할 무렵 여러 가지 개인적인 이유로 혁신학교로 새로이 출발한 의정부여중의 초빙 교사에 지원을 하게 되었다. 초빙 교사로 최종 결정이 되면서 그해 겨울 방학에는 여러 가지 자료와 연수를 통해 혁신학교의 프레임을 공부하면서 나의 교직 생활, 특히 수업에 대한 깊은 고민과 함께 25년 동안의 나의 수업 활동을 성찰하는 중요한 시간이 되었다.

이 시기에 나는 새로 발령 받게 될 의정부여중에서 『행복』 서울대행복연구센터, 주니어김영사 책을 수업 교재로 선택하여 주당 한 시간씩 창체 수업을 담당하게 되어 전공인 한문 수업과 함께 많은 수업 부담을 느끼게 되었다. 그러나 운 좋게 그해 겨울 방학에 서울대학교에서 실시한 '행복수업 연수'를 통해 교재 내용과 수업 방법을 배우면서 창체는 물론 한문 교과 수업에 있어서 지금까지 고수해 왔던 나의 수업 방법은 커다란 전환점을 만나게 되었다. 다시 말해 교사의 수업 기술을 통해 학생들에게 지식을 잘 전달하는 것이 가장 좋은 수업이라고 생각했고 또 그렇게 하려고 노력했던 나의 수업관이 완전히 바뀌게 된 것이다. 연수를 통해 아이들의 활동에 초점을 맞추고 모둠 활동으로 배움이 일어나게 하는 수업 기법을 구체적으로 배우게 되었다.

2012년 2월 봄 방학, 의정부여중에서 자체적으로 기존에 근무했던 교사와 새로 발령 받게 되는 교사들을 대상으로 진행한 이틀간의 연수를 통해 한층 더 혁신학교에 대해 깊이 이해하게 되었는데, 특히 '자존감과 배려'라는 교육 목표 아래 처음 들어보고 접해 보는 '배움의 공동체 연수'는 나에게 혁신학교의 목표와 흐름을 확실하게 알게 하였고 따뜻한 학교 문화를 경험하게 해 주었다. 또한 이 시기에 '자존감과 배려 문화 형성'에 교육 목표를 두고 교육과정 재구성에 첫 삽을 뜨게 되었는데, 학교 교육 목표가 나의 교육 철학과 동일하고 나의 교과인 한문 교과의 성격과 맞아떨어지는 것이어서 너무나 편안하게 교육과정을 재구성하게 되었다. 교과서를 처음부터 끝까지 꼼꼼하게 읽어 보면서 '자존감과 배려 문화'를 강조하고 있는 한문 문장들을 뽑아내고 학습자 활동 중심으로 수업 내용을 구성하게 된 것이다. 일반적으로 3월 초가 되면, 연구부에서 A4 클리어 파일을 배부하고 학사 일정에 따라 교과서에 수록된 내용을 바탕으로 한 해 동안의 교과 진도표를 작성하고 그에 맞춰 학습 지도안을 마련하여 클리어 파일에 모아 월마다, 또는 한 학기에 한 번 결재를 받고 그 내용 모두를 가르친다. 그러나 이제 직접 내 손으로 나와 학교의 교육 목표를 가지고 한 해 동안의 교육과정을 재구성하여, 교사가 아닌 아이들이 스스로 모둠에서 활동하면서 배움이 일어나게 하는 배움의 공동체 수업 모형을 실현할 수 있게 된 것이다.

생각할 기회도 주지 않던 수업에 대한 성찰

기존 나의 수업 풍경은 숙제 검사와 쪽지 시험을 통해 전시 학습에서 배운 수업 내용을 점검하고, 수행하지 못한 아이들에 대한 질책과 함께 평가를 거쳐 점수에 반영했다. 본시 학습으로 넘어가서는 새로 나온 한자와 본문 내용을 아이들에게 생각할 기회도 주지 않고 혼자만의 독백으로 열심히 전달했다. 때때로 던지는 수업 내용과 관련된 예시와 교훈적인 내용으로 아이들의 동감을 이끌어 내면 지식 전달과 함께 아이들에게 교훈적인 언어구사로 감동을 주었다는 깊은 안도감으로 기쁘게 수업을 마무리했다.

이러한 나의 수업 방식에 경종을 울리면서 다가온 배움의 공동체 수업 모형은 수업을 준비하면서 매일 매일이 나에게 은혜롭고 경이로운 시간들이었다. 어찌 보면 나의 교직 생활에서 이처럼 수업을 고민하고 연구하고 시도했던 적이 있었나 싶을 정도로 수업 준비에 몰입하게 되었다. 이때 만난 혁신학교 첫해 제자인 1학년 신입생들과 나는 동시에 출발한 새내기와 똑같았다. 난생 처음 접하는 배움의 공동체 수업을 하기에 적절한 'ㄷ'자형 책상 배열과 함께 모든 수업 활동을 교사의 개입에 앞서 학생들 스스로 알아 가는 과정에 초점을 맞춰 준비해 나가는 것이 처음에는 내 옷이 아닌 것처럼 어색하고 이렇게 해도 되는지 항상 고민스러웠다. 그러나 이러한 수업 고민은 월마다 진행되는 제안 수업과 학년 연구회 등을 통해 대부분 해소되었고 배워 가려는 마음과 열정으로 나 자신이 발전되어 가고 있음에 자신감을 얻게 되었다. 특히 생각하지도 못한 아이들이 나름대로 멋지게 한문 문장을 풀이해 가는 모습을 보면서 감동을 받기도 했다.

이렇듯 혁신학교에서의 첫해는 기존의 수업 방식에서 탈피하고자 하는 강한 의지를 가지고 알에서 새가 깨어 나오는 고통과 고민 속에서 출발했지만 많은 동료 교사들의 도움과 나를 응원해 주는 아이들로 인해 나를 바꾸는 중요한 시간들이었던 것 같다.

자존감과 배려 문화를 담은 한문 교육과정 재구성

이렇게 혁신학교에서 2년간 수업 방식을 배워 가는 과정을 거쳐 한문과 교육과정을 재구성하는 기본 방침을 세우고 수업을 해 나갔다. 교육 목표는 한자, 한자어, 한문 학습을 통하여 논리적 사고력과 풍요로운 언어 표현력 증진 및 자존감과 배려 문화를 형성하는 데 두고, 학교 교육의 교육 목표와 연계하여 다음과 같은 목표 아래 교육과정을 재구성했다. 그리고 지난날 지식 전달 중심의 강의식 수업보다 학생 스스로 탐구하면서 문제를 해결하는 자기 주도적 학습 능력을 키우는 데 목적을 두고 수업을 진행했다.

생태적 삶을 실천하는 사람	한문 문장을 이해하고 풀이하면서 자연과 우주를 사랑하고 보호하는 삶을 실천한다.
문화 예술적 소양을 갖춘 사람	한자어를 활용한 독서 교육 활동과 작문 및 역할극 활동 수업을 통해 문화 예술적 소양을 기른다.
자신의 삶을 사랑하는 사람	모둠별 발표 수업과 한문 문장 속에서 선인들의 자신을 긍정적으로 바라보는 삶의 자세를 학습하여 자존감을 형성한다.
세상과 소통하는 사람	다양한 모둠 활동을 강화시키고 한문 문장 속에서 선인들의 이타적인 가치관을 학습하여 배려 문화를 형성한다.

위에 제시한 목표를 달성하기 위하여 재구성한 수업 사례를 몇 가지 소개하면 다음과 같다.

스승의 날 편지 쓰기

해마다 스승의 날 즈음이면 계기교육의 일환으로 아이들에게 한자어를 활용한 편지를 쓰게 하여 전달하는 시간을 가져 왔다. 그러나 좀 더 깊은 마음을 담아 구체적인 표현 기회를 제공하기 위해 편지지와 편지봉투를 구입하여 아이들의 스마트폰과 나의 노트북을 활용해서 한자어를 검색하여 활용할 수 있도록 하고, 대상은 담임선생님으로 제한하여 수행평가에 반영했다. 그 결과 아이들은 기대 이상으로 편지에 감사의 마음을 적극적으로 표현해 주었고, 그 편지들은 스승의 날 아침에 선물 상자로 담임선생님께 전달되었다. 오랜만에 받아 보는 손 편지를 읽는 내내 미소가 떠나지 않는 선생님들의 깊은 감동은 수업의 기쁨과 보람을 느끼게 해 주었다. 특히 아이들과 관계가 원만하지 않아 마음 아파하던 선생님들은 이 편지들로 관계가 회복되는 일도 벌어졌다. 그야말로 자존감과 배려 문화를 확인하는 구체적인 현장이었던 것이다.

 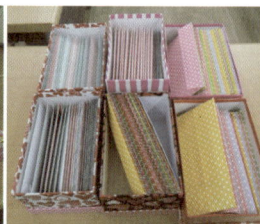 

고사성어를 만화와 대본으로 제작하여 역할극으로 표현하기

언제나 역할극 수업을 해 보고 싶었지만 충분한 대화와 연습이 필요한 수업이기 때문에 옆 반에 방해되는 것이 염려되어 마음으로만 끝냈지만 의정부여중에서는 시도해 볼 수 있었다.

수업 시간에 배운 고사성어를 모둠별로 하나씩 선택하게 하여 4단 만화로 표현하되 대사에 반드시 고사성어가 포함되도록 만들고 인물까지 설정하여 역할극으로 표현하는 수업이었다. 첫해에는 한 시간에 모든 활동을 하게 했더니 시간이 부족하여 제대로 된 역할극으로 표현이 되지 않았다. 그래서 이듬해에는 두 시간 동안 진행하도록 계획하여 1차시에는 4단 만화와 대사를 작성하고 2차시에는 역할극을 하게 하여 연습할 수 있는 시간을 마련했더니 아이들은 모둠별로 소품도 준비하고 나름대로 짜임새 있는 대사를 구사하면서 멋진 연기를 보여 주었다. 감상하는 태도도 나름대로 진지했다. 이 수업은 객관적인 평가가 어렵다는 생각에 수행평가에 반영하기를 자제했지만 좀 더 구체적이고 객관적인 평가 기준을 연구하여 수업 과정을 수행평가에 반영할 계획이다.

자원에 대한 해설과 함께 모둠별로 한문 문장 해석하기

스마트폰과 컴퓨터로 쉽게 정보를 찾을 수 있는 요즘 아이들은 암기하기를

유난히 싫어한다. 그래서인지 한자 자체를 알아 가는 과정을 많이 힘들어 한다. 이러한 이유로 의정부여중에서 내가 특별히 많은 시간 공을 들이는 작업은 자원에 대한 연구이다. 많은 도서와 인터넷에 올라와 있는 자원에 대한 자료 검색은 물론, 요즘 아이들의 성향에 맞게 나름대로 한자를 해석하여 그림으로 그려 주기도 하고, 복잡한 한자는 하나하나 해체하여 설명해 주기도 한다. 이러한 과정을 통해 아이들이 쉽게 한자에 접근할 수 있도록 돕는데 가끔씩 논리적이지 않은 설명에도 웃으면서 논리적이지 않아서 더 잘 암기가 된다는 아이들도 있다. 이렇게 배운 한자를 바탕으로 모둠별로 한문 문장을 주면 아이들은 머리를 맞대고 열심히 풀이에 집중하고 풀이를 마치고 나면 어떤 철학적인 의미가 있고 생활에 적용할 수 있는가에 대한 질문과 함께 자기성찰에 대한 기회를 갖기도 한다. 이렇게 수업을 진행하다 보면 미처 생각하지 못했던 의미를 발견해 내는 아이들도 있다. 혼자만의 일방적인 강의식 수업보다 아이들이 스스로 문제를 해결해 가는 과정에서 깊이 있는 배움이 일어나고 있다는 생각에 매시간 배움의 공동체 수업에 매료되고 만다.

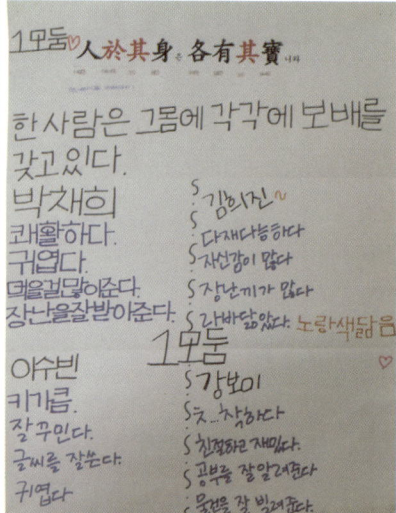

한자어를 활용한 독서록 작성하기

사고력과 창의력 및 자기 주도 학습 능력을 향상시키기 위해 3학년 학생들을 대상으로 한 주에 한 시간씩 독서 시간을 운영하고 있다. 이 시간에는 생활 속에서 한자어를 자연스럽게 구사하는 것을 목적으로 독서와 함께 한자어를 활용한 독후 기록 활동을 지도하고 수행평가에 반영하고 있다.

첫해에는 의지를 가지고 한문 지식 관련 서적을 구입하여 읽게 해 보았는데 문장 자체에 어려움을 호소하는 아이들이 많았고 시간 제한이 있어 원활하게 진행하지 못했다. 이러한 문제를 고민하던 중 아이들이 읽기 어려운 우리나라 근대 소설을 원작의 내용과 거의 흡사하게 만화로 제작한 책을 한 세트 구입하여 돌려 가며 읽게 해 보았더니 모든 아이들이 30분 동안 한 권을 쉽게 읽어 내려갈 수 있었다. 매시간 읽은 내용은 '한자어를 활용한 한 줄 느낌 기록장'에 누적하여 기록하게 하고 수행평가에 반영했다. 학년 말에는 담임선생님들께 학생생활기록부에 기재할 수 있도록 독서 기록 자료로 제공하여 학년 말 업무에 조금이나마 보탬이 되어 주고 아이들은 독서 기록을 생활기록부에 남길 수 있어 만족도도 높았다.

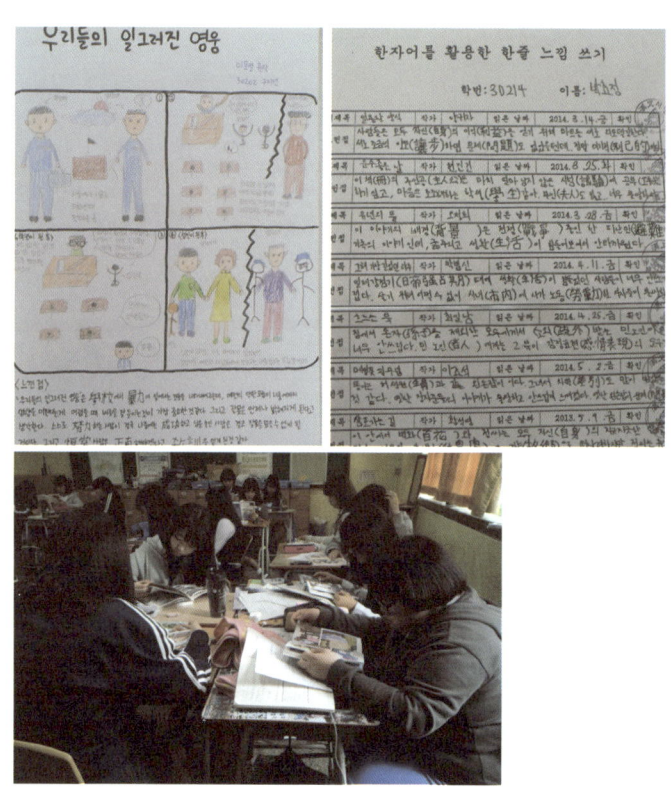

나만의 한자와 문자도 만들기

앞서 소개한 한자의 자원에 대한 자세한 설명은 아이들에게 자극이 되어 가끔씩 한자를 스스로 만들어 오는 경우도 있었는데 학년말에는 평가와 관계없이 모둠별로 '한자 만들기 대회'를 진행할 예정이다. 이 수업은 아이들의 기발한 발상과 재치로 즐거운 시간이 되리라 기대된다. 그리고 다른 학교에서도 하고 있는 '문자도 그리기' 수업도 진행해 보려 한다. 문자도란 한자가 가지고 있는 뜻을 그림으로 표현하는 기법인데 배움의 공동체 수업에 맞게 모둠별로 한자를 선택하고 문자도로 완성하게 하여 수행평가에 반영하는 방식으로 진행하고자 한다.

기술가정

스스로 서서
서로를 살리는
생태 수업

기술가정이야말로 아이들의 삶을 담아내는 의식주 교과이다. 기술가정 선생님들이 모여 세운 교과의 목표는 "스스로 서고, 더불어 살 수 있는 능력을 기르는 것"이었다. 대단원으로 세운 생태적인 삶을 중심으로 소단원인 순환하는 지구, 농업의 다원적 기능, 생태적인 삶(의식주)을 중심으로 수업 내용을 재구성했다. 기술가정 수업의 성취 기준은 생태적인 삶(의식주)의 의미와 중요성을 깨닫고, 이를 실천할 수 있는 능력을 기르는 것이었다. 그리고 이것이 생태적 관계의 의미를 깨닫고, 공감과 존중의 관계를 새롭게 정립하고 유지해 나갈 수 있도록 배움이 확장된다.

배움의 활동 및 평가

배움의 활동, 프로젝트	1학기 활동 내용	2학기 활동 내용
텃밭 가꾸기	텃밭 작물 기획하기 유기농업(순환농업) 실천 텃밭일지 쓰기	텃밭 작물 기획하기 유기농업(순환농업) 실천 텃밭일지 쓰기
목제품 만들기	생태 목공 수업 목공 기술 익히기 텃밭 팻말 만들기	생태 목공 수업 목공 기술 익히기 지역 돌봄 어린이 책상 만들기

생태와 농업 관련 생태 주거(마을 만들기) 1인 1독서	생태 관련 1인 1독서 논술문 쓰기	생태 주거 관련 1인 1독서 논술문 쓰기
텃밭 수확물을 이용한 조리 실습 (가족을 위한 도시락 배달) 생태 환경 캠페인	텃밭 수확물로 조리 실습 (샐러드, 장아찌) 가족과 식사 나눔	텃밭 수확물 판매 생태 환경 캠페인 수익금은 김장 담그기로 어려운 이웃 배달

'나무야 놀자' 목공 수업을 통한 생태 교육

"나무가 우리에게 많은 것을 주듯이 우리 또한 나누어야 합니다. 우리가 배우는 생태 목공은 자연과 하나 되는 수업으로 소재는 자연 안에서 찾고 자연과 공유하며 자연 속에 흡수되어야 합니다. 아낌없이 주는 나무처럼 우리가 만든 나무 작품은 이웃의 따뜻한 선물이 되어야 합니다. 말 그대로 여러분 모두는 나눔의 목수가 되어야 합니다."

목공의 소재는 나무이다. 나무는 자연에 가장 가까운 소재이다. 자연에 가까운 나무를 소재로 인간의 손을 거쳐 만들어지는 나무 작품은 친환경 이상의 것이다. 자연과 공유하며 자연 속에 흡수될 때 비로소 완성될 수 있다. 몸에 해롭지 않고 예쁘고 스스로 해냈다는 자긍심을 뛰어넘어 자연과 교감하고 자연을 이해하며 아낌없이 주는 나무처럼 나눌 수 있는 마음을 배우는 것, 이것이 목공을 통한 생태 교육이 될 것이다.

삶의 기쁨은 돈 주고 간편하게 해결하는 데서 오는 것이 아니라 좀 귀찮더라도 스스로 만들어 가는 과정 속에 있다. 아이들은 쉽게 사서 쓰는 물건을 스스로 직접 만들 수 있을까 반신반의하지만, 오랜 시간 공들여 만든 목공은 쉽게 얻을 수 있는 공산품과는 분명 다른 느낌으로 다가갔다. 사포질 하나, 치수 재기, 마름질, 페인트 칠, 공구 사용을 비롯한 모든 과정에 몰입하게 되고, 작품을 완성했을 때의 성취감도 크다. 이 모든 것들이 자존감을 높이는 과정이 되었다.

처음 시작할 때는 교과서적인 해석으로 아이들과 작은 필통 하나 만들어 보고자 했으나 생태 목공으로 시작된 고민이 나눔으로 폭넓게 재해석되는 것.

이것이 목공 수업이 가진 커다란 매력이었다. 자연이 인간에게 한없이 베푸는 것과 같이 함께 도와야 할 수 있고, 새롭게 무언가를 배워 누군가에게 가르치면서 우리는 나눔의 목수가 되어 가고 있다.

목제품 프로젝트 수업 사례

2012학년도 | 스스로 만들기 : 학교에 필요한 공동 물품을 자유롭게 디자인, 제작
나무에 대한 수업을 하며 학교 숲 디자인 시도
- 이때 학교 숲을 꾸밀 우리의 목공 제품도 함께 디자인.
- 학교 숲 가꾸기를 하고 있는 전문가를 모시고 교사 연수 실시.
- 1학년의 경우는 생태를 주제로 교과통합기행을 광릉수목원으로 다녀옴.(미션지 수행)
- 목공 수업의 윤곽이 보이는 듯했으나 여러 장애물 발견
   ① 실외 배치 나무 수명 – 최대 3년.
   ② 의자 디자인 중복 – 학교 숲이라는 제한적 공간의 제약.
   ③ 원하는 디자인에 대한 구상도, 재단표 작성의 전문성 제약.
- 동료 교사, 학생, 그리고 목공 연수를 받은 목공장님의 조언을 바탕으로 희망 찾음.
   ① 작품 비치 공간을 학교 숲뿐만 아니라 학교 전체 공간으로 확대하여 다양한 디자인이 나오도록 했으며, 대부분의 작품이 실외에 배치되어 관리가 어려워지는 것도 다소 막을 수 있었음.
   ② 실외에 배치할 경우 수명이 짧아질 수 있다는 것을 학생과 공유하였으며 공간 선택은 학생이 선택하도록 함. 학생들은 스스로 고민하고 선택하여 4~5개의 작품을 제외하고 대부분 실내에 배치하는 것으로 디자인함.
   ③ 지역사회 도서관과 학교 도서관에서 목공 관련 도서를 빌려 이를 수업 시간에 참고하여 모둠별로 제작 가능한 디자인을 선택하고 구상도, 재단표를 작성하도록 하여 전문적인 과정을 생략함. 시간과 노력을 절약

할 수 있었음.
- 좀 더 전문적인 지식을 원하는 경우 스케치 프로그램을 안내하여 추후 진로와 연결하도록 함.

2013학년도 | 나눔의 시작 : 의정부지역 어려운 어린이를 위한 작은 책상 만들기
2학년 교과통합 주제가 생태
- 생태는 함께 더불어 사는 공생의 관계를 지향하는 것.
- 텃밭과 목공을 연결하여 1학기는 텃밭 설계에 목공이 참여 : 팻말 만들기
- 2학기는 나눔을 주제로 지역 돌봄이 필요한 어린이에게 작은 책상을 만들어 기증.

학생들 의견
- 추억도 생겼고, 이제 웬만한 목제 가공품은 쉽게 만들 수 있다는 자신감도 생겼다.
- 실기 위주라서 지루하지 않았고, 직접 체험할 수 있어서 경험이 늘어난 점이 좋았다.
- 평소 우리가 직접 가구나 기구를 만들 기회가 많지 않은데 이번 목공 수업을 통하여 우리에게 필요한 도구를 만들 수 있어서 재미도 있고 보람도 있었다.
- 기술자가 된 기분.
- 만든다는 것에 대한 뿌듯함.
- 목공 수업이 남자만 할 거라는 관념을 깨서 좋았다.
- 미래에 남편이 없을 때 혹은 남편이 가구를 못 고칠 때 고칠 수 있는 능력이 생겼다.
- 친구들과 함께였기 때문에 어려운 일이 있어도 함께 단합하고 협동하면서 풀어나가 너무 좋았다.
- 선생님들과도 함께해서 더 편해지고 친해진 기분이어서 좋다.

- 이론으로만 들을 거라 생각했던 목공 수업을 직접 설계도, 구상도 등 많은 과정을 거쳐서 만들게 되어 작업 하나하나의 과정을 통해 책임감을 더 얻을 수 있게 되었고 모둠원들의 협동이 잘 이루어져 친구들 간의 우정을 더 돈독하게 만들어 준 것 같다.
- 목공 수업이라 해서 힘들고 지루할 줄 알았는데 서로 같이 해야 하는 작업이라 그런지 서로의 안전도 생각해 주는 모습이 참 뿌듯했다.
- 내가 직접 만든 작품을 다른 사람들이 쓰게 되어 마음 한편으로 뿌듯하다.
- 목공 제품이 어떻게 만들어지는지 알게 되어 좋았다. 도구 사용법도 알게 되어 도움이 될 것 같다.
- 우리 힘으로 만들었던 게 좋았다.
- 보통은 선생님이 만들라고 하는 걸 그냥 만드는데 이번에는 우리에게 필요한 물건을 알아보고 뭘 만들지 고르고 색깔을 선택하고 어디에 두고 어떻게 쓰이는지까지 관여하여 직접 만들었다는 것이 뿌듯하고 자랑스러웠다. 그리고 선생님이 모든 걸 다 알려 주는 게 아니라 처음에 드릴 사용법 등의 기초를 알려 주신 후 우리가 하도록 내버려 두고 잘못한 게 있을 때만 살짝씩 알려 주셔서 우리가 만들었다는 자부심이 들었다.

지도 교사 의견

- 서로의 의견을 존중(혼자 할 수 없는 목공) : 페인트 색을 섞을 때 다양한 색상을 만들어 보고 서로의 의견을 물어 보고 결정함. 어떻게 조립해야 하는지 사소한 문제에 대해서도 의견을 나누고 조정하고 실행하며, 문제가 발생할 경우에도 누구의 잘못인지를 따지기보다 어떻게 해결할지 고민하는 모습.
- 학습된 무기력의 굴레에서 벗어남 : 수업이면 무엇이든 자신 없다는 친구들이 가장 강력하게 집착하는 것이 목공이었음. 처음에는 다른 친구들에게 방해가 될 만큼 집착하여 말릴까도 했음. 그러나 아이들이 오히려 수업에 집중하는 친구의 모습에 감동하고 배려함. 그러다 보니 친구들과 수업

하며 함께 배워 가는 모습이 자연스러워짐.
- 교사와 끈끈한 래포 형성 : 자신을 믿고 지켜봐 주는 것만으로 교사에 대한 강렬한 믿음 형성. 완성되었을 때의 성취감을 통하여 래포 형성.(지금까지 나에게 상담 요청)

농사 프로젝트 '꿈꾸는 농부 되기'

의정부여중에 입학하면 3년간 텃밭 농사를 짓는 경험을 하게 된다. 2013년부터 학교 운동장 한편에 있던 테니스장 부지 250평에 흙을 퍼 나르고 땅을 고르며 시작된 농사는 2014년, 100평의 논농사를 하면서 본격적인 생태 학교로 전환하게 되었다.

텃밭 조성 전(2월)

텃밭 조성중(3월)

텃밭 가꾸기(연중)

1학년은 한 주에 한 시간씩 과학 수업을 중심으로, 2학년은 생태가 학년 중심 교육과정인 만큼 전체 교과와 창체 시간에, 3학년은 기술가정과 과학 교과를 중심으로 텃밭 농사와 생태 수업을 하게 된다. 생태 수업으로 교육과정을 재구성한 기술, 가정, 과학 선생님들이 방학을 이용해 도시 농부 학교를 다니기 시작했고, 1년 동안 도시 농부 학교와 MOU를 맺어 교사 연수와 생태 교육부터 시작하여 세심한 학교 텃밭의 기초 작업에 도움을 받았다. 일회성으로 하는 텃밭 활동이 아니라 함께 더불어 사는 생태 수업으로, 학교 구성원의 삶을 바꾸어 내는 생태 교육으로의 전환을 위해 지속적인 교사 연수, 학생 연수, 책 읽기, 여러 교과가 함께 하는 생태 수업, 삶을 고민하는 생활습관 교육, 가장 중요한 먹거리 교육을 연결시키는 통합적인 활동들이 이루어졌다.

텃밭 수업은 유기농법으로 화학 농약, 화학 비료, 멀칭(화학 비닐)을 사용하지 않는다. 화학 농약 대신 천연 농약, 화학 비료 대신 천연 퇴비, 비닐 멀칭 대신 톱밥, 낙엽 등을 이용하여 유기농법으로 재배한다. 섞어 심기, 해충이 싫어하는 기피 식물 심기, 천적 이용하기 등으로 해충을 방제하고 퇴비와 미생물의 공생과 진딧물 예방을 위해 쌀뜨물 발효액, 난황 유에 EM발효액을 섞어 텃밭 채소에 한 주 간격으로 정기적으로 뿌리기도 한다.

3월 한 달 동안, 책을 읽으며 왜 텃밭 수업을 하는지를 고민하고 난 후 모둠별로 텃밭마다 제시된 작물 중에서 고르되 작물이 고르게 성장할 수 있는 땅을 살리는 데 중점을 두어 기획한다. 1인당 상추를 기본으로 재배하고, 방울토마토와 가지, 고추, 감자, 깻잎 중 하나를 택한다.(열무, 당근 씨앗 중에서도 선택 가능) 4월 셋째 주부터 7월 셋째 주까지 1학기 농사가 끝나고, 8월부터는 가을 작물과 김장을 위한 준비를 하게 된다.

텃밭 가꾸기 계획

기간	수업 내용	기간	수업 내용
4월 둘째 주	모둠 구성하기, 모둠 이름 정하기(팻말 만들기), 역할 나누기	5월 셋째 주	웃거름 주기, 곁순 지르기, 목초액 뿌리기, 호미질하기
4월 셋째 주	모둠 텃밭 만나기, 텃밭 구획, 텃밭에 퇴비 넣기, 호미질 깊게 하기	5월 넷째 주	쌀뜨물 주기, 곁순 지르기, 호미질하기
		6월 첫째 주	웃거름 주기, 곁순 지르기, 호미질하기
4월 넷째 주	퇴비 만들기(쌀뜨물 발효액), 씨앗 심기, 감자 심기	6월 둘째 주	쌀뜨물 주기, 곁순 지르기, 호미질하기
		6월 셋째 주	장마 전 감자 수확하기 및 정리, 심어 놓은 마늘, 양파 수확하기
4월 다섯째 주	모종 심기	6월 넷째 주	웃거름 주기, 곁순 지르기, 호미질하기
5월 첫째 주	쌀뜨물 주기, 물 주기, 지주대 세우기, 호미질하기	6월 다섯째 주	장마 때 지주대 살피기, 상추 수확 후 정리
5월 둘째 주	쌀뜨물 주기, 호미질하기, 곁순 지르기	7월 둘째 주	텃밭 자축 파티, 텃밭 정리

에코 소녀들의 농사 이야기 ❶ 햇살촌, 모내기 하는 날

의정부여중 에코 소녀들은 우리 학교 텃밭에서 땅을 살리고, 그 살아 있는 땅에서 생명을 기르고 가꾼다. 4월 말이면 한걸음 더 나아가 토종 볍씨로 모(어린 벼)를 내고, 정성과 협동의 전통 손 모내기 방식으로 모내기를 한다. 우리에게 시집온 모(어린 벼)는 우리나라에서 수천 년간 나고 자란 토종 볍씨로 싹을 틔워 만든 모를 옮겨 온 것이다. 모내기란 모판에 심은 모를 한 달 이상 논에 옮겨 심는 일을 말한다. 기계와 화학 비료, 농약을 사용하는 기존 관행농과 다르게, 살에 닿는 물과 보드라운 흙의 감촉을 직접 느끼면서 한 땀 한 땀 빈 땅을 메는 초록 물결을 우리 손으로 만들게 된다. 하늘과 땅의 기운이 움터 자라는 우리 학교 '햇살촌'에서 풍요롭게 변화하는 자연을 만나고, 쌀 한 톨의 소중함을 지켜 생명 밥상 나눔을 실현하는 그 진중한 과정을 에코 소녀들이 온 마음으로 해냈다.

에코 소녀들의 농사 이야기 ❷ '자연스런' 아침 유기 데이(2014. 6. 2. Day)

유기 데이인 6월 2일은 하늘·땅·사람의 건강한 어울림이 있는 유기농의 날. '유기농'이란 우리처럼 농약과 화학 비료를 전혀 사용하지 않고 생산자의 노력과 자연의 힘으로 함께 길러 낸 것을 말한다. 우리가 텃밭에서 땀 흘리며, 사랑과 정성으로 자연과 공생하는 방법으로 농사짓는 방법을 안내하고 그 결과를 나눴다.

- 일시 : 6월 2일(월) 1교시(8:40~9:25)
- 장소 : 각반 텃밭(수확) 및 가로수길
- 텃밭 모둠별 준비물

  밥, 고추장, 양푼, 숟가락, 돗자리, 체나 쟁반(상추 씻을), 각자 마실 물 등.
- 교사 준비물 : 참기름
- 에코 소녀들의 약속

  일회용품은 사용하지 않도록 합니다.

  다른 재료(계란 프라이, 나물, 조미 김 가루 등)를 가져올 수 있으나, 우리 텃밭의 상추처럼 '유기농'이어야 합니다.
- 결과

  6월 첫째 주 텃밭일지는 유기농 데이의 준비 과정 및 소감을 작성하도록 합니다.(기술가정)

에코 소녀들의 농사 일기 '비빔밥 데이'

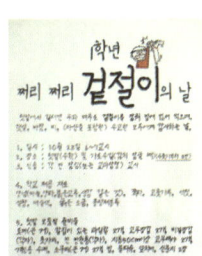 

우리가 텃밭에서 땀 흘리며, 사랑과 정성으로 자연과 공생하는 방법으로 농사짓는 방법을 안내하고 그 결과를 나눴다.

쩌리쩌리 겉저리 데이(1학년), 뚜기뚜기 깍두기 데이(2학년), 김장데이(3학년)

에코 소녀들의 농사 이야기 ❸ 김장 김치로 전하는 따뜻한 사랑

"지금 우리는 정성으로 키우고 있는 텃밭 채소로 독거 어르신들이 겨울 내 드실 김치를 배달할 예정입니다. 현재, 의정부 1동, 가능 1동 주민센터와 연계하여 해당 주민센터 관할 어르신들 중 서른여섯 분을 선별하고 있습니다. 귀가 안 들려서 아무것도 할 수 없는 할머니, 새벽부터 밤늦게까지 폐지를 줍는 할머니, 아픈 아들을 보살피는 할아버지, 너무 편찮으셔서 겨우겨우 병원 주사로 버티는 할아버지, 손주들과 어렵게 생활을 하고 있는 할머니, 한글을 몰라 배움의 한이 되시는 할아버지 등 그 삶의 무게에 마음이 무겁습니다. 곧 우리가 만나 뵐 그분들을 도울 방법이 없을까요. 유기농 김치같이 건강하고 알차고 좋은, 행복한 노년을 위한 '복지적 방법'을 생각해 봅시다."

한 해 농사를 마무리하고 겨울이 다가오면 아이들과 함께 김장을 담는다. 그렇게 담은 김장 김치는 동네 혼자 사는 어르신들과 나누는 기회도 갖는다. 신문기사에 나온 독거노인 기사를 읽고 문제의식을 공유하고, 현재 우리 사회에 행복하지 않은 노인이 증가하고 있는 이유를 생각하여 적어 보는 시간도 갖는다. 그 속에서 '어르신들이 행복한 우리 동네 만들기' 방법을 찾고 주체적으로 할 수 있는 방법을 찾아 실천해 본다.

한 해 농사를 마무리하고 아이들과 담은 김장 김치를
동네 혼자 사는 어르신들과 나누었다.

음악

아이들의
예술 본능을
일깨우는
수업

음악의 원리를 몸으로 느끼는 통합 수업

2009 개정 교육과정의 교수 학습 방법에서 보면 "음악 수업을 의미 있게 하기 위해서는 다양한 음악 활동들이 제공되어야 하며, 각 활동은 독립적으로 운영되기도 하지만 통합적으로도 접근되어야 한다."라고 되어 있다. 학생들의 창의력을 발달시켜 주기 위해서 학생들의 생각을 존중해 주어야 하고, 또 학생 개개인이 음악을 개성 있게 표현할 수 있도록 다양한 기회를 주어야 함에도, 학생들은 수업 중에 일제 학습의 형태는 많이 경험하지만 능동적인 참여를 통해 창의적인 음악을 만드는 수업은 거의 받지를 못하고 있다.

의정부여중 음악과에서 추구하는 수업은 통합적인 음악 수업을 통하여 학생들이 창의적인 표현 능력을 키우고, 학교 음악 시간에 좀 더 활기차고 적극적으로 참여하여 음악의 원리를 몸으로 느끼면서 음악적인 사고력을 키워 음악을 즐기고 생활화하도록 하는 것이다. 또한 모둠별 협동 학습을 통해 자신감과 적극성을 끌어내고, 뮤지컬이나 랩과 같은 작품을 만들고 다듬어 가는 과정에서 창의성, 소속감, 모둠원간에 협동심과 친밀한 유대관계를 더욱 높일 수 있는 수업을 만들려고 했다. 음악의 일치감을 통하여 즐거운 마음으로 서로를 대할 마음을 엿볼 수 있는 것이다.

우리 학교에서는 집중 이수 교육과정이 이루어진 시기와 혁신학교로 지정된 시기가 맞물려 교과를 재구성하는 움직임이 활발했다. 2월 말 전 교직원이 워크숍을 진행하면서 교과 간에 재구성하는 시간을 가졌다. 그 중 여러 교과와 함께 재구성한 음악과 수업 사례를 소개하고자 한다.

랩 만들기 수업

〈개그콘서트〉의 '용감한 녀석들'이라는 프로그램을 통해 랩에 쉽게 다가갈 수 있는 점에 착안하여 랩 수업을 하게 되었다. 랩은 리듬을 가진 언어로 아이들이 쉽게 다가갈 수 있는 장점이 있지만, 가사를 써야 하는 창작의 어려움도 있었다. 그래서 가사를 쓸 수 있는 연관 교과와 함께 교과통합 수업으로 진행했다. 2012년에는 사회과와 통합 수업을 통해 인권 문제로 가사를 쓰고 랩을 만들었다. 이듬해에는 도덕과와 통합하여 학교 폭력, 친구 문제를 주제로 가사를 쓰고 랩 만들기 수업을 진행했다. 랩 만들기 수업은 학생들이 가사를 쓰고 리듬을 만들고 연습하는 과정이 필요하기 때문에 발표하기까지 많은 시간을 확보해야 한다. 6~7차시에 걸쳐 수업을 진행했다. 랩 만들기 수업 과정을 보여 주기 위해, 사용한 학습지와 예시로 만든 '용감한 녀석들'에 사용된 랩, 학생들이 직접 가사를 쓴 랩을 소개한다.

♫ 랩 만들기 ♫

1. 랩(rap)이란?
랩은 힙합의 한 축을 이루는 음악 요소로서, 주로 각운을 이루는 말을 리듬에 맞추어 음악적으로 발성하는 것을 일컫는다. 랩은 말과 시, 음악의 경계에 있다고 할 수 있으며 아프리카, 자메이카, 미국 등의 문화에 뿌리를 두고 1970년대 초부터 발전해 왔다. 대체로 빠른 속도로 가사를 읊어 내는 것이 일반적이며, 래퍼의 취향에 따라 느리게 할 수도 있고 빠르게 할 수도 있다.

2. 랩(rap)의 구성 요소 3가지

1) 리듬(박자)

리듬은 랩의 기본 요소이기도 하지만 모든 음악의 기본이기도 하다. 리듬의 사전적 의미는 음의 장단이나 강약 따위가 반복될 때의 그 규칙적인 음의 흐름을 말한다. 또는 일정한 규칙에 따라 반복되는 움직임을 이르는 말이다.

2) 플로우(스타일)

곡의 흐름을 플로우라고 한다. 사전적 의미로는 '흐르다' '흐르듯이 움직이다'의 뜻을 가지고 있다. 랩을 전혀 흐름이 없이 읽어 내린다면 그것은 책 낭독이랑 별반 다를 게 없을 것이다. 목소리의 높낮이, 단어의 끊음, 늘림 등의 플로우를 사용하면 멋있는 랩이 될 것이다.

3) 라임(가사)

라임이란 운율, 언어상의 리듬, 언어 자체가 가지는 음악성이다. 국어 시간에 시의 운율에 대해서 배웠을 것이다. 라임이 극대화되고 구체화된 방법론이 랩이다. 다시 말하면 라임 자체가 언어상의 리듬으로 볼 수 있다.

3. 기본 리듬 익히기

학생들이 만든 랩

보이는 라디오

국어 수업의 라디오 대본 쓰기와 연관하여 라디오 대본과 음악이 만나 라디오 프로그램 만들기 수업을 했다. 라디오 프로듀서와 작가, 엔지니어, 진행자로 역할을 구분하여 실제 라디오 방송을 하는 것과 같이 진행했다. 라디오 대본의 주제는 도덕 시간에 수업했던 통일 관련 내용으로 선정하고, 국어 시간에 관련 주제로 대본을 쓰고, 대본에 어울리는 음악 선정과 발표로 수업이 이루어졌다. 음악과 관련된 직업인 라디오 음악에 대해서도 이해하는 시간이 되었다. 라디오 만들기 수업도 주제 선정부터 대본 쓰기, 음악 선정까지 학생들이 직접 활동할 시간이 필요하여 다른 교과 수업까지 포함하여 4주 정도의 시간이 소요되었다.

아이들의 예술 본능을 깨우는 '뮤지컬' 수업

의정부여중에서 수업 재구성 면에서 가장 큰 성과를 보인 것은 뮤지컬 수업이었다. 뮤지컬은 순수 음악 영역이 아닌 종합 예술이기 때문에 접근하기 힘든 영역이지만 교과 재구성 및 교과통합으로 성공적으로 수업할 수 있었다. 이 수업을 통해 학생들은 뮤지컬 배우나 음악 감독에 대한 장래 희망이 생기기도 했으며, 뮤지컬이라는 장르를 즐기는 문화인으로도 거듭났다.

일단, 한 번도 경험하지 못한 뮤지컬 공연을 관람을 하는 것으로 수업을 시작했다. 뮤지컬 수업의 흐름은 다음과 같다.

뮤지컬 관람(세종문화회관)

뮤지컬 수업 과정

이와 같이 여러 교과를 통합하여 학생들이 만든 창작 뮤지컬을 발표할 수 있었다. 만드는 과정을 평가하기 위해 모둠별 연습일지를 쓰게 하였으며, 모두가 역할을 맡을 수 있도록 작가팀, 음향팀, 연기자팀, 연출팀, 미술팀으로 분

관련 교과	세부 내용	수업 시기
사회, 역사	뮤지컬 시놉시스(개요) 만들기 - 뮤지컬의 내용과 소재를 선정하고 장면을 만듦	8월 4주~9월 1주 (2주간)
국어	시나리오(대본) 쓰기 - 정해진 장면으로 시나리오 쓰기	9월 2주~9월 3주 (2주간)
음악	음악 입히기 및 연습, 리허설 - 완성된 시나리오에 음악 선정(수업 시간) - 뮤지컬 노래 배우기 및 연습 - 뮤지컬 리허설	10월 1주~10월 4주
가정	뮤지컬 의상 만들기 - 뮤지컬에 필요한 의상 만들기 협조(부직포 이용)	10월 4주

담했다. 또한 몇몇 주인공들이 작품을 이끌어 가는 뮤지컬이 되지 않도록 꼭 모둠원(15명) 모두가 나와서 합창을 하도록 하여 맡은 역할 이외에도 모두 무대에 설 수 있도록 유도했다. 여러 교과가 함께 참여한 만큼 2개월 이상 소요되었으며 마지막으로 발표를 준비하고 리허설을 하는 과정에서 4차시 이상의 시간이 필요했다.

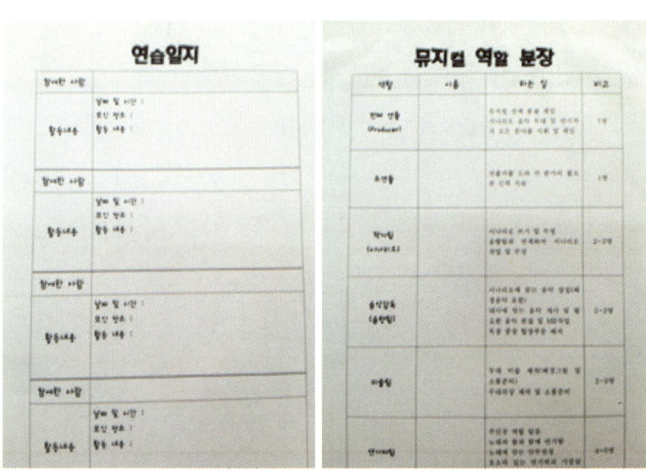

학생 연습일지   뮤지컬 역할 분담

뮤지컬 발표

그 밖에 재구성 및 통합 수업 사례

음악사 수업 후 활동하는 수업으로 음악사 만화 그리기 및 음악사 신문 만들기를 해 왔다. 많은 음악 교사들이 하고 있는 수업이기도 하다. 특히 음악사 만화 그리기는 충분한 수업 시간을 두고 음악사에 관련된 책을 읽고 감명 깊게 읽은 내용을 선정하여 만화로 그려 보는 형식으로 진행했다. 교과서보다는 여러 음악가와 관련된 독서 수업을 함께 할 수 있어 집중이수 교육과정 수업에 적합하다. 이후에는 미술 교과와 통합 수업으로 음악사 달력을 만들어 보려고 한다. 월별이나 계절별로 음악가와 음악을 선정하여 달력에 그림으로 표현하는 수업이다. 들리는 음악에서 보이고 표현할 수 있는 다양한 음악 수업으로 아이들의 음악 본능을 일깨우고 싶다.

음악사 만화 그리기   음악사 신문 만들기

통합
수업

따로 또 같이
성장하는
뮤지컬 수업

교과가 협력하여 수업을 잘해 낼 수 있을까? 단절된 교과로 구성된 중학교에서 교과 간 통합, 협력 수업이 가능할까? 이런 고민들을 통해서 나온 수업이 '뮤지컬 수업'이다. '우리 한번 이런 수업을 해 보면 어떨까?' 하는 음악 선생님의 제안에서 비롯되어 역사·사회, 국어 선생님들의 동조로 마련된 수업이다. 자연스럽게 수업에 관해 의견을 내고 협의할 수 있는 학년부 분위기가 만들어졌다.

왜 뮤지컬인가

뮤지컬은 노래, 춤, 연기가 어우러지는 종합 예술로서 학생들이 직접 뮤지컬을 계획하고 무대에 올려 보며 자신의 삶이 아닌 다른 삶을 경험하여 자기 안에 있는 새로운 모습을 발견하고 탐색하는 것을 목적으로 한다. 따라서 학생 스스로 자신에 대해 정확히 이해하고 다양한 정보를 탐색할 수 있는 뮤지컬 프로젝트를 통해 삶의 주인으로, 삶의 방향을 찾을 수 있도록 하는 데 목적을 둔다. 그렇기 때문에 학년 교육 목표인 세상과의 소통(진로)에도 적합하다고 생각했다. 또한 지식 중심의 수업에서 소외되었던 학생들의 새로운 모습도 발견하기를 바랐고, 특히 모두가 무대에 서는 경험을 통해 자존감을 기를 수 있다는 기대감도 컸다.

뮤지컬 수업, 어떻게 했나

뮤지컬 수업은 역사·사회, 국어, 음악 세 교과가 유기적으로 관계를 맺으며 교육과정을 만들었다. 따라서 수업에 대한 전체 흐름을 마련하기 위해서는 세 교과 교사들이 사전에 수업 지도안을 마련해야 한다. 또한 한 교과에서 수업이 끝나고 다음 교과로 교육과정이 넘어가는 것이 아니라 순환 과정을 통해 수정, 보완, 발전시키는 교육과정이므로 교과 간의 유기적인 협력과 상시적인 협의가 반드시 필요하다.

수업 흐름

	도입	전개	마무리
수업 내용	뮤지컬의 이해	창작 뮤지컬 만들기	공연
주요 활동	뮤지컬이란 무엇인가? 뮤지컬 공연 영상 감상 (뮤지컬 노래 감상)	주제 및 소재 선정 시나리오 작성 노래 선정 및 공연 준비 실제 뮤지컬 관람	무대 장치 구성 (음향, 소품, 의상, 분장 등)
차시	2	18	1

교과별 영역 체계

교과	역사·사회	국어	음악
중점 목표	민주 시민의 자질	글쓰기를 통한 삶	배려와 자존감
중점 내용	주제 및 소재 선정 뮤지컬 시놉시스 구성	시나리오 완성 노래 가사 바꾸기	노래 선정 및 노래와 연기 연습 무대 구성(분장, 의상 등)
중점 교육과정 (관계/생태/진로)	역사적 판단력 및 사회 문제에 대한 깊이 있는 이해	상상력과 감정이입 논리적인 글쓰기	자신의 몸을 통한 표현력 익히기
차시			

시놉시스 만들기 : 역사·사회 수업

뮤지컬 수업을 위한 첫 단계는 학생들이 뮤지컬에 대한 이해를 하는 데에서 출발했다. 학생들이 알고 있는 뮤지컬 공연을 영상으로 감상하면서 뮤지컬이 노래와 춤, 연기를 통해 이야기를 전달하는 공연이라는 것을 이해하도록 이끌었다. 동시에 자신들이 모든 과정에 직접 참여하여 마지막에 관객 앞에서 공연을 한다는 사실에 학생들은 매우 흥미를 보였다. 학생들은 뮤지컬 작품의 주제를 선정하고 사회 문제나 역사적 사건을 소재로 시놉시스를 마련했다. 뮤지컬의 주제, 소재가 되는 역사적 사건, 기획 의도, 등장인물, 전체 줄거리, 장면 구성을 수업 시간에 모둠별로 작성했다.

수업 과정
① 희망하는 사람 4~5명씩 모둠 구성.(반별 6모둠)
② 모둠별로 뮤지컬의 중심 주제(인류애, 평화, 민주주의의 확대, 빈곤 해결, 노동 인권, 여성 인권 등)를 정하고 그에 맞는 역사적 사건이나 사회 문제를 소재로 선정.
③ 역사적 사건에 대한 보고서 만들기(역사적 사건의 배경, 과정, 역사적 의의 등)
④ 역사적 사건을 바탕으로 뮤지컬 시놉시스 완성 발표.

학생들은 모둠별로 자신들의 의견을 제시하며 다양한 역사적 사건과 사회 문제를 뮤지컬 주제로 정했다. 2차 세계대전의 유태인 학살, 일본의 침략과 독립 운동을 통한 인류애, 동학 농민 운동, 4·19 혁명, 5·18 광주 민주화 운동, 6월 항쟁, 프랑스 혁명 등을 통한 민주주의의 확대, 임진왜란, 베트남 전쟁 등을 통한 평화의 중요성, 성적 소수자, 다문화 청소년, 이주 노동자 등 사회적 약자 배려, 전태일 열사, 비정규직 문제 등 노동 인권, 일제 강점기 위안부 문제, 남녀 차별 등 여성 인권 문제 등 다양한 주제와 소재가 나왔다. 학생들은 좀 더 깊이 있는 이야기를 다루기 위해 다양한 소재를 조사하고 독서, 토론 같은 과정을 통해 역사적 판단력을 키우며 사회 문제에 더욱 관심을 가지게 되었다. 더불어 자기 주도적 학습 과정을 통해 주체적인 입장에서 역사와 사회 문제를 바라보게 되었다.

시놉시스 만들기 활동지

시놉시스 만들기

1. 주제 :

2. 소재가 된 역사 · 사회적 사건 :

3. 기획 의도 :

4. 등장 인물(나이, 성격, 역할 등) :

5. 전체 줄거리 :

6. 중심 장면 그리기

내용 설명 :
등장인물 :
소품 :
노래 :
음향 효과 :

88올림픽의 눈부신 성장 이면의 고통을 주제로 한 두 소녀의 우정을 다룬 이야기

비정규직 대졸 여성의 이야기를 다룬 시놉시스로 무대 장치까지 입체적으로 구성

뮤지컬 대본 작가 되어 보기 : 국어 수업

국어 시간에는 사회 시간에 구성한 시놉시스를 바탕으로 뮤지컬 대본을 완성했다. 뮤지컬 대본은 우선 연극 대본을 쓴 후에 음악 시간에 선곡한 노래의 가사를 바꾸는 과정을 추가했다. 대본은 연극을 만들기 위해 쓴 각본으로, 장면이나 그 순서, 배우의 행동이나 대사 따위를 상세하게 표현한 글이므로 일반적인 글쓰기와는 다르다는 것을 학생들이 인식하는 것이 중요하다. 씬 넘버(장면 번호)와 시간과 장소의 제시, 등장인물의 대사와 행동을 자세하게 작성하는 훈련을 통해 학생들은 자신들의 이야기가 관객들에게 전달되도록 했다. 학생들은 대본을 작성하는 과정을 통해 등장인물에 대한 감정이입을 경험하고 타인을 이해하는 태도를 가질 수 있었다. 대본 작성하기는 이성적 글쓰기와 감성적 가치관의 형성이라는 두 가지 학습 효과를 얻을 수 있었다.

#.1
[조명 on]

천황의 생일날 초승달 밤 연회장.

[일장기가 걸려 있는 무대]

[소녀는 노래를 부르고 있다. 관객들은 소녀의 노래 부르는 모습을 감상 중]

〈노래① : 나는 나비(YB) [이설]〉
날개를 활짝 펴고 세상을 자유롭게 날거야 노래하며 춤추는 나는 아름다운 나비
워우워워워 우우우 워우워어어어 워우워어 우우 워우워워어어 워어

#.2
조선의 한 대극장

[사회자가 무대에 선다.]

[관객들 환호]
- 사회자 : 신사숙녀 여러분 우리 모두가 사랑하는 천재 소녀 이설 양을 소개합니다!

[한복 입고 이설 등장]
무대 중심에 서서 춤을 추며 노래를 부른다.
〈BGM① : 내가 제일 잘나가(2NE1)〉
[01:14~ 01:51 재생, 01:37에서 소리를 줄인다.]

[노래 소리가 작아지고 순사에게 집중된다.]

음악 감독 되어 보기 : 음악 수업

음악 시간에는 국어 시간에 작성한 시나리오를 토대로 구체적인 뮤지컬을 만들어 보는 활동을 했다. 학생들은 시나리오를 꼼꼼하게 다시 읽어 본 후 자신들이 음악 감독이 되어 무대에 오를 뮤지컬 노래를 만들었다. 이야기의 흐름을 읽으며 노래가 필요한 장면을 찾아보았다. 개인이 작성해 온 '나의 선곡 리스트'를 참고하여 모둠 친구들과 장면에 어울리는 곡을 정하고 그 이유를 적었다. 학생들은 선곡을 하면서 가사와 선율, 분위기 등을 고려하며 흥미로워했다. 음악 선곡이 끝나면 국어 시간에 가사를 바꾸는 활동을 이어갔다. 음악 시간에는 노래와 연기 연습, 무대 소품 제작, 분장, 의상, 음향 효과 등 공연을 위한 마지막 마무리에 들어갔다.

제목 : 〈너에게 숟가락이 닿기를〉

극본 : 김수민, 유민정, 이정희, 허현진

◎ 극본 소재 : 황진이 시
◎ 시간적 배경 : 현재
◎ 공간적 배경 : 인도

◎ 등장인물 :
라시아 – 자신보다 신분이 높은 아미르를 사랑함.
아미르 – 정직하고 바르게 자람. 천한 계급의 라시아를 사랑함.
쑤끄와리 – 아들에 대한 모성애가 넘침.
까리아 – 엄격함. 라시아에 대해 안 좋은 감정을 가지고 있음.

줄거리

아미르와 쑤끄와리, 까리아는 인도 카스트 제도에 귀족, 무사에 속하는 크샤트리아 계급의 사람들이다. 아미르는 여느 날과 같이 공부를 하다가 책에 손을 베이고 만다. 베인 상처를 치료하기 위해 연고를 찾으려고 했지만, 연고를 찾지 못해 상처를 치료하지 못한다. 그러다 점심시간이 되어 연고도 사러 나갈 겸 밥을 먹으러 나간다. 밖에 나가자마자 연고를 파는 가게를 발견하여 연고를 먼저 사고 카레집에 들어간다.

카레집에서 카레를 시켰는데 숟가락이 나오지 않아 손으로 먹고 있었는데 상처 부위에 뜨거운 음식이 닿아 밥을 잘 먹지 못하는 아미르를 보고 종업원인 라시아가 아미르에게 숟가락을 가져다준다. 아미르는 라시아의 친절한 배려에 감동을 받고 좋아하는 감정을 가지게 된다. 라시아에게 감동을 받은 아미르는 종종 카레집에 드나들어 라시아에게 친절을 베푼다. 자신이 바이샤라는 낮은 계급에 속하는 사람임에도 불구하고 자신에게 친절을 베푸는 아미르의 모습을 보고 좋아하는 감정을 가지게 된다. 그렇게 아미르와 라시아는 서로 다른 계급임에도 불구하고 사랑하게 된다.

··· 중략 ···

아미르의 부모는 라시아에게 아미르의 곁을 떠나지 않으면 자신들의 아미르도 어떻게 할지 모른다고 얘기하며 아미르의 곁을 떠날 것을 요구한다. 그러자 라시아는 눈물을 흘리며 아미르의 곁을 떠날 것을 약속한다.

그렇게 라시아는 떠나고 그 사실을 뒤늦게 알게 된 아미르는 라시아를 떠나보내게 한 자신의 부모를 이해하지 못하고 원망하며 사람의 발길이 닿지 않는 오지로 떠날 것을 결심한다. 아미르는 오지로 떠난다.

		곡명 (가사 내용 +노래 형태)	선곡 이유
	오프닝 넘버		
#1	공부하다 손을 다친 아미리는 연고를 사러 집에 나간다. 아미르 : 아! 베었네…. 　　　　아, 없네…. 연고 사러 나가야겠다.		
#2	연고를 구입한 뒤 아미르는 배가 고파서 카레집에 들어간다. 카레집에 들어가 음식을 시키고 손으로 먹는데 베인 상처 때문에 힘들게 먹는 아미르의 모습을 보고 라시아가 숟가락을 가져온다. 아미르 : 저기요, 여기 카레 하나요! 　　　　(음식이 나오고 베인 상처 때문에 힘들게 먹음) 아미르 : 아, 아파…. 라시아 : (숟가락을 가져다주며) 이걸로 드세요.		

#3	라시아의 행동에 감동을 받은 아미르는 라시아가 일하는 카페집에 종종 드나들어 라시아에게 친절을 베푼다. 아미르 : 안녕하세요! 오늘 날씨가 덥죠? 이것 좀 드시면서 하세요. 라시아 : 아, 매번 이렇게 저를 생각해 주셔서 감사합니다.	
#4	라시아도 점차 아미르의 호의에 호감을 가지고 사랑에 빠져 연인 관계로 발전하게 된다. 아미르 : 오늘 시간 있으시면 저와 함께 어디 좀 가실래요? 라시아 : (웃으며) 좋아요, 같이 가요.	
#5	사귀게 된 아미르와 라시아는 여느 때와 같이 데이트를 하는 도중, 아미르의 부모님이 라시아와 아미르가 함께 있는 것을 보게 된다. 라시아 : (웃으며) 그래서? 아미르 : (웃으며) 그러니까…. 까리아 : 쟤 지금 누구랑 있는 거야? 여보, 좀 봐봐! 쑤꼬와리 : 어머, 저도 잘 모르겠어요. 여보! 까리아 : 집에 가서 말을 좀 해 봐야겠어!	

뮤지컬 연습 장면

실제 공연

세상을 바라보는 시선, 따로 또 같이

뮤지컬은 인간 보편의 정서와 감정을 이해하고 이를 예술적으로 표현하는 활동이다. 우리 학교 교육 활동의 가장 큰 특징은 모둠 활동을 통한 자기 주도적 학습이다. 뮤지컬 수업은 이러한 교육 방법을 가장 잘 구현할 수 있는 교육과정이라고 할 수 있다. 학생들은 뮤지컬 수업을 위해 역사적 사건과 사회 문제에 대해 깊이 있는 이해를 토대로 자신만의 세상을 바라보는 시선을 가지게 된다. 대본 작성과 공연 준비 과정을 통해 학생들은 자신의 몸을 통한 자기표현의 기회를 가지게 되며 이는 스스로에 대한 이해의 과정이라고 볼 수 있다. 공교육에서의 가장 큰 어려움 중의 하나가 바로 정의적 영역의 교육인데, 뮤지컬 수업은 이러한 측면에서 큰 효과를 발휘한다고 볼 수 있다. 예술 교육은 상상력이나 창의력과 같은 고급 사고력을 높이며 더불어 감수성을 향상시킨다. 이는 궁극적으로 자존감을 기르는 교육 방법이다. 공동체적 인간관계 속에서 학생들은 따로 또 같이 성장한다. "뮤지컬은 뛰어난 한 명이 만들 수 없는 장르예요. '누가 잘 어울리는지'는 잘 드러나지 않아도 '누가 잘못 어울리는지'는 금세 티가 나거든요."라는 어느 뮤지컬 연출가의 말처럼 말이다.

4부

성찰이 있는 평가

가을걷이와 갈무리는 많은 비와 뜨거운 태양, 거센 태풍도
잘 버텨 준 작물의 시간들을 돌이켜 보게 한다.
찬 서리가 내리기 전 열매 맺은 작물을 수확하고
누렇게 익은 벼를 베는 것을 마쳐야 하기에
품앗이가 필요하다.
풍성한 열매들은 이웃과 나누고
좋은 것을 골라 종자로 남겨 둔다.
일 년 중 가장 큰 살림인 김장까지 마무리하면
한 해 농사는 일단락된다.
돌아보면 계절이란 봄 속에 여름이 들고
여름 속에 가을이 들어 있으며
가을 속에 겨울이 깃들어 있다.

수업, 평가를 만나다

"평가는 분류와 서열이 아닌 또 다른 학습이며 격려와 성장이다."
"교육은 성과를 관리하는 것이 아니라 과정을 관리하는 것이다. 그래서 평가는 기록이다."

아리스토텔레스는 인간의 지혜를 네 가지로 이야기했다. 체계적인 지식을 가능하게 하는 이론적 지혜(학문적 지혜), 인생의 여러 상황에서 좋은 판단을 하게 하는 실천적 지혜, 생산과 관련된 기술적 지혜, 아름다움을 창조하는 예술적 지혜이다. 그리고 현대 심리학자 가드너는 다중지능 이론을 주창하며 언어논리지능, 수리과학지능, 시각지능, 음악지능, 운동감각지능, 타인이해지능, 자기이해지능, 자연친화지능 등을 이야기했다. 결국 인간은 서로 다른 능력을 타고났으므로 교육은 이것을 인식하여 약점을 보완하고 강점을 살리는 자기 발견의 과정이 되어야 한다는 것이다. 그러나 오늘날 학교의 교육과정과 평가를 보면 이중적이고 편협한 몇 가지 기능으로 전부를 판단하고 줄 세워 버린다. 이 과정에서 아이들은 자존감을 잃고 스스로를 자책하며 열등의식에 빠진 바보가 되어 버린다.

수업이 바뀌면 평가도 바뀐다

수업혁신이 이루어지면서 선다형의 시험 문제는 평가에 대한 많은 고민을 던져 주었다. 수업은 다양해졌지만 평가 방식은 여전히 획일적이었고, 배움 중심 수업은 시험 때만 되면 암기 학습 방법으로 이어졌다. 선다형 평가에 맞추려다 보니 오히려 평가가 수업의 질을 떨어뜨리는 문제를 낳은 것이다. 이러한 경험으로 지식을 묻는 평가가 아닌 지식을 활용하고 문제를 해결하는 방식으로 평가가 달라져야 한다는 것을 우리는 쉽게 이해했다. 문제는 어떻게 실제로 바꾸어 내느냐였다.

혁신학교 첫해, 우리는 배움의 공동체 방식으로 수업을 바꾸어 냈다. 모둠별로 협력하는 수업 속에서 교사들은 계속 학생들의 생각을 물었다. '너의 생각을 말해 보자.' 그러나 생각을 묻던 수업은 평가로 연결되지 못했다. 수업을 바꾸었지만 평가는 여전히 선다형의 객관식 문제였고, 그에 따라 지식을 묻는 평가가 될 수밖에 없었다. 평소 교과서 대신 배움을 북돋기 위해 교사가 만든 활동지로 공부하던 아이들은 시험 기간이 다가오자 초조해하며 교과서를 펼치고, 오히려 학원에 대한 의존도가 높아졌다. 그러면서 교사에게 왜 교과서를 듬성듬성 가르치느냐고 항의(?)를 하기도 했다. 교과 재구성이 아이들의 불안을 가져온 것이다. 이때 우리는 수업이 바뀌면 평가도 같이 바뀌어야 한다는 것을 깨달았다. 그래서 이듬해부터는 자연스럽게 수업 과정을 평가하기 위해 수행평가 비중을 높이고, 지필평가에서도 아이들의 생각을 묻는 논술형을 도입했다. 또한 교사들은 함께 모여 교육 목표와 교육과정, 평가를 동일선상에 놓고 들여다보기 시작했고, 설계 초기에는 평가 계획을 고민했다.

한 학년에서 같은 과목을 가르치는 교사들은 평가에 대한 걱정으로 교과서 내의 모든 내용을 가르치려 한다. 또한 문제를 낼 때는 서로 가르치지 않은 것을 피하기 위해 문제 수준을 더 낮출 수밖에 없다. 따라서 교육 목표를 설정하는 동시에 평가 내용을 미리 합의하면 수업의 재구성 방향도 같은 학년 교과 교사들끼리 맞추어 나갈 수도 있고, 어떤 평가를 할지 몰라 모두 가르쳐야 하는 부담도 덜 수 있다.

수업이 평가를 바꾸고, 평가가 수업을 성장시킨다

처음에는 수행평가의 비율을 높여 과정 평가를 도입하고 서술형과 논술형 평가의 비중을 높였다. 우리 학교의 수행평가 비율은 50%를 넘는다. 이것을 제안했을 때 교사들이 자연스럽게 받아들일 수 있었던 까닭은 이미 활동 중심, 과정 중심의 수업을 해 왔기 때문이다. 수행평가의 확대는 수업의 변화와도 밀접한 관계를 맺는다. 수업 내용이 평가와 일치되자 아이들은 수업에 높은 집중도를 보였다. 좋은 평가를 받기 위해서라도 수업에 집중할 수밖에 없었을 것이다. 물론 수업 시간마다 평가가 이루어지지는 않지만 아이들이 수업에 대한 존중감이 높아졌다. 잦은 수행평가로 아이들의 피로도 높아졌지만 수업 내용과 평가를 일치할 수 있다는 면에서 교육 효과를 살릴 대안을 제시하는 것이 중요하다. 이를 테면, 교과통합형 수행평가를 통해 교과별로 이루어지는 수행 내용을 줄이고, 프로젝트 수업을 통해 장·단기 프로젝트 진행 과정을 평가하면서 질을 높일 수도 있다. 모둠별로 협력하는 수업 방식과 수업에 대한 존중감이 높아지면서 수업에서 일탈하는 아이들이 눈에 띄게 줄었다. 대부분의 중학교에서 중2병이라고 일컫는 문제가 발생하는 이유는 아이들이 수업에 집중하지 못하고 그에 따라 교사에 대한 존중감이 낮은 것도 큰 원인이다. 수업이 평가를 바꾸고, 평가가 수업을 성장시켜 내는 과정은 그래서 중요하다.

사회과에서는 혁신학교 초기 20%였던 수행평가 비율을 80%까지 순차적으로 조정했다. 이에 맞추어 수행평가에 개방형 글쓰기(논술)를 도입했고, 지필고사는 학기당 1회로 축소시켰다. 도덕, 국어, 과학, 기술·가정과의 경우도 지필고사는 1회만 실시했다. 수행평가의 비중이 늘어나면서 생긴 당연한 결과이다. 기말고사를 100% 서술형으로 치르는 교과도 늘어났다. 수업은 지식 전달 중심의 강의식으로 하고 평가를 서술, 논술형으로 바꾸게 되면 이 또한 수업과 평가의 불일치를 가져온다. 서술, 논술형 평가가 가능하기 위해서는 수업혁신이 먼저 이루어져야 한다. 또한 개별 교사의 노력만으로는 불가능하다. 수업과 평가를 바꾸는 일은 학교 전체 교사들이 합의하면서 함께 노력해야 한다. 평소 자기 생각을 표현하고 정리해내는 글쓰기 수업이 전 과목에 걸쳐 이루어지면 아이들의 글쓰기 능력은 더 할 나위 없이 발전했다. 학기 초에는 글을 쓸 때 몇 줄 쓰지 못하는 아이들이 많았다. 학기 말이 지나고 학년이 바뀌면서 아이들의 글쓰기 능력은 시간에 비례하여 향상되었다.

가르친 내용과 분리되지 않는 평가

수행평가 비율이 높아짐에 따라 타당성과 공정성에 대한 고민과 합의 과정도 필요했다. 이것은 평가에 대한 전문 연수만으로 충분하지 않았다. 교과 모임의 활성화를 통해 교육과정 속에서 평가 문제를 논의해 갔다. 그 속에서 처음에 세운 교육 목표에 맞추어 학생들이 꼭 알아야 하는 중요한 내용을 합의하여 문제로 내기로 했다. 평가가 끝난 후에는 연구회 선생님들이 자기 교과의 평가 문제들을 가지고 모여 문제를 낸 의도를 나누고, 처음에 세운 교육 목표와 교육과정, 교육 활동이 평가와 함께 하고 있는지를 생각해 보는 시간을 가졌다.

예를 들어 1학년 국어 수업에서는 한 달 동안 비폭력 대화를 배우고 중간고사에서 소설 지문 속의 내용을 비폭력 대화로 바꿔 보는 지필평가를 내게 되었다. 하지만 평가 이후 국어 선생님은 '비폭력 대화로 잘 바꿔 내어 점수를 잘 받은 아이가 정말로 비폭력 대화를 사용하고 있는지' '비폭력 대화가 지필평가의 내용이 될 수 있는지' 고민스러웠다. 도덕 시험을 잘 보는 아이가 정말로 도덕적인지, 교과의 목표에 맞는 평가 내용과 방식에 대해 살피게 되었다. 그러면서 다양한 평가 방식, 가르친 내용과 분리되지 않는 평가와 평가 도구, 내용을 설계해 보는 루브릭에 대해 공부해 보기도 했다.

하지만 여전히 공교육에서 평가는 예민하고 복잡할 수밖에 없다. 아이들은 저마다 타고난 능력이 다르고 자기만의 방식으로 배우며 자신의 속도를 가지고 있는데 일방적으로 정해 놓은 성취 수준에 미치지 못했다고 제대로 배우지 않았다고 말할 수 있을까. 게다가 평가에는 이미 주관적인 의도가 있다는 문제제기에 따라 교사별 평가도 고민하게 되었다.

수행 평가의 비중이 늘어나면서 사실 교사들도 평가를 힘들어했다. 거의 모든 수업에서 평가가 이뤄지다 보니 부담감이 커진 것이다. 일반 학교의 학급당 학생 수를 고려했을 때 수행평가 비중이 높아지고 논술형이 도입된 것은 많은 교사들의 부담을 가져오기도 했다. 이것만 보더라도 수업, 재구성, 평가가 달라지기 위해서는 학급당 학생 수 감축이 가장 중요한 전제임을 알 수 있다.

평가 방식의 변화가 가져온 몇 가지 문제

논술형 평가가 도입되고 나서 몇 가지 고민이 있었다. 첫 번째는 논술형 평가 방식이 그 목적에 맞게 시행되고 있는가이다. 교사들은 채점 기준을 마련하기 위해 글을 쓸 때의 조건을 계속 만들어내게 된다. '몇 가지로 서술하라, 어떤 개념을 이용해서 서술하라' 등등. 이런 조건들이 채점을 용이하게는 하나 아이들의 사고를 좁히는 한계가 있다. 논술을 채점하다 보면 아이들이 쓴 내용이 수업에서 배운 내용에서 크게 벗어나지 않고, 거의 비슷하게 쓴다는 것을 알 수 있다. 논술형으로 평가를 바꾼 것은 아이들의 사고가 확장되었는지 여부를 알고, 이러한 능력을 키우려고 한 것인데, 글쓰기의 조건들이 이를 가로막고 있는 듯하다. 여전히 교사들은 평가에서 공정성, 객관성 문제에 아슬아슬하게 줄타기를 하고 있다.

평가는 교사가 하지만 평가의 내용과 결과를 학생들과 공유하는 시간도 필요하다. 특히 논술형 평가에서 공정성 시비가 생길 수 있는데, 사전에 평가에 대한 기준을 명확히 세워도 교사의 판단이 들어갈 수밖에 없다. 이때 평가의 결과를 개별 학생들에게 짧게라도 피드백을 해 주어야 한다. 교사가 '왜 이 부분에 대해 감점을 했는지, 점수를 높였는지에 대해' 이야기해 주어야 하는 것이다. 서로의 신뢰를 전제하고 만나는 평가 공유 자리는 피드백을 통해 공정성과 객관성을 가질 수 있게 된다.

두 번째는 논술형 평가가 도입된 후 '자기 주도적 학습'이 어떻게 이루어져야 하는가의 문제다. 학생들 중에 논술형 평가를 어떻게 준비해야 할지 모르겠다고 말하는 학생들이 있다. 학부모 가운데도 이를 염려하는 분들이 있다. 시험 기간인데도 아이들이 공부를 하지 않는다는 것이다. 왜냐하면 그전에 객관식 시험의 경우 교과서 내용을 암기하거나 시중에 나온 문제집을 구입하여 풀면 그것이 시험공부라고 생각했는데, 논술형의 경우 어떤 방식으로 준비해야 하는지 모르겠다는 것이다.

사실 이것은 문제가 아니다. 오히려 시험 기간에만 공부하던 우리 학생들의 모습이 문제임을 인식해야 하는데, 학생들과 학부모들은 시험 기간에 공부하지 않는 것을 불안해한다. 논술형을 준비하기 위해서는 평소에 꾸준히 책을 읽고 글을 쓰는 연습이 되어 있어야 한다. 알고 있는 지식을 정리하고 그것을 통해 확산되는 사고를 글로 옮겨야 하는 것이다. 즉 자기 주도적 학습이 꾸준히 진행되어야 한다.

평가는 교육 목표에 맞게 학생들의 역량이 키워졌는지를 아는 것이 중요한데, 지금까지 평가 방식은 놀랍게도 지식만을 물어 왔다. 공정성, 객관성이라는 이름으로 오히려 교사는 문제를 내는 기계였지, 제대로 된 평가권을 갖지 못했다. 교사에게 평가권을 주는 것은 교사의 권위를 회복하는 데도 중요한 역할을 할 수 있다. 평가는 여전히 우리 교육이 풀어야 할 과제이다. 그럼에도 우리가 배운 것은 새로운 대안적 평가로의 전환이 필요하고, 그 평가의 전환은 수업을 바꾸는 것과 다시 맞물린다는 사실이다.

다양한 가능성을 열어 주는 대안 평가

대안 평가에 대한 고민은 다양하게 열려 있어야 한다. 평가 방식과 내용에 있어서도 마찬가지이다. 특히 중요한 것은 학생들의 현 상태를 진단만 하는 것이 아니라 평가를 통해 그 다양한 가능성들을 열게 만드는 것이다. 3학년 뮤지컬 프로젝트 수업을 통해 '존재감 없던' 아이들이 그 존재를 드러내고, 마을 공동체 수업에서 김치전을 부치면서 어른들을 만나던 그 아이들의 마음도 헤아려야 한다. 물론 그 모든 것을 평가해야 하는지, 자괴감이 들 때도 있지만 공교육에서는 평가를 통해 아이들을 줄 세울 수밖에 없기에, 줄 세우는 방식을 바꾸자고 제안하고 싶다.

학교가 더 이상 교육의 희망의 공간이 아니라고들 말한다. 아이들에게도 학교에 오는 것은 의무일 뿐이고, 교사에게도 가르치는 기쁨이 넘치는 공간이 아니다. 그럼에도 혁신학교가 제도적으로 등장한 것은 공교육에 다시 그 역할을 부여하고자 함이다. 학교가 성적을 중심으로 한 줄 세우기에 여념이 없는 동안, 뒷줄의 많은 아이들은 학교에서 일찌감치 배제되었다. 잘하는 것보다 못하는 것을 일찍 깨우쳤다. 공부가 하나의 재능이라는 것을 인정하는 순간, 우리는 다른 하나들을 고민할 수 있다. 이러한 고민 선상에서 평가를 바꾸어야 한다. 학교가 공부로만 줄 세우는 곳이 아닌 여러 재능들을 발견해내고 키우는 곳으로 변화하는 것, 물론 수업과 교육과정과 평가의 변화로만 이것을 이끌어 내기는 어렵다. 그 이상은 교사의 몫이 아니다. 우리는 우리의 몫을 교사로서 묵묵히 행할 뿐이다.

다양한 가능성을 열어 주는 평가 방안

지필평가의 방향

- 비율을 줄이되 전반적인 기초 지식 확인
- 지문을 수업 중 대화와 자료 내용으로
- 암기보다 추론 중심의 문항으로
- 논술, 서술형 35% 이상을 실제적으로 적용
- 지필 비율을 시험지 점수로
- 교사별 평가, 상시 평가 방향으로

수행평가의 방향

- 교육과 수업 목표에 맞춰 평가

- 창의력과 문제 해결력 키워 나가기
- 직접적인 활동으로 지식 체득, 창조
- 글쓰기, 토론, 표현, 실험 등으로
- 과정 중심 평가의 학생 관찰

수행평가 척도안 작성 시 유의 사항

- 과제 중심 지양
- 과정 평가
- 평가 시기 적시(이후 평가 시기가 몰리면 조정 예정)
- 논술, 구술, 토의·토론, 포트폴리오, 보고서, 관찰, 사회적 실천 등의 다양한 방법을 구현
- 매 평가마다 교육 목표의 하위 4개 영역(자기표현, 자기 존중, 타인과의 소통, 더불어 사는 삶) 반영
- 수업과 평가를 통해 생활지도가 될 수 있게

의정부여중에서 시행하는 평가 방식

- 개방형 지필평가 : 글쓰기를 통한 사고력 평가
- 수행평가 : 이론을 뛰어 넘어 현실 세계에서의 문제 해결력 평가
- 포트폴리오 평가 : 전체적, 종합적 평가
- 루브릭 : 평가 방향 제시 및 공개 평가
- 자기 평가 : 메타인지 및 자기 성찰, 가치 태도 평가
- 다중지능 평가 : 학생들의 잠재적 능력 평가

국어과 1학년 평가 들여다보기

평가 활동	비폭력 대화	자존감 수필 쓰기, 자기소개
수업 활동	비폭력 대화 • 비폭력 대화 이론 학습 • 일상 대화를 비폭력 대화로 바꿔 보기 • 역할극하기	'나'를 인정하기 (자존감) • 한비야 '나는 내가 좋다' 읽고 나의 좋은 점 찾기 • 수필 쓰기 • 자신의 글 바탕으로 자기소개하기
평가 방법	지필평가(10점)	수행평가(각 10점) 수필 쓰기(나는 내가 좋다) 자기소개하기
평가 목표 어떤 부분을 보려고 했나	문제 해결 능력 • 갈등 상황을 대화로 해결하기 표현력 • 자신의 감정과 느낌을 표현하기	창의적인 표현 • 나를 새롭게 발견하는 참신함 • 보조 자료를 사용하여 자신을 소개하기 (미술 연계) 자존감 • 남들이 인정하지 않아도 내가 좋아하는 나의 모습을 찾기 자기소개하기
평가의 필요성 왜 그것을 확인하려고 했는가	자존감을 높이고, 배려하는 태도를 언어생활에서 실천하도록 하기 위해	자존감을 높이는 글쓰기 • 글쓰기를 통해 자신을 돌아볼 수 있고, 자신을 인정할 수 있음 친구들 앞에서 나를 표현하기(자존감)
성찰과 고민	• '비폭력 대화'를 지식으로 공부하는 학생들이 있었음 • 일상생활에서 '배려'를 하지 않는 아이들이 논술평가에서는 좋은 점수를 받음 • 충분한 토론 수업을 하지 않아 논술 평가가 이미 답이 있는 문제가 됨 • 실제 삶에서 행동하고 문제 해결을 하는 능력을 측정하지 못함(지필의 한계)	• 수필 쓰기에서 새롭게 자신을 발견한 학생들이 많음 • 사소한 것, 부정적으로 인식되었던 것들을 긍정적으로 바꿔 생각함 • 글쓰기가 인식, 가치관의 변화를 가져올 수 있을까 하는 의문이 생김 • 자신에 대한 발견은 참신하지만 글쓰기 능력은 떨어지는 경우가 많음 • 말하기(자기소개)는 보조 자료나 말하기 내용 마련이 미흡함.(준비 시간을 충분히 주지 않음, 수필 쓰기-자기소개로 바로 연결되지 않음)

학교 철학을 담은 평가혁신

수행평가 비율	2013년 평가 방법 개선(안)
국어 (80%)	자기 소개하기, 토의 토론하기, 여행 팸플릿 만들기, 기행문 쓰기(논술 영역), 수필 쓰기, "나"(논술 영역), 설명문 읽기, 수필 활동 포트폴리오, 자서전, 쓰기, 기행문 쓰기, 라디오 대본 쓰기, 독서 활동, 매체를 활용하여 발표하기, 자작시 표현하기, 쟁점에 대한 의견 말하기, 풍자하기, 소설 쓰기, 독서 활동, 토의하기, 홍보문 쓰기, 논술, 감사 일기, 독후감, 뮤지컬 공연, 뮤지컬 콘티 쓰기, 칭찬 일기, 독후감 읽기, 시 낭송하기, 연극하기, 토론 기록문 쓰기(논술 영역), 시 창작하기, 성장 소설 읽기, 실용문 읽기, 학습

수학 (40%)	• 과정 평가, 활동 과제 평가(논술), 사회 과목과 연관하여 자료조사 및 통계 분석, 미술 과목과 연관하여 테셀레이션, 독서 평가(논술), 책갈피 만들기와 독후감 쓰기, 수학 일기(논술), 독후 쓰기(논술), 학급수학 일기(논술), 자기 수학 일기(논술). • 계산기를 활용한 수업
사회 (80%)	• **100% 개방형 글쓰기 수행평가**(중간고사 시간에 국사·사회 통합 문항에 글쓰기) • 경청, 협력, 여행 책자 만들기, 선거 공약 만들기, 인권 일기 쓰기, 내 인생의 내비게이션 만들기, 사회 통계 분석, 학급 자치와 연관하여 학급에 필요한 공약 및 규칙 만들기, 우리 지역의 주요 산업 조사 및 발전 방안 연구해 보기, 환경과 관련된 영화 감상 후 논술 실시, 인물 집중 취재 인터뷰
과학 (70%)	• 실험 탐구-실험 실습 계획서 참고, 프로젝트-텃밭 작물 키우고 관찰하기, 논술·실험 평가-소화와 순환, 우리 주위의 화합물 등, 프로젝트-호흡과 배설, 논술형 리포트, 논술형 글쓰기, 탐구 활동-일기도 해석 및 일기예보, 실험 및 자료 해석-혼합물 분리, 과학 독서 활동, 실험 탐구, 프로젝트-텃밭 작물 키우고 관찰하기, 논술, 실험 평가-열에너지, 빛과 파동 등, 프로젝트-태양계, 논술형 리포트, 논술형 글쓰기, 탐구 활동-과학 UCC, 실험 및 자료 해석-이온 검출, 과학 글쓰기
영어 (50%)	• 영어 동화 북 토크(쓰기 및 말하기 표현 능력), 자기 주도 학습 포트폴리오-단어장, 문법 노트, 활동지, 자료 공유 제출 횟수에 따른 가점, 단어 및 문장 평가, 다독 : 독서 일기(자기 평가 포함), 자기 주도 학습 포트폴리오, 논술 : 독후감 제출, 영어 연극(쓰기 및 말하기 표현 능력, 동료 평가서 포함), 영어 그림책 만들기(쓰기 및 말하기 표현 능력), 환경보호 캠페인(쓰기 및 말하기 표현 능력, 동료 평가서 포함), 북 리뷰 쓰기, 고민 상담 댓글쓰기, 북 포스터 만들기, 장래희망에 관해 1분 말하기
미술 (80%)	• 상시 개방형 수행평가 실시 • 스테인드글라스, 점묘화, 판화, 공고 포스터, 탈, 화장실 픽토그램, 치자 염색, 패션쇼, 만화 패러디, 콜라주, 성 평등 컵 광고 디자인, 소설 속 캐릭터 만들기, 테셀레이션을 이용한 생활 용품 만들기, 수업 준비도, 마트로시카 만들기, 유리창 꾸미기, 오감 표현하기, 달력 만들기, 한지 공예, 소설 책자 만들기 • 수행평가 실시 전 계획서를 작성하게 하고 학생들이 자신의 작품에 대해 설명, 발표해 보게 함으로써 표현력, 발표력, 창의성이 신장됨
기술·가정 (80%)	• 자기 표현하기, 성 평등 캠페인, 음식 만들기, 논술문 쓰기, UCC 만들기, 포트폴리오, 발명품 만들기, 논술문 쓰기, 텃밭 가꾸기, 목공 제품 만들기, 논술문 쓰기, 텃밭 수확물을 이용한 음식 만들기, 환경 캠페인&텃밭 수확물 판매, 만들기1(우리 집 전기요금 계산하기), 만들기2(운동 장치 만들기), 수업 태도, 논술문 쓰기1, 진로 신문 만들기, 진로 포트폴리오 만들기, 논술문 쓰기2, 교량 제작하기, 제하 실험하기, 수업 태도, 논술문 쓰기1, 우리 동네 복지 지도 만들기, 음식 만들기(사랑 나누기 프로젝트)
도덕 (60%)	• 가치 사전 만들기, 음악과 통합 랩 만들기, 수업 시간에 다양한 활동 과제를 제시하여 도덕적 논쟁에 대한 토론 활동, 교과통합, 수업 시간에 다양한 활동 과제를 제시하여 평가, 발표, 이웃 관련 프로젝트, 학교 폭력 관련 프로젝트
음악 (80%)	• 독창, 중창, 랩 만들기(도덕과와 통합), 리코더, 피페, 난타, 컵타, 몸타, 보이는 라디오, 오카리나 2중주, 음악사 달력 만들기(미술과 통합)
일본어(50%)	• 받아쓰기, 신문 만들기, 가나 카드 만들기, 독후감상, 일본 문화 조사 보고서

교과별 다양한 평가 사례

사회과

2012년 사회과 1학년 개방형 글쓰기(수행평가)

학년   반   번 이름 :

> 20일 오후 2시, 국방색 수의를 입은 까까머리 소년 둘이 법정에 들어섰다. 지난해 말 발생한 ○○ 중학생 자살 사건의 가해자로 지목된 A(14)군과 B(14)군이었다. 30여 분간 진행된 공판 동안 두 소년은 고개를 들지 않았다.   - 이하 생략

[문제]
국민참여재판의 배심원으로 참여하여 가해자 A군과 B군에 대해 유, 무죄를 가려 보고 유죄일 경우 그 형량을 내리시오. 그리고 판결에 대한 이유를 쓰시오.(형량 및 이유를 쓸 때 '사건의 근본적인 원인' '인권 문제' '가해자가 소년범(만14~18세)'이라는 사실 등을 포함시켜 서술하시오.)

논술형

다음 내용을 읽고 〈보기〉의 2가지 공약의 문제점을 각각 비판하시오.(글자 수 제한 없음)

(5.0점)

> 공약이란 후보자가 선거 때 유권자에게 행하는 약속이다. 선거 시 공적인 약속인 공약은 그 당시 시민들의 요구를 담는 것이라고 할 수 있다. 한 단계 높은 선거 문화와 정치 문화 발전을 위해 후보자와 정당의 공약의 구체성, 실행 가능성, 타당성 등을 살펴보자는 주장도 꾸준히 나오고 있다.

〈 보기 〉

1. 서로 존중하는 학급을 만들기 위해 '학급에서 3번 이상 경청하지 않는 사람의 경우 벌칙을 준다.'
2. 소외되는 친구가 없는 학급을 위해 '혼자 앉아 있는 학생이 있으면 다가가서 말을 건넨다.'

도덕과

[중2. 서술형1~2] 다음 글을 읽고, 물음에 답하시오.

'오멜라스'라는 도시가 있다. 이 도시는 아름다움과 행복, 평화가 가득한 곳이다. 전쟁과 가난, 왕과 노예, 범죄자, 마약, 도박 등등 우리가 상상하는 모든 불행의 요소가 없는 곳이다. 그곳은 자신들의 행복, 도시의 아름다움, 사람들 사이의 따뜻한 정, 아이들의 건강, 학자들의 지혜로움, 장인의 기술, 풍성한 수확물과 1년 내내 온화한 날씨 등 우리가 상상할 수 있는 모든 행복한 요소가 가득 차 있는 곳이다.

단, 위와 같은 행복을 유지하기 위한 조건이 하나 있다. 그것은 모두가 알고 있는 아름다운 공공건물 지하실 창고 방에 있다. 방문은 잠겼고, 창문은 없는 이 방에 어린 아이가 하나 앉아 있다. 지능도 떨어지고 영양 상태도 안 좋은 아이는 이 방에 방치된 채로 비참하게 하루하루를 연명해 간다. 오멜라스에 사는 모든 사람들은 이 아이가 지하실에 방치되어 있다는 것을 알고 있다. 그리고 사람들은 모두 아이가 거기 있어야 한다고 생각한다. 즉, 오멜라스 사람들의 행복과, 도시의 아름다움이, 그들의 따뜻한 우정이, 자식들의 건강이, 심지어는 풍요로운 수확과 온화한 날씨까지도 전적으로 그 아이의 끔찍한 불행에 달렸다고 생각한다. 혹시나 그 아이가 불쌍해서 그 비참한 곳에서 데리고 나와 햇빛을 보게 하고, 씻기고 먹이고 위로한다면, 그날 그 시간부터 오멜라스의 모든 풍요로움과 아름다움, 기쁨은 파괴될 것이다. 그것이 행복의 조건이다.

— '오멜라스를 떠나는 사람들' 중에서 수정 발췌

※오멜라스에 사는 청년 준수와 창민은 지하실에 있는 아이를 보고 와서 대화를 했다.

준수 : 우리가 이렇게 행복하게 살 수 있었던 게 저 아이의 불행 때문이라니….

창민 : 그러게 그 아이에게 너무 미안하네….
　　　하지만 난 그 아이는 그 지하실에 있어야 된다고 생각해.
　　　그 이유는 (　　　　　　　㉠　　　　　　　)

준수 : 창민! 네 생각도 일리가 있지만, 난 그 지하실에 있는 아이를 데려와서 보살펴야 한다고 생각해.
　　　그 이유는 (　　　　　　　㉡　　　　　　　)

서술형 1. 빈칸 ㉠에 들어갈 내용으로 창민이 위와 같은 선택을 한 이유를 〈조건〉에 맞게 서술하시오. (6점)

〈 조건 〉
1. 창민이는 공리주의자이다.(최대행복원칙)
2. 주어진 분량 안에서 서술할 것.(띄어쓰기 포함 300자 이내). 분량을 벗어난 내용은 채점에서 제외.

서술형 2. 빈칸 ㉡에 들어갈 내용으로 준수의 주장을 〈조건〉에 맞게 서술하시오. (6점)

〈 조건 〉
1. 공리주의(최대행복원칙)의 한계점에 초점을 맞춰 서술할 것.
2. 도덕 추론에 형식에 맞춰 서술할 것.

도덕 성찰 일기 베스트

자신의 수업 성찰을 잘 한 친구들의 글입니다. 단순히 점수를 잘 받기 위해서라기보다는 수업 내용을 한 번 더 생각하고 자신의 생각을 정리하는 습관을 가집시다. 어떤 생각들을 했는지 살짝 살펴볼까요?

❶ 오늘 배운 내용 중 가장 인상 깊은 내용과 그 이유는?

수업 주제	성찰 일기
욕하면 왜 안 되나요?	'주먹보다 아픈 언어폭력'이라는 말이 인상적이었다. 언어폭력이 심각한 것은 알았지만, 자살까지 이어질 줄은 몰랐기 때문이다.
하고 싶은 일만 하면 왜 안 되나요?	욕구의 긍정적, 부정적 역할에 대한 것이 인상 깊다. 너무 지나친 욕구는 다른 사람들에게 피해가 간다는 것, 욕구는 생활에 필요한 것이라는 점을 새롭게 알았기 때문이다. 우리가 그동안 그 일을 해도 되는지는 생각하지 않고 그냥 하고 싶다는 욕구만으로 행동했다는 것이 부끄러웠다. 성범죄도 욕구에서 시작된 것이라고 생각하니 욕구 조절이 중요함을 깨달았다.
중학생이 되니 돈이 많이 필요해요.	공기나 물, 나무 같은 꼭 필요한 것들이 시간이 지날수록 돈으로 사야 하는 것들이 되어 가고 있다. 과거에는 공짜였는데 이제는 돈을 내야 한다고 생각하니 미래가 더 걱정이 된다.
돈은 사람을 지배하나요?	다른 사람의 이야기를 들을 때, 기부하는 이야기는 지배하고 있는 돈이고, 돈 때문에 사람을 죽인 것은 돈에게 지배당하고 있는 사람이라고 생각했다. 하지만 선생님께서 "그럼 너희는 어때?"라고 물으셨을 때 선뜻 답하지 못한 것이 인상 깊었다.

❷ 새롭게 깨달은 점은? (기존 나의 생각에 변화를 준 것)

수업 주제	성찰 일기
욕하면 왜 안 되나요?	친구들 사이에 욕을 사용하면서 더 친해질 수 있어 좋다고 생각했다. 그러나 욕이 일반 단어에 비해 4배나 더 기억이 되며, 자살까지 하게 하는 폭력적인 언어라는 점을 알고 나니 욕을 자제해야겠다고 생각했다.
하고 싶은 일만 하면 왜 안 되나요?	우리는 욕구와 당위 사이에서 고민을 한다. 욕구와 당위 사이에서 고민할 때 욕구를 선택하는 경우가 많은데 나의 욕구 때문에 다른 사람에게 피해가 간다고 생각하니 행동을 선택할 때 한 번 더 생각해 보아야겠다. 욕구는 원래 나쁜 것, 부정적인 것이라고 생각했는데, 이 수업을 듣고 욕구를 통해 목표가 생기고 행동의 계기가 될 수 있는 점을 알게 되어 나의 생각에 변화를 주었다. 욕구를 행동으로 옮길 때 당위를 생각해야 한다는 것이 새로웠다. 그동안에는 당위를 생각하지 않고 내 마음이 가는대로만 행동했기 때문이다.
중학생이 되니 돈이 많이 필요해요.	사람을 돈으로 살 수 있다고 생각했다. 그러나 막상 아이들과 선생님의 의견을 들어보니 사람은 돈에 비유할 수 없는 가치가 있다는 것을 새롭게 느꼈다. 사람을 사고팔 수 있다고 생각했다. 그런데 도덕 선생님의 "나를 사고팔 수 있을까?"라는 말을 들으니 사람을 사고팔 수 없다고 생각하게 되었다.
돈은 사람을 지배하나요?	어렸을 때부터 친구가 돈 때문에 힘들어하거나 가족이 힘들어하는 모습을 많이 봐 와서 돈이 정말 무섭기도 하고 욕심이라는 생각도 했다. 그런데 1억을 기부한 할머니를 보니 나도 앞으로 돈을 쓰면 뿌듯함을 느낄 수 있다는 것을 알았다.

2학년 수학 수행평가 척도안

가. 종류

수학과 수행평가는 2학년은 프로젝트, 독후 쓰기, 학급 수학일기, 자기 수학일기, 평소 과제, 수업 성실도 평가의 6가지 형태로 실시한다.

나. 반영 비율

	활동 과제 (논술)	독후 쓰기 (논술)	학급 수학일기 (논술)	자기 수학일기 (논술)	평소 과제	수업 성실도
반영 비율	10%	5%	5%	10%	10%	10%

활동 과제

다. 세부 사항

평가 요소	배점	10점	8점	6점	4점	2점	0점
• 활동 과제가 완성되었는가? • 활동 과제물이 구조적으로 정리가 되었는가? • 성실성이 돋보이는가? • 동료 평가에서 우수함을 받았는가? • 기한 내에 제출하였는가?		5개 항목 만족	4개 항목 만족	3개 항목 만족	2개 항목 만족	1개 항목 만족	어느 것도 만족하지 않음

독후 쓰기

평가 요소	배점	5점	4점	3점	2점	1점	0점
• 주제가 잘 드러나게 썼는가? • 글의 내용이 독창적이고 창의성인가? • 자기 의견이나 주장을 잘 드러내고 있는가? • 수학 용어나 기호의 의미를 명확히 파악하고 있는가? • 제시한 분량과 날짜를 지켰는가?		5개 항목 만족	4개 항목 만족	3개 항목 만족	2개 항목 만족	1개 항목 만족	제출하지 않음

학급 수학일기

평가 요소	배점 5점	4점	3점	2점
완전성 정확성 기록 횟수	수학일기에 있는 내용이 완전하고 정확하며 자신의 의견을 조리 있게 피력하고 매회 빠짐없이 기록했다.	수학일기에 있는 내용이 불완전하고 부정확하며 자신의 의견을 조리 있게 피력하고, 매회 빠짐없이 기록했다.	수학일기에 있는 내용이 불완전하고 부정확하나, 자신의 의견을 조리 있게 피력하지 않고, 매회 빠짐없이 기록했다.	수학일기에 있는 내용이 불완전하고 부정확하며 자신의 의견을 불분명하게 피력하고, 1회 이상 작성하지 않았다.

자기 수학일기

평가 요소	배점 10점	8점	6점	2점
완전성 정확성 기록 횟수	수학일기에 있는 내용이 완전하고 정확하며 자신의 의견을 조리 있게 피력하고, 매회 빠짐없이 기록했다.	수학일기에 있는 내용이 불완전하고 부정확하며 자신의 의견을 조리 있게 피력하고, 1회 기록하지 않았다.	수학일기에 있는 내용이 불완전하고 부정확하며 자신의 의견을 조리 있게 피력하고, 2회 기록하지 않았다.	수학일기에 있는 내용이 불완전하고 부정확하며 자신의 의견을 조리 있게 피력하고, 3회 이상 기록하지 않았다.

평소 과제

평가 요소	배점 10점	9점	8점	7점	6점	5점	4점	3점
과제물 완성 횟수	과제를 10회 이상한 경우	과제를 9회 한 경우	과제를 8회 한 경우	과제를 7회 한 경우	과제를 6회 한 경우	과제를 5회 한 경우	과제를 4회 한 경우	과제를 3회 이하 한 경우

수업 성실도

평가 요소	배점 10점	8점	6점	4점
완전성 정확성 기록 횟수	매사에 교사의 수업이나 친구들의 설명을 귀담아 듣거나, 친구에게 설명도 잘 해 주며, 수업 준비가 철저했다.	매사에 교사의 수업이나 친구들의 설명을 귀담아 듣긴 하나 친구들과 협력하지 않으나 수업 준비가 철저했다.	교사의 수업이나 친구들의 설명을 듣지 않는 경우가 더러 있으며 친구들과도 협력하지 않으나 수업 준비가 철저했다.	교사의 수업도 친구들의 설명도 귀담아 듣지 않으며 매우 수동적이며, 수업 준비가 2회 이상 준비되지 않았다.

수학과

⟨중2⟩ 서술형 1. 주어진 문장 중에서 명제인 것을 모두 고르시오. [2점]

(ㄱ) 정삼각형은 이등변삼각형이다.
(ㄴ) 박쥐는 조류이다.
(ㄷ) 세상은 아름답다.
(ㄹ) 정삼각형은 세변의 길이가 같다.
(ㅁ) 두 수 a, b가 홀수이면 a+b는 홀수이다.
(ㅂ) 명탐정 코난은 반드시 범인을 잡을 것이다.

서술형 2. 다음은 문제 상황에 맞추어 텃밭을 재구성한 것이다. 전체 텃밭의 가로의 길이가 49m, 세로의 길이가 13m라고 가정하자. 그 안에는 가로의 길이가 1m, 세로의 길이가 3m인 텃밭 상자를 72개를 놓고, 상자 사이의 간격은 1m로 통로를 만들어 모둠 텃밭 상자를 배치하려고 한다. 전체 텃밭 중에서 텃밭 상자를 제외한, 색칠한 통로의 넓이는 얼마인지 구하시오. [4점]

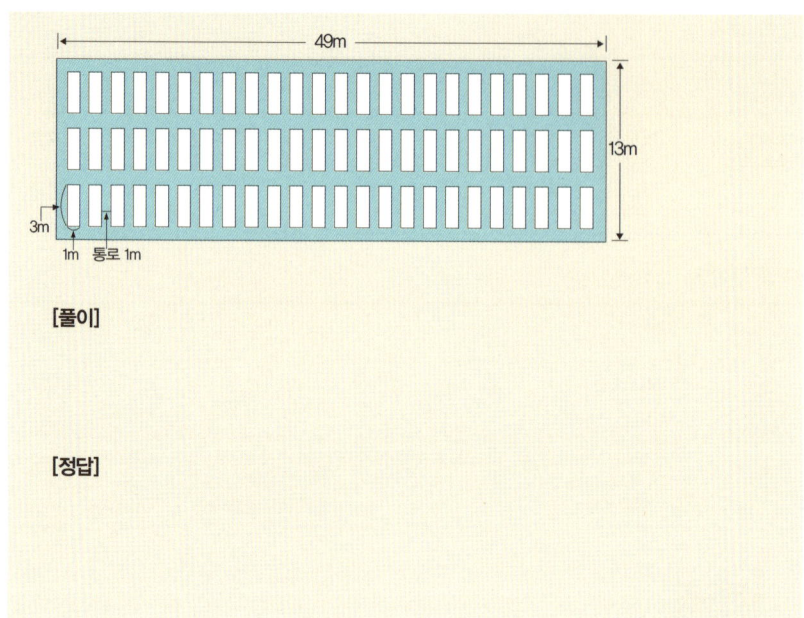

[풀이]

[정답]

〈중2〉 서술형 3. 다음 글을 읽고 물음에 답하시오.

> 앨리스는 쐐기벌레가 준 버섯을 먹고 목만 엄청나게 길어진 모습이 되고 말았다. 바로 그때 커다란 비둘기 한 마리가 날아와서 양 날개로 앨리스의 얼굴을 사정없이 때렸다.
> 비둘기 : 야, 이 뱀아!
> 앨리스 : 나는 뱀이 아니야. 나를 내버려 둬!
> 비둘기 : 뱀이야. 넌 뱀이라고!
> 앨리스 : 난 뱀이 아니라니까! 나는…. 나는 여자아이야.
> 비둘기 : 나는 수많은 여자아이를 보았지만, 이렇게 긴 목을 가진 여자아이는 처음이야!

1) 비둘기가 앨리스를 뱀이라고 생각하는 이유를 쓰고, 앨리스의 입장에서 이를 반박하되 답안지에 있는 원고지 양식에 맞추어 60자 이상 쓰시오. (단, 띄어쓰기 포함) [2점]

2) 수학에서 '정의'가 필요한 이유를 그 예를 들어 답안지에 있는 원고지 양식에 맞추어 40자 이상 쓰시오.(단, 띄어쓰기 포함) [3점]

〈중1〉 논술형 문제. 다음은 수학 시간에 배운 시 「유리수의 비애」를 읽고 중학교 1학년 학생이 쓴 수학일기이다. 물음에 답하시오.

> 2014년 4월 ○일 ○요일   날씨 ☼
>
> 초등학교 때 나는 작은 수에서 큰 수는 절대로 뺄 수 없다고 생각했다. 그런데, 나는 득도의 경지에 이르러 '음수'를 터득했다! 마침내 임을 깨달았다. 유리수의 세계는 오묘하고 신기했다.
> 그런데 오늘 수학 시간 『유리수의 비애』라는 시를 접하게 되었다. 선생님은 넓이가 2인 정사각형의 한 변의 길이를 유리수로 나타낼 수 없다고 말씀하셨다.
> 휴….
> 무한한 변화와 발견이 오늘도 계속되고 있다는 진리를 믿고 있긴 하지만 어째 수가 여기서 끝은 아닌가 보다.

수학 시간에 배운 「유리수의 비애」와 수학 일기를 읽고 자연수부터 시작해 확장되어 가는 수의 세계를 설명하고 자신의 의견과 생각을 자유롭게 적어 보시오.

| 영어과 |

논술형1. 동화책 중에서 해석이 어려웠던 부분을 찾고, 어떤 오류가 있었는지, 왜 어려웠는지 단어, 숙어, 문법, 어법상 근거를 찾아서 설명하시오. (6.0점)

〈 조 건 〉
1. 영어 문장을 찾아 완전한 문장으로 쓸 것.
2. 어려웠던 부분, 틀린 부분을 찾아 오류를 분석하고 새롭게 알게 된 내용을 설명할 것.

〈단어, 숙어, 문법, 어법〉

어려웠던 문장

내가 했던 오류, 어려웠던 점이 무엇이었는지를 찾고, 새롭게 배운 점을 설명하기

논술형2. 다음을 읽고 물음에 답하시오. (6.0점)

〔**성역할(gender role)**〕말하는 형식, 언행의 버릇, 품행, 의복과 동작 등을 포함하여 성과 여러 가지 행동적 표현을 둘러싼 개념으로부터 발생한 사회적 기대를 말한다. 남성다움과 여성다움의 관념은 종종 상호배타적인 것으로 생각되고, 어떤 사회에서는 역할 행동이 양극화되고 있다(예, 여성적 역할의 수동성과 남성적 역할의 활동성이라는 등식). 성역할에 관한 규정은 노동의 성적 분업과 여성의 작업 상황에서 특히 명백히 나타난다.(사회학사전, 2000. 10. 30.)

① 동화에서 나타난 전통적인 성역할이나 고정관념을 깨뜨리는 문장을 한 문장씩 고르고, 그 문장을 고른 이유를 쓰시오.
『Piggybook』
문장 :
이유 :

「The paper bag princess」
문장 :
이유 :

② 우리 주변에서 찾을 수 있는 성역할에 대한 고정관념의 예를 제시하고 무엇이 문제인지 자신의 생각이나 입장을 서술하시오.

여전히 남아있는 평가에 대한 고민들이 있다. 평가가 끝난 후에는 교사들이 함께 모여 서로의 평가를 들여다보며 그 과정을 성찰하는 시간을 갖기도 했다. 저마다 낸 시험지를 들고 둘러앉은 교사들은 여러 가지 고민과 숙제들을 풀어 놓았다.

- 무엇을 평가하고 어떤 것을 가르칠 것인가?
- 과정 평가가 어디까지 가능할 것인가? - 과제, 학생 수, 결과물에 집착
- 저마다 흥미와 속도가 다른 아이들의 성장을 어떤 기준에 맞춰 평가할 것인가?
- 모둠별 평가는 어떠해야 하는가? - 동료 평가의 한계. 일부 학생에 대한 부담
- 수행평가? 자기가 배운 지식과 개념을 일상에서 어떻게 적용할 것인가? 자기 교육과정에 대한 이해와 단원에 대한 이해에서 나와야 하는데 결과물에만 집착하다 보니 과제가 되고 있다.
- 정의적 영역에 대한 평가(호기심, 적극성), 성취 기준이 가능할까?
- 태도, 수업 준비도는 너무 주관적이지 않을까?
- 이것이 정말 아이들의 성장에 도움이 될까?
- 성취도가 높을 때 척도안, 성취 기준이 잘못된 것인가?
- 교사별 평가에 대한 문제 - 교사에 따라 다른 게 맞나?
- 아는 것과 실천이 다른 문제에 대한 문제
- 도덕 시험을 잘 보는 아이는 정말 도덕적일까? 사회 참여의 영역 평가?

- 평가는 지적 영역에 대한 평가일 수밖에 없다.
- 아이들의 수가 아직도 많은데 질적 평가가 가능할까?
- 등급을 매긴다는 의미는? 기준이 아무리 똑같아도 교사마다 다를 수밖에 없다.
- 객관화 하려고 하는 순간 아이의 고유 특성이나 처음 기준이 다를 수밖에 없다.
- 교사가 학생들을 일일이 관찰하면서 평가할 수 있을까?
- 문제 해결 영역은 어떻게 평가할 것인가?
- 교사가 생각하는 척도와 학생들의 척도가 다른 문제
- 활동 전후의 성장 여부에 대한 것이 반영이 되어야 한다.

아직도 해결해야 할 과제가 많이 남아있지만 서열화, 점수화되는 평가를 극복하며 진정한 아이의 가치를 찾는 것을 기준으로 삼기 위해 교사는 평가에 대한 고민을 지속적으로 해야 한다는 것에 서로가 동의했다. 이를 위해서 교사는 자기 교과의 전문성을 갖는 데 더욱 노력해야 하고, 자기 교과의 교육과정 교육 목표-교육 내용-교육 평가을 꿰뚫고 있어야 한다. 특히 명심할 것은 전문성만 있고 관점과 철학이 부재한 교사는 결국 아이들을 불행의 길로 이끌 수밖에 없다는 사실이다. 그래서 교사는 단단한 교육철학을 내면화해야 하며, 자기 교과의 전문성을 갖추어야 하고, 더불어 미래에 대한 안목과 성찰할 수 있는 힘을 가지고 있어야 한다.

평가는 또 다른 시작, 의정부여중 자체 평가

평가는 조직을 성찰하고 더 나아가게 하는 도약의 걸음을 내딛게 하는 가장 중요한 과정이다. 평가는 성찰의 과정이며, 대안이 있는 비판의 장이며 대안을 모색하고 방향을 설정하는 시간, 때로는 조직이 나아가야 할 방향에 대한 교육의 장이 되기도 한다. 그리고 성과를 나누고 힘을 얻는 과정으로 평가는 축제의 자리가 되어야 한다.

의정부여중에서는 학생, 교사, 학부모가 참여하는 교육과정에 대한 평가, 교육 활동에 대한 평가, 한 학기 생활 평가를 하고 있다. 방식도 개인 평가, 모둠 평가, 학년별 평가, 부장회의 평가, 전체 워크숍 등 수많은 평가의 시간들이 있다.

아이들도 주제통합 기행을 다녀온 후, 교과통합 프로젝트를 진행 후, 학기가 끝날 때마다 수업 시간에 보고서로 발표를 하고 모둠별 활동 평가를 거친다. 이러한 평가는 개선 사항을 찾아 이듬해에 반영되는 환류의 과정을 거쳐 조직을 성장, 발전시키고 있다. 모든 평가는 처음 세웠던 교육과정, 교육 활동에 대한 목표 달성과 개인과 집단이 어떤 성장을 했느냐에 대한 성찰의 과정을 기준으로 삼고 있다.

- 평가의 시작은 계획을 함께 세우는 것부터!
- 실행 주체들에 의한 평가(학년 단위, 부서 단위, 학생 평가, 수시 평가)
- 집단 지성의 힘 - 참여, 협력, 소통
- 교육 활동이 교사, 학생들의 성장에 어떤 영향을 미쳤는가.
- 구성원에게 평가 내용 공유

학교 자체 평가는 학교 구성원(학생, 교사, 학부모) 모두가 참여하는 학교 평가 시스템을 구축하는 것이며, 결과보다는 과정을 중시하는 질적인 평가로의 전환이 중요하다. 그리고 이러한 평가 업무의 간소화를 이루는 과정도 평가가 학교의 교육력을 향상시키는 중요한 과정으로 자리 잡는 데 꼭 필요한 요소이다.

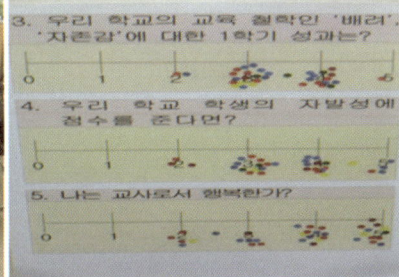

개방형 설문지
2011년 혁신학교 1년차 – 교사 대상

1. 올해 가장 기억에 남는 일과 그 이유는?
2. 올해 가장 의미 있게 바라본 일과 그 이유는?
3. 올해 가장 아쉽게 생각하는 일과 그 이유는?
 *주제통합기행, 계획을 세울 수 있는 충분한 시간이 없어 교사들의 의견 위주로 행사가 이루어진 것에 대한 아쉬움 때문.
  대안 : 수업으로 가져와서 충분히 계획, 논의, 반영할 수 있도록(교육과정 재구성).
 *보여주기 식의 행사가 너무 많았습니다. 수업 준비 시간이 너무 부족합니다.
  대안 : 행사와 특별 활동, 생활지도를 수업으로(교육과정 재구성).
 *교사들 간의 불화 – 자신의 생각만 옳다고 생각하고 행동하는 독단적인 모습의 교사들
  대안 : 구조 재편성 (교육실현팀, 교육지원팀 소통 강화, 대토론회)
4. 올해 혁신학교가 되면서 일어난 변화는?
   - 학교의 변화
   - 학생의 변화
   - 나의 변화
6. 혁신학교의 발전을 위해서 하고 싶은 말은

개방형 설문지
소녀들의 심리학(학생) – 2011년 혁신학교 1년차

1. 취지

스승의 날 즈음이면 불거지는 촌지 문제와 틀에 박힌 행사로 차라리 재량 휴업을 하자는 의견이 나올 정도로 교사들을 불편하게 만드는 게 요즘의 현실이다. 그래서 의정부여자중학교에서는 형식적인 행사보다 내가 함께 하고 있는 제자들이 어떤 고민을 갖고 있는지 들어보고 아이들 앞에서 나는 어떤 교사로 서야 할지를 고민하며 앞으로 학교가 지향해야 할 방향에 대해 생각과 마음을 모아 가는 소통의 자리를 가져 보고자 한다.

2. 방침
- 문제해결이나 사안을 논의하는 자리가 아니라 학생들의 생각을 들어보고 전반적인 소통의 계기로 삼기 위함이다.
- 교과 담당(3교시) 선생님들은 입장하셔서 아이들에게 질문지만 나눠 주고 토론이 어려울 때 도움을 준다.
- 1차 학생 편에서는 학생들의 생각을 먼저 들어보고 추후 선생님들의 생각을 들어보는 자리를 마련하면 더 좋을 수도 있을 것 같다.(학생의 날(11월) 정도)
- 학년별로 통계, 분석해서 다양한 의견을 들어본다.(학년부가 취합)

3. 진행 방식
반장이 주도하여 목적과 취지를 공유하고 토론을 진행시킨다.

↓

질문지를 주고 모둠별로 생각을 나눈 뒤 각 모둠 안에서 한 명이 내용을 정리하여 종이에 적고 모둠별 나온 내용들을 발표하며 공유한다.

↓

교사의 정리 발언 및 질문지 수거(교과 선생님께서 모아 각 학년부에 제출)

4. 질문지 내용
① 수업 방식 – ㄷ자형 교실 배치, 협력 수업, 토론 수업
② 관계 – 교사와 학생 사이, 학생과 학생 사이
③ 교육과정 중 교과통합 프로젝트, 주제통합기행, 동아리 등
④ 선생님들이나 학교에 바라는 점

> 자체평가
> 사례

소녀들의 심리학 결과(학생편-혁신학교 1년차)

전체 학년 학생들의 공통된 목소리 입니다. 대다수의 학생들이 혁신학교의 변화에 긍정적이었습니다. 물론 비판과 반성의 목소리도 있습니다. 더 좋은 학교를 만들기 위해 머리를 모아 봅시다.

1. 학교 문화가 바뀌다

좋은 점
평화롭고 행복하며 서로 협력하는 분위기이다.
선후배간의 갈등과 경쟁이 없다.
다른 학교에 비해 왕따 문제가 심각하지 않고 학교 폭력 문제가 거의 없다.
선생님들이 우리를 많이 이해해 주시고 존중해 주신다.
선생님들이 다소 거리가 먼 답이라도 자유롭게 받아주셔서 생각의 폭이 넓어졌다.

문제점
선생님에게 버릇없이 행동하는 친구들이 있다.
학생들에게 상처 되는 말을 하고 차별하는 선생님들이 있다.

2. 수업이 바뀌다

좋은 점
스스로 해결하는 능력이 높아진다.
여러 가지 의견을 들을 수 있다.
기억에 잘 남고, 공부에 흥미가 생긴다.
수업이 지루하지 않고 선생님과 학생들이 모두 열심히 한다.
쉽게 의사소통이 가능하고 친구들과 함께 다가갈 수 있는 계기가 된다.

문제점
진도를 차례로 나가지 않아 공부할 때 어려움이 있다.
책상 돌리기가 힘들다.
너무 모둠만 의존하고 무임승차, 소외되는 아이가 생길 수 있다.
딴 짓하기 힘들고 잠을 잘 수 없는 것이 불만이다.
모둠별로 경쟁하는 분위기가 나타나기도 한다.
고등학교 가면 강의식 수업에 적응을 못할 것 같고 많이 그립기도 할 것 같다.

3. 동아리를 우리 손으로

좋은 점
흥미 있는 동아리 활동이 많고 동아리도 공부인 것 같다.
내가 만들 수 있어서 의미 있고 진로에 도움이 된다. 선후배 간에 친밀감이 높아진다.
문제점
돈이 많이 드는 동아리가 있다. 인원 초과로 원하는 동아리 활동을 못해 아쉽다.
동아리 주제와 맞지 않는 활동을 하기도 한다.

4. 주제통합기행과 교과통합 프로젝트를 통해 학교 밖에서도 배우다

좋은 점
교과통합 : 공부와 함께 결합되어 있어서 배우는 활동이어서 좋다. 야외 수업을 통해 더 재미있게 배우는 것 같다. 선생님이 없어도 활동 가능하며 독립심이 강해진다.
주제통합 : 목적과 의미를 가지고 갈 수 있어서 좋다. 우리가 직접 정한다는 것에 의미가 있다. 학급끼리 가서 너무 좋다. 준비하는 과정이 재미있고 기대된다. 여러 지역에 대해 공부할 수 있다.
문제점
비용이 드는 부담이 있다.
당일 날 미션이 너무 어렵고 수행평가로 인해 부담스럽다.
어디로 갈지, 무엇을 할지 모두 우리가 결정해야 해서 힘들다.
교과통합 프로젝트도 어떤 교과와 연결되는지 미리 알려주시고 학생들의 선택권도 조금 더 커졌으면 한다.

5. 선생님들께, 학교에게 바라는 점

책상을 바꿔 주세요.
화장실을 청결하게 해 주세요.
선생님들이 좀 더 친절했으면 해요.
수행평가 날짜가 몰리지 않게 하고 수행평가 비율을 줄여 주세요.
개념을 먼저 잡아 주고 모둠 활동을 했으면 좋겠다.
중간고사와 기말고사를 보는 과목 수가 달라 상대적인 부담감이 있다.
선생님들의 수업 방식을 통일했으면 해요.
자유롭고 민주적인 분위기는 좋으나 규칙을 어겼을 때는 규제를 강하게 했으면 한다.

2012년 교과통합 '생태' 프로젝트 평가서

연번	평가 항목	내용	교사
1	목적 설정, 준비 과정	**교과통합 프로젝트의 목적** 1. 여러 과목의 연관성 이해 2. 모둠 활동을 통해 의사소통 능력 기름 3. 체험 활동을 통해서 생활과 밀접한 지식을 배움 4. 다양한 방식의 창작물 제작으로 통합적 창의성 기름 **생태 교육의 목적** 생태 프로젝트 활동을 통해 아이들에게 자연에 대한 올바른 인식을 갖게 함으로 건전한 인격을 형성하고, 이것을 개인적, 사회적 삶으로 확장시키면서 더불어 사는 삶의 소중함을 배우며, 행복의 가치를 타인에게 나누어 줄 수 있는 사람이 되도록 하는 데 목적을 둔다.	
2	세부 프로그램 진행	가. 생태 교육 : 4월 30일 ~ 5월 3일 　• 교과 통합 프로젝트 　• 통합활동 : 자원 재활용 "아나바다" 나. 생태 체험 : 5월 4일 　• 장소 : 광릉수목원 또는 생태 숲 　• 런닝맨 활동 : "빙고 레이스" 다. 생태 예술제 : 5월 7일 이후 결과물 전시	
3	이 배움을 통해 나는 무엇이 성장하였는가?		
4	다음을 위해서		

잡초에 대한 단상

잡초는 '가꾸지 않아도 저절로 나서 자라는 여러 풀'을 말한다. 또 농작물을 키울 때, 해가 되는 풀들을 말하기도 한다. 그런 관점에서 보면 지금 화원에 있는 많은 종류의 꽃들도 잡초라고 할 수 있습니다. 잔디가 잘 가꾸어진 정원에서 스스로 난 민들레나, 냉이, 꽃다지, 달맞이 꽃, 개망초 같은 들꽃은 잡초로 취급받아 직접 뽑히거나 심지어 제초제까지 사용하게 된다. 그런데 관점을 조금만 달리 한다면 잔디만 자라는 정원보다는 다양한 풀꽃들이 자라는 정원이 훨씬 교육적으로 좋다고 생각할 수 있다.

어쩌면 교실에서도 작은 화단의 철학이 숨어 있는지 모른다. 빼어난 한 녀석만 키우고 나머지는 솎아낼 것인지, 모두 각자의 모습으로 개성을 가지고 꽃을 피우게 할 것인지.

자체평가 사례

교과통합기행 평가 간담회(교사)

2012년 5월 7일 그린나래실
참가자 : 1학년 담임, 교과 담임

1. 좋았던 점
- 교과통합기행을 떠나기 전 아나바다 장터를 진행하여 생태, 환경에 구체적으로 접근할 수 있었음.
- 수업과 연계해서 사전 준비가 좋았음. 2학기에는 아이들에게 좀 더 많은 주도권을 주면 좋을 듯.
- 학부모님들 평가가 긍정적임.
- 아나바다 장터를 하면서 아이들이 즐거워함. 쓰지 않는 물건이 의미 있게 쓰일 수 있음을 아이들이 깨달음.
- 생태는 자연만 생각했으나 영어과에서 '인간-인간'을 연결 지음. 빙고 레이스를 통해 서로 어우러지는 시간이 되었음.
- 아이들이 머무른 곳에서 쓰레기가 거의 나오지 않았음. 생태 환경 교육의 결과라고 생각함.
- 교과통합이 유기적으로 잘 될 경우 수업이 활발해질 수 있다는 가능성을 발견함. 국어와 사회과가 내용-활동으로 서로 연계되어 수업량이 줄어듦.

2. 보완할 점
- 사전 답사에서 교통수단을 꼼꼼하게 알아보지 못한 불편함이 있었음. (버스 시간 간격이 너무 큼)
- 활동지가 종이 한 장이라 쉽게 망가짐.
- 런닝맨 미션에 집중되어 미션 시간에 쫓겨 수목원을 깊이 체험하고 느낄 수 있는 시간이 부족했음.
- 모둠 빙고 레이스가 다소 결과 중심적으로 흐른 점이 아쉬움. 경쟁이 심해지면서 서로 의견 충돌이 있었음. 앞으로 결과 중심적인 활동을 지양해야 할 듯.
- '생태'를 진도와 관계없이 넣게 되어 전체 흐름에 영향을 줌. 교과통합 전에 충분히 수업으로 가져오지 못했음.

3. 총평
- 의사소통, 관계를 맺어 가는 과정을 익히는 시간이라고 생각. 어른들이 기다려 주는 마음이 필요함.
- 아이들이 직접 기획해 보고 즐거움을 느끼는 방향으로 발전을 시켜 보기.
- 하나의 주제를 가지고 교과 간 연계한 수업이 의미 있었음.

자체평가 사례

2012년 1학년 주제통합기행 교사 평가

- 국어 시간에 공정 여행 교육을 통해 여행을 가는 이유와 목적과 방법을 공유하고 모둠별로 장소를 추천, 프로그램 선정 등을 하는 과정을 거쳤던 것이 큰 힘이 되었다.
  - 장소, 프로그램 만족도 높음, 역할 분담 잘 됨, 쓰레기 덜 나옴, 지역 주민들에게 예의 바름.
- 학급별로 모두가 참여해서 준비하는 여행이었다.
- 무지 많은 회의(회의 절차, 과정을 통해 관계의 문제, 소통의 방법 등을 배울 수 있었음.)
- 사전 답사 때 교통 어려움, 시간 부족, 아이들과 함께 답사하는 것에 대한 장단점.

※ 보완점 : 인터넷으로 장소 선정하다 보니 답사 후 변경된 반이 거의 대부분 장소 선정에서 교사 개입 필요. 다녀본 곳 중 좋은 장소를 내년에 추천하는 것도 방법일 듯.(아이들이 동의할 것인지)

현장 진행

- 전반적으로 차분한 가운데 역할 분담도 잘 되었고, 사고도 없고, 모두가 즐거워하는 여행이었음.
- 자기들끼리 준비한 것이라 참여도도 높았음.
- 장마 전이라 계곡은 위험, 수영장이 있는 펜션이나 레포츠(래프팅 등) 하나를 끼는 것이 좋음.
- 사고에 대한 안전 지도가 항상 걱정임.

※ 보완점 : 교사 한 명이 감당하기에는 버거움, 아이들 간에 세부적인 역할 분담 필요
  이동거리 미리 답사 필요

1. 장보기 + 음식

아이들이 하지 않은 부분은 아쉬웠다. 제일시장을 이용하면 싸게 살 수 있음.
음식 남지 않도록 – 고기나 야채 등 조금 모자라게 사는 편이 더 좋았을 듯!
조리하기 편한 식단 요구됨. 고기 공동 구매 논의
24명이면 대략 10~12근이면 충분함. 김치를 생각보다 안 먹음, 2Kg 정도 사는 것도 방법임.
쌀은 종이컵으로 하나 가득이면 충분함.
가래떡 구워 먹기는 좋았으나, 양파나 버섯 등은 굽기 불편했음.
화채는 참 좋았음, 라면도 20개 +사리 5개면 충분함.

고기는 목살이 삼겹살보다 좋음, 감자와 고구마 중 고구마를 더 잘 먹음.
야식 : 부침개 +수박 잘 먹었음, 물은 지하수일 경우 보리차 티백 가져가면 좋을 듯.
식용유는 가장 작은 사이즈 대략 3반 정도 사용 가능함.
아침 김치찌개, 머스터드 소스, 치킨너겟, 김도 좋았음.
점심용 – 소보로빵, 주스, 라면, 비빔밥 추천.

2. 펜션 + 물놀이
수영장이 있어 최근 가뭄과 상관없이 잘 놀았음, 위험하지도 않음
물놀이용 튜브나, 공 등을 챙겨 가면 애들끼리 잘 놀음!
24명에 화장실 2개는 복잡함, 화장실과 현관 사이의 동선도 생각해 볼 문제
24명이 내뿜는 열이 생각보다 심각함, 나방이 심해 방충망 시설 생각해 볼 문제
분리수거를 위한 배분과 음식물 쓰레기 처리도 생각해 볼 문제
일정을 잡을 때 대학교 일정을 파악해서 잡는 것도 바람직할 듯

3. 역할 배분
청소 담당, 설거지 담당, 뒷정리 역할 절대적으로 필요함

4. 게임
실로폰이 필요했었음, 무선 마이크, 엠프 시설도 좀 아쉬움, 음악의 힘을 느낄 수 있었음.
아이들이 선택한 게임은 재미있었으나 뒤로 갈수록 게임이 피곤+루즈해지기도.
– 진행 요령 부족.(리허설 등 필요)
불꽃놀이 등 괜찮음. 담력 훈련은 의외로 효과 못 봄.
비공식 활동 이후 보드게임 등도 괜찮을 듯.
롤링페이퍼는 쓸 시간을 충분히 주거나 분위기가 좀 이뤄질 때 쓰는 게 좋을 듯.
속 이야기를 나눌 수 있는 시간이 아쉬움.

5. 시설 및 장소
TV 있는 방은 지루하지 않긴 했지만 프로그램에 있어 통제하기 어려움.
(귀신영화, 19금 등)
수영장이 있는 펜션이 놀기 좋음 / 이동거리 미리 계산해야 할 듯.
매점이나 슈퍼 등이 없는 게 단체 생활 하기엔 더 유리함.
전체적으로 모일 수 있는 큰 방이나 거실 필요..

추후 평가
- 국어 시간에 조별 평가와 반별 평가를 하는 과정에서 서로 많은 이야기들을 나누었다.
- 기행문 쓰기를 통해 되돌아보기 하는 과정에서 스스로 뿌듯함을 많이 느끼고 자부심을 갖는 것 같았다.
- 학급에서 목소리가 컸던 아이들이 학급에 자연스럽게 섞이면서 학급 분위기가 달라진 반이 많이 있다.
- 교사와 아이들 간에 관계가 더 깊어졌다.
- 학급 아이들의 눈빛이 달라졌다.
- 주제를 더 고민하는 여행이었으면.

자체평가 사례

1학년 주제통합기행 학생 평가

1. 이번 여행을 준비하면서

좋았던 점	아쉬웠던 점
• 반이 단합될 수 있어서 좋았다. • 모둠 친구들과 같이 조사하는 과정이 좋았다. • 25명이 같이 잘 생각에 설레었다. • 좋은 장소를 찾아내서 뿌듯. • 회의하면서 협동심도 기르고 더 친해졌다. • 내가 하고 싶은 것을 할 수 있어서 뿌듯했다. • 미리 정해진 곳이 아니라 우리끼리 정해서 좋았다. • 친구들과 가는 설렘.	• 의견을 조정하는데 시간이 좀 걸렸다 • 우리가 정한 펜션이 아니라 아쉬웠다. • 의견 충돌이 일어나 아쉬웠다. • 모둠 토의가 더 활발했으면…. • 교통편, 장보지 못한 것 불편. • 협조 안하는 친구들에 대한 아쉬움. • 우리가 다 정해야 해서 힘들었음.

2. 이번 여행 프로그램을 실행하면서

좋았던 점	아쉬웠던 점
• 계획을 구체적으로 세워 잘 이루어졌다. • 너무 재밌게 잘 놀았다. • 선생님과 공포영화 본 게 좋았다. • 수영장에서 물놀이가 너무 좋았다. • 장기자랑 너무 재미있었다. • 우리가 만든 밥이 맛있었다.	• 누가 열심히 했는지 따졌던 것. • 2박3일 이었으면…. 너무 짧다. • 시간이 너무 빨리 갔다. • 레크레이션 시간 부족

3. 이번 여행 중에 나와 친구들을 보면서

좋았던 점	아쉬웠던 점
• 싸우지 않고 단합이 잘됐다. • 평소와 다른 모습을 볼 수 있어서 좋았다. • 친구들과 재밌고 신나게 놀아서 좋았다. • 친구들과 많은 대화를 나누어서 좋았다. • 단합, 협동심. 서로 걱정해 주는 모습 • 웃음이 넘쳤다 • 친구들의 솔직한면과 새로운 면을 봄.	• 자기 물건을 잘 안 챙겼다. • 짐정리 못해서 혼났다. • 청소를 잘 안 해서 아쉬웠다. • 일하는 아이들만 했다. • 밤을 새지 못했다. • 약간의 다툼.

4. 여행을 통해 나에게 생긴 변화

- 살이 탔다.
- 친구들과 더 친해진 것
- 몸이 힘들다.
- 다 같이 친해짐
- 관계가 좋지 않았던 친구들과 친해짐
- 배려를 배웠다.
- 좀 더 솔직해진 것
- 리더십 생김
- 벌레가 덜 무서워졌다.
- 또 가고 싶다.
- 물을 아껴야겠다.
  - 친구들에 대한 신뢰가 생김
- 집 나가면 개고생이란 걸 알게 되었다.
- 엄마가 고생하는 것을 보고 엄마를 도와주었다.
- 설거지하는 게 힘들어 그릇을 적게 사용하게 됨
- 우리끼리도 뭔가 할 수 있다는 자신감을 얻었다.
- 애들을 신경 쓰게 되었다.
- 여행가는 게 얼마나 힘들고 동시에 재미있는 것인지 알게 되었다.
- 학교가 아니 다른 곳에서 아이들의 모습을 볼 수 있어서 좋았다.
- 내가 할 일을 책임지고 하게 되었다. 저녁밥을 먹을 때 엄마에게 감사하다고 말씀드렸다.
- 친구들과 더욱 더 친해져서 학교 오기가 정말 재미있어졌다.
- 토의하는 과정에서 협동심이 길러졌다.
- 내가 잔소리가 많다는 걸 알았다.
- 의정부여중은 주제통합을 참 귀찮게 한다는 걸 알게 되었다.
- 여행을 갔다 와서 추억을 되돌아보는 시간을 가진 내가 되었다는 게 신기했다.
- 가족 여행 때 열심히 참여해야겠다.

2013년 학기말 교사 평가 서술형

1. **우리학교에서 가장 중요하게 여기는 것은 무엇인가?**

2. **교육과정/평가**
   나는 교과서가 아닌 교육과정에 대한 고민을 구체적으로 하고 있는가?
   내 교육과정은 학교의 철학과 교육 목표를 구체적으로 담아내고 있는가?
   나의 교육과정이 아이들의 흥미와 요구, 아이들의 발달단계를 고민하며 짜고 있는가?
   나의 한 학기 수업, 교육과정 중 학교 철학을 어느 부분에서 적용하고 있나?

3. **학교 문화/교사 문화**
   진정한 동료성은 무엇인가?
   동료들에게 나는 무엇을 배우고 있는가?
   민주적인 학교 문화는?

4. **생활지도**
   교사의 1년간의 노력이 아이들의 삶을 변화 시킬 수 있다고 생각하는 건 아닌지.
   교사가 아이들과 너무 가까운 건 아닌지.
   학생지도의 대안은?
   아이들과의 관계에 집중하면서 수업에 대한 고민, 교육과정에 대한 고민들을 할 여유가 없어지는 건 아닌지.
   생활지도에 대해 학교가 가지고 있는 철학이나 방향이 없는 건 아닌지.(방식이나 절차)

문제 분석 및 환류

대상	문제점 분석	차기 교육과정에 반영
교사	교사들 간의 소통 문제 보여주기식 사업 주제통합기행 내실화	학년부 중심의 소통 체계 수업 안에서 모든 교육 활동 주제통합기행을 수업으로
학생	모둠 활동 시 무임 승차 수행평가에 대한 부담 주제통합, 교과통합에 학생 참여	자기 평가, 동료 평가 실시 교과통합으로 수행평가 부담 감소 시기 분산 학생기획단 모집
학부모	학부모회의 역할 규명	학교 정책에 참여 구조 학부모 재능 기부
지역사회	지역사회와 연대 필요	동아리, 봉사 활동 연계

평가 영역	평가 지표	문제점	개선 방향
혁신교육 이해	혁신 기본 철학 공유	학년 중심 소통 체계 강화 교사 자신의 내면화 요구 학기초 공유 과정 필요	소통협의체 구성 교사 자발적 연수 강화 2월 연수 진행
교육과정	창의 지성 교육과정 운영 배움 중심 수업 운영 평가 혁신	학년 간 교과통합기행 연계성 필요 주제통합기행의 내용 강화 수행평가 기간, 부담 조정	수업협의회 강화(전체 교사 수업 공개) 자발적 연수, 연구회 지원 교육과정 재구성 교육과정 구성 및 평가에 학생 참여 재구성을 통한 수행평가
교육 활동	인권, 평화 교육 소통 문화 조성 및 교육 인프라 구성	수업 속에서 인권, 평화 교육 필요	교육과정 재구성 소통협의체 구성 지역교육단체와 MOU 체결-방과후, 동아리, 봉사 활동 학부모 재능 기부
	업무 경감	업무 분담의 차이가 큼	상시적 업무 경감 모니터링 행정 실무사의 고유 권한 강화

학기말 학생 평가

2013년 7월, 1학기를 돌아보며 학생 평가를 한 결과, 의정부여중에 와서 일어난 가장 큰 변화는 다음과 같았다.

- 공부하는 방식이 달라졌다.
- 어휘력과 서술능력이 좋아졌다.
- 수업에 활동하는 게 많아 더 쉽게 이해할 수 있었다. 학원에서 배우는 것보다 학교에서 배우는 게 더 쉽다.
- 수업에 흥미를 부여해 주고 보통 수업이 아니라 더 많은 것을 배울 수 있었음.
- 이전까지는 혼자 힘으로 학습을 해결해야 했는데, 중학교에 와서 애들과 더 친해지고 힘을 합쳐서 학습을 해결할 수 있게 되었다.
- 자기 주도 학습을 실천하게 되었다.
- 모둠 수업 때 의견을 내는 일이 많아졌다.
- 평소에 책을 많이 읽게 되었다.
- 내 생각을 펼칠 수 있고, 다른 사람에게 내 생각을 잘 표현할 수 있다.
- 재미있는 선생님들의 수업으로 더욱더 집중할 수 있게 되었다.
- 선생님께 집중이 더 잘되는 것 같다.

- 수행평가를 중요하게 여길 수 있는 점
- 항상 모둠끼리 토의하려는 자세
- 선생님에게 묻기보다는 친구에게 먼저 물어보는 점
- 어느 문제에 대한 답에 대해 더 깊이 생각하게 되었다.

2013년 의정부여자중학교 1학기 돌아보기 – 학생

생각나는 대로 같이 이야기해 보아요

1. 우리 학교의 교육 철학은 '자존감'과 '배려'을 키우고 '배려'를 배울 수 있었던 수업의 모습들은 구체적으로 어떤 것들이 있었습니까?

2. 의정부여중에 와서 나에게 일어난 가장 큰 변화는?
   학습면 / 친구 관계

3. 우리 학교만이 가지고 있는 장점과 그 이유는 무엇입니까?

4. 우리 학교가 개선, 보완해야 할 무엇입니까?
   수업면 / 생활면

선택

1. 교과통합 활동 돌아보기

무엇을 배웠나요?	아쉬웠던 점은 무엇인가요?

2. 주제통합 활동 돌아보기

무엇을 배웠나요?	아쉬웠던 점은 무엇인가요?

3. 우리 학교 생활지도 돌아보기
   가. 우리 학교의 교복 착용 및 복장과 관련하여 여러분들의 생각은 어떠한지 이야기 해주세요.

나. 현재 약속하여 지키는 핸드폰 규정은 무엇이며 이에 대해 여러분들의 생각은 어떠한가요?

4. 동아리 활동 돌아보기
　　가. 여러분이 속해 있는 동아리는 교사에 의존하지 않고 자율적으로 움직이고 있나요? 그렇지 않다면 그 이유를 말씀해 주세요.

　　나. 동아리가 활성화되기 위해서 필요한 것들은 무엇이 있을까요?

5. 동아리 시간 돌아보기

무엇을 배웠나요?	아쉬웠던 점은 무엇인가요?

6. 우리 학교 행사 돌아보기(입학식, 졸업식, 과학의날, 체육대회 등)
　　가. 가장 인상 깊은 행사는 무엇이었으며 어떤 것을 느꼈나요?

　　나. 개선되어야 할 행사는 무엇이며 그 이유는 무엇인가요?

　　다. 본인들의 취미와 진로와 관련된 방과후 수업이 개설되면 참가할 의향은 있습니까?

　　라. 개설 희망하는 강좌는 무엇이 있습니까?

약점 극복을 위한 교사 워크숍

학생들의 약점으로 나타난 기초 학력, 학력 향상, 기본 생활습관 지도, 생활지도, 그리고 이를 극복하기 위한 수업의 질 향상에 대하여 모둠을 구성하고 마인드맵을 통해 공유하는 시간을 가졌다. 여기에서는 두 가지만 소개하고자 한다.

2014 교육 계획 수립을 위한 교사 Workshop 결과

진행 : 조○○ 전체기록 : 손○○

주제1. 기초 학력 / 학력 향상

- 수업에서는 : 교과 실력이 부족한 아이도 포기하지 않도록 상상력을 자극하는 수업 디자인에 대한 고민이 필요함.
- 수업 외적으로는 : 방안이 필요함. 기초 학력 프로그램의 관리가 중요함.
- 해결책으로는 :
1. 독서 프로그램(아이들 수준에 맞고 원하는 도서를 읽고, 독서 연수를 받은 학부모들 가운데 멘토 섭외), 월1교시 독서 시간을 확보하여 수준에 맞는 책을 읽고 글쓰기.
2. 1대1 매칭(학부모, 재능 기부자, 대학생 등을 매칭)
3. 또래 학습 강화(학력 향상을 이끈 멘토에게 보상 추가, 수업으로 이끌어서 또래 학습 짝을 학급에서 짝으로 연결하는 방안)
4. 팀 티칭 강화.
5. 기초 학력 프로그램 참여에 어느 정도 강제성이 필요.
6. 흥미 유발 교구 개발 필요.

주제2. 기본 생활습관 형성

- 공통 고민은 교복, 등교 시간 및 수업 시간 지키기, 청소
- 해결책으로
1. 생활 규칙을 학생들이 참여하면서 만드는 것으로 시작. 올 12월부터 학생회 주도로 교복이나 생활 규정 토론, 교사 토론회, 학부모 의견 수렴을 거쳐서 내년 3월 입/개학 전에 생활 규칙 완성. 3월 입학식 때 학생회장이 공표하고, 입학생이 선서함.
2. 규칙 적용에서 교사부터 숙지하고 모든 교사가 동일한 기준으로 지도해야 함.

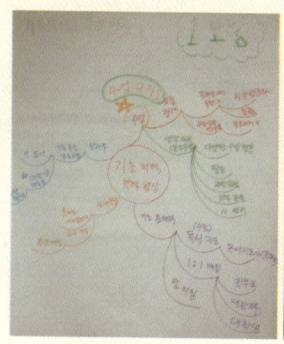
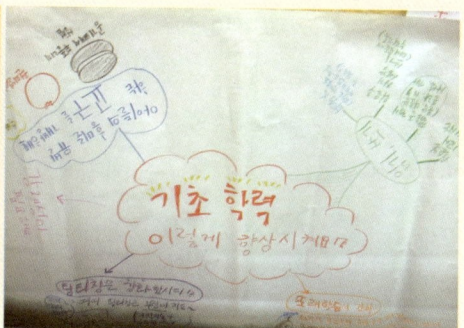

3. 청소, 쓰레기 버리는 문제는 쓰레기통에 버리는 습관 형성, 분리수거 지도 철저, 대청소의 날은 학기별 1회 두는 방안, 교사 임장지도 꼭 함. 짐이 많은 학생들의 정리 정돈을 돕기 위해 사물함을 큰 것으로 교체할 필요도 있음.
4. 교복 입기 지도는 필요함. 캠페인 등 학생 참여 생활 협약 필요함.

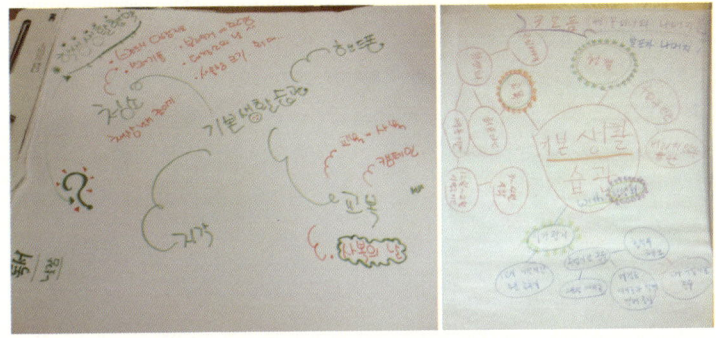

주제3. 수업의 질 향상
– 고민은
1. 배움 중심 수업의 수준 맞추기가 힘든 점, 어려운 과제를 주고 원리를 이끌어내고 사고하고 응용하게 하는 수업을 지향하나 포기하는 아이들에 대한 고민이 있음. 교수 학습법을 연구하고 싶음.
2. 배움의 공동체 수업에 대한 부담감이 있음. 모든 단원이나 교과, 차시를 배움의 공동체 방식으로 할 수는 없음. 그렇게 하지 않는 경우 죄책감이 들기도 함. 배공을 모형

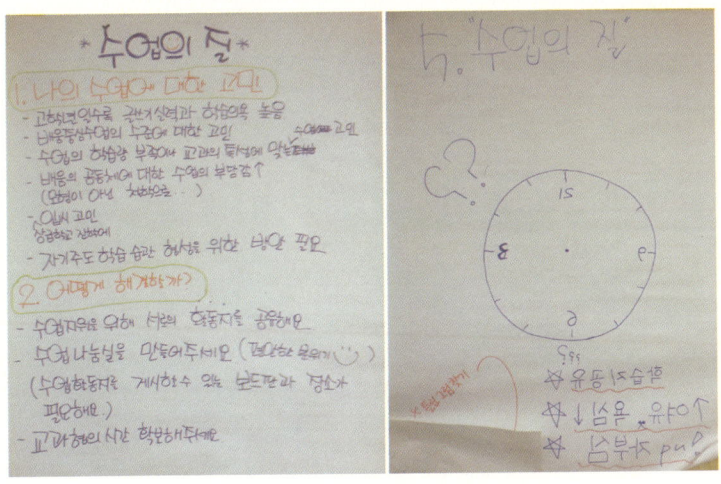

이 아니라 철학으로 받아들여야 할 것 같음.
3. 토론 협력 학습이 학교 수업이 지향할 바이나 지식적인 면에서 자기 주도 학습을 독려할 방안이 필요함. 1학년 때부터 학습 습관을 형성하도록 강조해야 함.
- 해결책으로는
1. 수업 지원을 위해서 학습지를 상시적으로 공유하여야 함. 수업에서 발문이 매우 중요하기 때문에 서로 공유하고 배워야 함. 그 방안으로 부서 복사기 옆 게시판에 학습지를 게시하거나, 수업 나눔 카페를 마련하여 교과별 파일을 두고, 학습지 공유, 교과 협의도 상시적으로 할 수 있는 공간으로 만들기
2. 혼자만의 고민이 아니라 같이 하는 고민이 되게 하자.
3. 욕심을 버리고 여유를 갖고 자부심을 가지자.

주제4. 생활지도
- 회복적 생활지도를 도입하여 단속보다 자성으로 이끌도록 함. 우리 학교 아이들의 장점이 자발성임.
- 학생부에 계원을 둬서 강화할 필요.
- 2월 연수 때 회복적 써클 연수를 교사들도 받아서 준비하는 방안.
- 3월 매주 월요일은 5분 단축하여 학급 마음열기 시간을 두는 방안.
- 학생회 학생들을 또래 조정자로 양성.
- 생활 협약, 교사 공감대 형성 필요.
- 복장, 시간 지키기, 청소 3가지가 공통적 고민이었음.

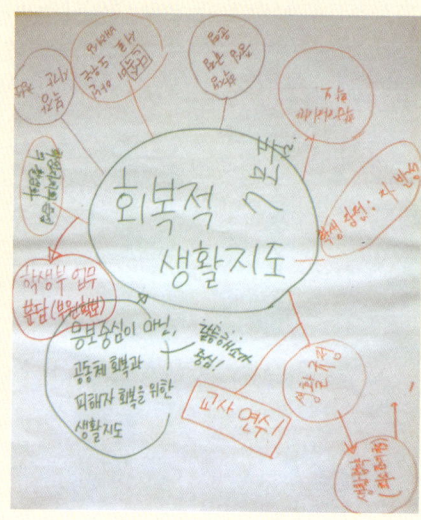

해가 갈수록 농사는 인간이 짓는 것이 아니라 흙과 자연이 짓는 것임을 느낀다. 농에는 두 가지의 의미가 있다고 한다. 별이라 상징되는 우주의 기운이 밭을 갈아 작물을 키운다는 의미와 새벽 별을 보고 나가서 허리 굽혀 일하는 고달픈 노동이라는 의미이다. 절대 쉽지 않은 교육의 길이지만 그 안에 하나하나 자라나는 작물의 소중함을 느끼며 결국 자연에 맞게 각자의 모습으로 자연을 닮은 아이들로 커나가는 것을 믿고 지켜봐 주는 것. 씨를 받는 일은 다음 시대를 위해 꼭 필요한 일이다. 옛 농부들은 굶어 죽는 한이 있어도 종자는 먹지 않았다고 한다. 학교는 우수한 형질을 가진 씨앗으로 다량생산을 해내는 종자 공장이 아니라 소득이나 생산량, 그리고 시장의 수요에 흔들리지 않는 다양한 씨를 보존하고 만들어 내는 곳이어야 한다. 씨를 받아 다시 씨를 뿌리는 것이야말로 인간 사회의 지속가능성을 입증하는 명백한 증거이다.

누구도 특별하지 않고
누구나 소중하다.

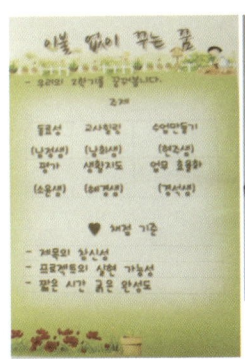

교사 힐링 모둠. 교사 안식주간,
힐링 캠프, 강사 지원비 확보

이불 없이 꾸는 꿈. 들어오는 대로
제비뽑기한 동물조로 찾아가 앉는다.
한 학기를 돌아보고 더 나은
2학기를 꿈꿔 본다.

가슴을 채우는 동료성

내년에는 어떤 수업을 만들까. 고민을 나누며 잡지책에서 알맞은 사진을 오렸다.

학년별로 실별로 준비한 다과들

점심시간부터 선생님들을 위한 김밥을 싸고 있는 부장님들

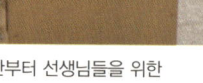

에듀니티 　행복한연수원 원격연수

30시간 2학점 원격연수

아이들에게 배움을 강요하고 있지는 않으세요?

[기본] 배움의 공동체
수업이 바뀌면 학교가 바뀐다.

이 과정은 '손우정 교수님과 함께하는 배움의 공동체 집중연수' 현장 강의를 기초로
배움의 공동체의 철학과 원리, 실천방법을 충실히 다루고 있습니다.

배움의 공동체란?
- 01. 21세기 학교='배움의 공동체'
- 02. 배움의 공동체의 비전과 철학적 원리
- 03. 배움의 공동체 구축을 위한 선결과제
- 04. 국외 실천사례
- 05. 국내 실천사례

배움=대화적 실천
- 06. 배움의 재개념화: 배움=대화적 실천
- 07. 활동적인 배움
- 08. 협동적인 배움 I
- 09. 협동적인 배움 II
- 10. 표현적인 배움
- 11. 점핑이 있는 배움

교사의 수업 실천
- 12. 수업실천의 재정의: 기술적 실천에서 반성적 실천으로
- 13. 수업의 기본기예 I
- 14. 수업의 기본기예 II
- 15. 교사의 역할-듣기
- 16. 교사의 역할-연결짓기
- 17. 교사의 역할-되돌리기

수업사례연구
- 18. 수업의 임상적 접근-수업사례연구
- 19. 수업사례연구의 절차
- 20. 수업연구시스템의 구축

교내연수
- 21. 교내연수의 개혁
- 22. 수업사례를 중심으로 한 교내연수 I
- 23. 수업사례를 중심으로 한 교내연수 II
- 24. 교내연수의 실제

수업비평
- 25. 수업비평의 실제-초등학교
- 26. 수업비평의 실제-중학교
- 27. 수업비평의 실제-고등학교

배움의 공동체의 완성
- 28. 배움의 공동체의 완성: 학습참가
- 29. 배움의 공동체의 완성: 학습참가의 실제
- 30. 교사라는 아포리아

🦋 배움의공동체연구회와 함께 만들었습니다.
http://www.learningcom.kr

강의 손우정
현 배움의공동체연구회 대표 / 전 하자센터 배움공방 대표 / 전 월간 우리교육 기획위원 / 전 서울시 대안교육센터 전문위원

에듀니티　　　행 복 한 연 수 원 원 격 연 수

30시간 2학점 원격연수

한 명의 아이도 포기하지 않는 배움 만들기!

심화 배움의 공동체
수업이 바뀌면 학교가 바뀐다.

'배움의 공동체-수업이 바뀌면 학교가 바뀐다' 기본 과정을 심화 발전시킨 과정으로, 배움의 공동체 철학이 담긴 수업 속으로 좀 더 깊이 들어가서 살펴봅니다.

이론
01. 배움의 공동체란?
02. 배움의 공동체에서 말하는 '배움'
03. 협동적인 배움의 이론
04. 배움의 공동체와 수업 연구
05. 배움 디자인
06. 수업에서 무엇을 볼 것인가 (수업을 보는 TIP)

국어
07. 국어교과와 배움
08. 국어과 수업 대화
09. 국어과 수업 비평

수학
10. 수학교과와 배움
11. 수학과 수업 대화
12. 수학과 수업 비평

미술
13. 미술교과와 배움
14. 미술과 수업 대화
15. 미술과 수업 비평

역사
16. 역사교과와 배움
17. 역사과 수업 대화
18. 역사과 수업 비평

기술/가정
19. 기술/가정교과와 배움
20. 기술/가정과 수업 대화
21. 기술/가정과 수업 비평

과학
22. 과학교과와 배움
23. 과학과 수업 대화
24. 과학과 수업 비평

영어
25. 영어교과와 배움
26. 영어과 수업 대화
27. 영어과 수업 비평

총정리
28. 중학교 실천 사례
29. 고등학교 실천 사례
30. 총정리 및 질의응답

🦋 배움의공동체연구회와 함께 만들었습니다.
http://www.learningcom.kr

강의 손우정
현 배움의공동체연구회 대표 / 전 하자센터 배움공방 대표 / 전 월간 우리교육 기획위원 / 전 서울시 대안교육센터 전문위원

에듀니티

행복한연수원 원격연수

30시간 2학점 원격연수

함께 만들어가는 학교

[학교혁신]
학교를 변화시키는 초등사례

전국 7개 새로운 학교의 철학과 교육과정, 수업의 노하우와 현장의 목소리를 담았습니다.

목차
01. 학교혁신 추진 전략과 과제

보평초등학교
02. 학습자가 선택하는 교육과정-다빈치 프로젝트
03. 3무3행으로 보평의 학교문화를 이야기하다
04. 교육활동이 중심되는 학교조직

거산초등학교
05. 아이들을 사랑하는 교사들, 학교를 바꾸다.
06. 삶을 담는 문학교육
07. 교육과정을 재구성한 생태교육
08. 학교교육의 진화-문화예술교육

구름산초등학교
09. 도시형 거대학교의 새로운제안- 스몰스쿨
10. 구름산의 수업과 미래생태교육
11. 개교프로젝트 그리고 아이들이 만들어가는 행복동아리
12. 지역과 함께하는 아름드리 학교

백원초등학교
13. 아이눈으로 수업보기 1
14. 아이눈으로 수업보기 2
15. 아이눈으로 수업보기 3

상주남부초등학교
16. 행복한 삶을 위한 도전, 아이들의 이야기를 담는 학교환경
17. 날마다 두근두근 행복한 작은학교
18. 상주남부의 수업혁신 "프로젝트학습"
19. 놀이처럼, 공부도 놀이처럼

송산초등학교
20. 남도의 작은학교, 새로운 희망을 꿈꾸다(수정검토)
21. 새로운 시도-무학년프로젝트수업
22. 체험과 도전으로 재구성한 교육과정
23. 모두가 행복한 학교공동체

조현초등학교
24. 교장선생님, 조현에서 길을 묻다.
25. 조현의 맞춤 9형태 교육과정
26. 틱장애도 ADHD도 학교안에서 치유하기
27. 수업과 학습을 돕는 학교지원체제

국제
28. 국제심포지엄을 통해 본 세계의 교육

토크토크
29. 교사들의 생생토크1-성공적인 학교혁신을 위한 노하우
30. 교사들의 생생토크2-학교 혁신 어떻게 준비하고 어떻게 해야 하나

전국교직원노동조합과 함께 만들었습니다.
http://www.eduhope.net

참여교사 거산초등학교 북준수, 장종천, 최은희, 한진희 / 구름산초등학교 고은정, 김은숙, 김은혜, 양영희, 진정아, 홍명희
보평초등학교 서길원 교장, 허승대 / 백원초등학교 김현정, 서근원 교수님, 최진열
상주남부초등학교 김주영, 백미연, 이용운, 전종태, 조용기 교수님 / 송산초등학교 김현진, 오선영 / 조현초등학교 이중현 교장, 박성만

에듀니티 행복한연수원 원격연수

30시간 2학점 원격연수

함께 만들어가는 학교!

[학교혁신]
학교를 변화시키는 중등사례

전국 6개 새로운 학교의 철학과 교육과정, 수업의 노하우와 현장의 목소리를 담았습니다.

목차
01. 학교혁신 추진 전략과 과제

홍동중학교
02. 농촌 학교 교육복지와 학교전망 꿈꾸기
03. 홍동이 만든 특별한 수업-특성화교과
04. 학교를 굴러가게 하는 네바퀴-학생, 교사, 학부모, 지역사회
05. 마을을 품은 학교, 학교를 품은 마을.

회현중학교
06. 모두를 주인으로 만드는 새로운 리더십
07. 나를 가꾸고 남을 배려하는 세움, 나눔교육
08. 함께 배우고 성장하는 학부모
09. 우리 아이 함께 키우는 학부모교육
10. 아이들이 만든 학교홍보영상

흥덕고등학교
11. 고등학교, 변화는 가능한가?
12. 미래지향적 핵심역량중심 교육과정
13. 자율과 통제 그 아슬아슬한 경계

수완중학교
14. 교사를 아이들에게 돌려주는 또 다른 방법(교사업무 줄이기)
15. 반배치고사 대신 치른 두 가지 시험-(인성검사와 학업성취도 검사)
16. 광주천에서 학교와 지역사회가 만나다!
17. 학생 모두를 담아내는 늘품교육과정-(너희들의 모든 것이 소중해)

장곡중학교
18. 학교를 바꾼 장곡의 수업혁신
19. 사회복지사와 인권교사가 만나니 아이들이 행복해졌어요.
20. 교과통합 프로젝트로 수업이 진화하다
21. 교사, 학생 학교에서 행복해지기

호평중학교
22. 교무회의가 의결기구입니다
23. 도시형 혁신학교의 교육과정 만들기
24. 수업을 보는 또 다른 시산-배움의 공동체
25. 사춘기의 아이들, 학교를 사랑하다.
26. 학교 텃밭속에 지역사회가 자랍니다.

국제
27. 북유럽 학교혁신의 사례

생생토크
28. 성공적인 학교혁신을 위한 노하우
29. 학교 혁신 어떻게 준비하고 어떻게 해야 하나

정리
30. 차시별 중요내용 정리

 전국교직원노동조합과 함께 만들었습니다.
http://www.eduhope.net

참여교사 수완중학교 김혁순 교장, 강구, 김치원, 정성홍, 표남수, 현병순 / 장곡중학교 김미경, 문경일, 박현숙, 백원석, 이경숙, 이정민 / 호평중학교 강범식 교장, 김은시, 김희진, 이경하, 정현숙, 황연이 / 홍동중학교 이정로 교장, 노경수, 남동원, 민병성, 박신자, 방인성, 안은자 / 회현중학교 이항근 교장, 이경자, 양은희, 정영수 / 흥덕고등학교 이범희 교장, 김주영, 김문검, 이만주